泉城商法评论

COMMERCIAL LAW REVIEW

第一卷

陈强　孙家磊　主编

中国出版集团

研究出版社

图书在版编目 (CIP) 数据

　泉城商法评论 / 陈强 , 孙家磊主编 . -- 北京 : 研
究出版社 , 2022.10
　ISBN 978-7-5199-1364-9

　Ⅰ . ①泉⋯ Ⅱ . ①陈⋯ ②孙⋯ Ⅲ . ①商法 - 中国 -
文集 Ⅳ . ① D923.994-53

　中国版本图书馆 CIP 数据核字 (2022) 第 198201 号

出 品 人：赵卜慧
出版统筹：张高里　丁　波
责任编辑：张立明

泉城商法评论

QUANCHENG SHANGFA PINGLUN

陈　强　孙家磊　主编

研究出版社 出版发行

（100006　北京市东城区灯市口大街100号华腾商务楼）
北京建宏印刷有限公司印刷　新华书店经销
2022年10月第1版　2022年10月第1次印刷
开本：710mm×1000mm　1/16　印张：16.75
字数：276千字
ISBN 978-7-5199-1364-9　定价：68.00元
电话（010）64217619　64217612（发行部）

主 编 介 绍

陈　强　济南大学政法学院副教授、硕士生导师,中国政法大学法学博士,美国印第安纳大学法学院访问学者,中国法学会外国法制史研究会理事,山东省人大常委会地方立法研究服务基地研究员,山东省法学会破产法研究中心研究员,众成清泰(济南)律师事务所兼职律师。

主要研究方向为民商法学,出版个人学术专著一部、译著一部,在《比较法研究》《东岳论丛》等学术刊物发表论文10余篇。主持山东省社科规划项目、山东省软科学项目、山东省人大常委会立法委托项目等省部级课题6项。

孙家磊　山东大学法学硕士,山东环周律师事务所党支部书记、副主任、高级合伙人,山东省破产管理人协会副监事长,济南市破产管理人协会秘书长,济南市人民政府法律顾问专家库成员,济南大学政法学院客座教授。擅长领域为不良资产处置、商事诉讼、破产重整、清算等。

自2007年开始执业,承办案件数百起。参与负责的洪业集团等二十九家企业合并重整案被山东省高级人民法院评为2019年十大破产案例,代理的某担保合同纠纷再审案被收录于《最高人民法院商事审判指导案例(合同与借贷担保)》。参编著作《破产全流程实务操作指引》,多篇论文在山东省律师协会、济南律师协会论文评选活动中获奖。

序　一

在经济全球化和中国特色社会主义市场经济建设的大背景下,商法的地位日益凸显。如何推进我国商法理论和实践的发展,是当前法律人所面临的急迫问题。本书即是为了回应这一问题而做出的初步尝试。本书的作者围绕当下商法领域中的理论和现实问题展开研究,希望借此与国内同行实现有效地沟通和交流,共同为我国商法的发展建言献策。

本书的出版是济南大学政法学院与山东环周律师事务所合作共建的成果,是学院法律硕士师生和律所实务专家交流共享的结晶。通过双方的共同努力,本书所收录论文从选题到内容既能体现商法研究领域的前沿成果,又能反应商法实务方面的热点问题。对学院来说,与律所的合作可以发挥自身在理论研究方面的优势,同时又能实现教学相长,提高法学专业的整体教学水平。对律所来说,与学院的合作可以将其大量的实务经验加以整理和提炼,提高实务工作者的法学理论素养。

本书的出版也是法律硕士能力成长的见证。学院一贯高度重视学生法律理论基础的培养和法律实践能力的提高,努力为法律硕士创造更大的提升空间。对在读法律硕士作者来说,本书付梓既是对他们的辛勤努力和写作能力的肯定和褒扬,也是对他们未来学习和成长的激励和鞭策。

陈　强

2022 年 5 月 24 日

序 二

在坚持全面依法治国的背景下,建设法治国家、法治政府、法治社会,实现科学立法、严格执法、公正司法、全民守法,都离不开一支高素质的法学教育队伍,更离不开高水平的法律专业人才。法学作为一门实践性极强的学科,法律人才的成长尤其要兼顾好理论学习和法律实践的关系。

对于律所的发展来说,法律人才梯队建设是重中之重,而高校是法律人才培养的第一阵地。如何通过与高校之间的合作,探索出一条高质量的法学教育之路,培养出高质量的法律实务人才是我们面临的永恒课题。为完成这一目标,山东环周律师事务所与济南大学政法学院通过院所合作的形式,努力架构起法学理论与法律实务之间的桥梁,同时也以此为契机在各方面加强交流,让律所与高校在培养高水平法律人才中形成合力。在社会法治建设快速发展的今天,培养出更多更好的法律人才既是律所发展的现实需要,也是发展法治事业的使命和责任,而这次的院所合作必将有力促进法学理论和法律实务的共同进步。

本书就是院所合作的智慧结晶,内容选题主要依托济南大学环周金融与破产法律研究中心,涉及金融与破产等多个法律领域,吸纳了高校学者与我所律师的研究成果,是实践与理论成果的一次集中呈现。我也相信,我所与济南大学政法学院后续持续开展的多方面合作将会开启校所合作的新篇章,为双方未来的发展注入新的活力和动力,为我国的法治建设贡献应有的力量。

孙家磊

2022 年 5 月 24 日

目录

优化营商环境视角下的
我国破产管理人制度研究

——基于破产回收率指标的分析

孙家磊*

摘　要：办理破产是世行营商环境评价中一项非常重要的指标，我国此项指标得分偏低，特别是破产回收率指标。破产回收率指标是一个与破产程序时间、成本和结果有关的综合指标，破产管理人作为破产程序的直接参与者，破产法律的实际执行者，与该指标得分高低休戚相关。扎根理论是一种通过收集数据和资料，并在数据比对的基础上，概括出相关理论的研究方法。本文基于扎根理论，首先搜集了大量文献资料，了解破产管理人的相关理论；再次设计了调查问卷，以山东省为例，分析了在破产管理人实践中制约此指标得分的因素，并在此基础上探索了相应的完善策略。

关键词：扎根理论　营商环境　破产回收率　破产管理人

一、破产管理人之于营商环境的优化

随着供给侧结构性改革深入推进，为保证经济的高质量增长，新旧动能转换上升为国家战略。淘汰落后产能如果简单的直接关停，不仅会滋生社会矛盾，还不利于创造良好的营商环境。新旧动能转换和优化营商环境二者是相辅相成的，

---

* 孙家磊，男，山东泰安人，山东环周律师事务所党支部书记、高级合伙人，主要研究方向为破产法。

新旧动能转换有利于优化营商环境,而营商环境的优化则进一步促进新旧动能转换。在市场经济背景下,法治是最好的营商环境。为了促进世界经济发展,为企业创造良好的营商环境,世界银行自 2001 年成立专门的营商环境调查分析小组,对全球 100 多个经济体的营商环境进行评价,发布专门的《营商环境报告》。营商环境指标分析的数据,约有三分之二是来源于法律法规。《营商环境报告》受访者除了填写问卷之外,还提交了支撑问卷内容的相关的法律、法规和程序。如果受访者只提供具体实践做法,而没有普遍适用性的法律法规支撑,则该项没有得分。调查团队收集有关法律法规的文本并检查问卷准确性。这种方法,保障了评价结果的真实性和客观性。数千项以营商环境报告数据为基础的实证研究表明,一个良好的法治环境影响一国的生产力、增长率、就业、贸易、投资、融资渠道以及非正规经济的规模。

2020 年世界银行营商环境评价指标体系包括 10 个指标:开办企业、获得建设许可、获得电力、注册财产、获得信贷、保护少数投资者权益、纳税、跨境贸易、履行合同、办理破产。此指标体系涵盖了影响企业整个生命周期的法律,其中办理破产是企业生命周期的最后一个评价指标,这个指标直接影响到该国的营商环境是否安全。破产制度是市场经济的基础性制度,也是每一个经济体营商环境的重要组成部分。破产包括破产清算、破产重整和破产和解,它不仅仅是"一破了之",也有可能让一个企业重整旗鼓、恢复生机。在企业破产过程中,不仅包括法律事务,还包括一系列专业性很强的非法律事务,仅凭法院一己之力,是无法独立完成的,需要多方力量共同协调才可以顺利展开,而在其中破产管理人发挥着具体而关键的作用。①

破产管理人,是指破产宣告后,在法院的指挥和监督之下全面接管破产财产并负责对其进行保管、清理、估价、处理和分配的专门机构。破产管理人作为破产企业的"大管家",是破产程序的实际操作者和破产法律的实际执行人,其履职情况直接关系到破产程序能否公平公正、顺利高效的完结。我国破产管理人制度起步较晚,最近几年由于大环境的影响,取得飞跃式的发展,但在实践和理论中仍存在不完善之处,制约了我国营商环境"办理破产"指标的得分。基于此,我们有必要对标世界银行营商环境"办理破产"指标,完善我国破产管理人制度,从而进一

---

① B. Glaser, A. Strauss. *The Discovery of Grounded Theory: Strategies for Qualitative Research*[M]. Chicago: Al dine, 1996, pp. 105 – 115.

步优化我国的营商环境。

二、营商环境"办理破产"两大指标分析

(一)"办理破产"两大指标理论分析

世界银行营商环境评价一级指标"办理破产"下有两个二级子指标,分别为破产回收率和破产法律框架体系执行力度。该评估指标是在世界银行和哈佛大学团队于 2008 年发表的论文《Debt Enforcement Around The World 》提出的理论之上建立的。[1]

该理论认为债务是所有经济体中最有效的合同,它能化解企业融资困境和拯救个人消费危机。和其他合同一样,债务需要被执行。为了执行债务合同,社会创造了一系列法律机制,有些需要诉诸法院,有些不需要。[2] 但是,绝大多数企业往往有多个债权人,我们必须诉诸法院通过破产程序来实现债权。这种情况,破产机构作用凸显。现实情况是这些机构往往表现不佳,即使是在发达国家。这些机构如何运作? 为什么他们有如此差的表现? 他们在哪些方面表现不佳? 有什么方式可以改进吗? 为了解答这些疑问,提高破产程序的效率,研究团队向来自88 个国家的破产从业人员介绍了一家陷入债务危机的酒店案例,并请他们详细描述针对这家酒店的债务执行将如何在其本国进行。

此案例选择相对比较简单,而且问卷设计主要来源于破产学界最近几年关注的焦点。所以,团队为了得到更准确的结论,先行设计了几个假设前提。第一,调查只关注正式的破产程序,忽略一些国家非正式的债务解决方案;第二,默认涉案宾馆没有其他财务安排摆脱正式破产程序;第三,假设涉案宾馆只有一个有担保的高级债权人,债权人之间冲突不影响程序进行;第四,假设债权人一开始就知道哪种解决方案对涉案宾馆最有效;第五,不允许有其他额外资金支持使涉案宾馆持续经营,其破产的根本原因是其无力偿还债务;第六,涉案宾馆很小,其持续经营与否无关公共利益;第七,在处理涉案宾馆资产时,排除暗箱操作的可能性。

在此假设前提下,受访者首先回答在其本国法律体系下可以选择的债务执行程序,其次其需要描述此案例在何种情形下进入破产程序和破产程序需要的主要

---

[1]　Simeon Djankov, Oliver Hart, Caralee McLiesh, Andrei Shleifer . Debt Enforcement Around The World [J]. *Journal of Political Economy*, 2008,(6):116.

[2]　陈向明:《扎根理论的思路和方法》,载《教育研究与实验》1999 年第 4 期。

步骤。最后,受访者估算了破产程序各方需要负担的费用,包括:诉讼费、律师费、通知费、公告费、管理费、评估费、资产存储和保全费、清算或拍卖费,政府收费以及其他费用。通过受访者回答,调查研究有四个主要变量:1.时间(Time):从债务人违约到债权人得到清偿所持续的时间;2.成本(Cost):破产成本与债务人不动产财产之间的占比;3.结果(Efficient Outcome):如果破产企业能够取得积极有效的持续经营结果,则得 1 分,否则,得 0 分;4.贷款利率(Lending[①] Rate):银行对私人企业的中短期贷款利率。研究团队根据这四个变量,测算出去除破产成本后的破产效率,公式表示如下:

$$E = \frac{100 * EO + 70 * (1 - EO) - 100 * c}{(1 + r)^t}$$

世行营商环境评价团队在此评价方法的基础上做了一处修改,用 Going Concern(即 GC,继续经营 GC 值为 1,反之为 0)变量,代替 EO 变量,创设"办理破产"一级评价指标下的二级子指标"破产回收率"。[②] 破产回收率是指债权人通过破产程序得到清偿的债权额,是一个关于破产程序的时间、成本和结果的函数,该公式变形如下:

$$E = \frac{100 * GC + 70 * (1 - GC) - 100 * c}{(1 + r)^t}$$

破产回收率指标衡量的是破产程序的效率,而破产法律框架力度则是衡量的是破产法律的质量。此指标是 2015 年世行营商环境评价团队新创设的一个指标。此指标的增加使得世界银行"办理破产"评价体系同时兼顾程序效率和法律质量,评估更加全面和完善。研究表明,一国破产法律体系质量越高,其破产回收率越高。此评价指标与世界银行《关于有效破产与债权人/债务人制度的准则》与《联合国国际贸易法委员会破产法立法指南》所确立的原则是一致的,主要包括四个子指标:(1)破产程序启动的便利度:分值为 0 - 3,启动方式愈便利,得分愈高,反之愈低;(2)债务人资产管理的参与度:分值为 0 - 6 分,相关利益方对债务人资产管理的参与度越高,得分越高,反之越低;(3)重组程序规定的国际化程度:分值为 0 - 3 分,关于重组的规定越与国际通行的惯例一致,得分愈高,反之愈低;(4)破产程序债权人参与度:分值为 0 - 4 分,债权人破产程序参与度越多,分

① World Bank Group:Doing Business 2016、2017、2018、2019、2020.
② 容红、高春乾、邹玉玲:《"办理破产"之国际比较——解析世行营商环境评估报告》,载《中国经济报告》2018 年第 9 期。

值越高,反之越低。该指标对各国政府来说是一个有用的政策工具,有助于各国政府查缺补漏,完善本国的破产法律体系。[①]

(二)"办理破产"两大指标中国得分分析

2020 年世界银行营商环境中国排名第 31 名,比 2019 年上升 15 个名次,其中 10 个指标分别得分如下:开办企业 94.1 分、获得建设许可 77.3 分、获得电力 95.4、注册财产 81.0 分、获得信贷 60.0 分、保护少数投资者权益 72.0 分、纳税 70.1 分、跨境贸易 86.5 分、履行合同 80.9 分、办理破产 62.1 分。各项指标在全球 190 个经济体中的排名如下:第 27 名、第 33 名、第 12 名、第 28 名、第 80 名、第 28 名、第 105 名、第 56 名、第 5 名、第 51 名。从以上分值和排名可以看出,我国办理破产指标得分和排名偏低,得分在所有指标中处于倒数第二的位置,排名则是倒数第四的位置。制约此指标得分和排名较低的主要因素是什么? 我们以世行相关数据为基础分析此指标中国得分的特点。

表 2-1　2020 年世行办理破产指标各国得分

国别	排名	得分	回收率	时间	成本	结果	框架力度
芬兰	1	92.7	88	0.9	35	1	14.5
美国	2	90.5	81	1.0	10	1	15
日本	3	90.2	92.1	0.6	4.2	1	13
挪威	5	85.4	91.9	0.9	1	1	11.5
韩国	11	82.9	84.3	1.5	3.5	1	12
香港	45	65.7	87.2	0.8	5	1	6.0
中国	51	62.1	36.9	1.7	22	0	13.5

表 2-2　中国近五年世行办理破产指标得分

年份	排名	得分	回收率	成本	时间	框架力度
2016	53	55.82	36.9	22	1.7	11.5
2017	55	55.43	36.2	22	1.7	11.5
2018	56	55.82	36.9	22	1.7	11.5
2019	61	55.82	36.9	22	1.7	11.5
2020	51	62.1	36.9	22	1.7	13.5

数据来源:世界银行营商环境报告

[①]　丁燕:《世行"办理破产"指标分析与我国破产法的改革》,载《浙江工商大学学报》2020 年第 1 期。

1. 破产回收率指标得分偏低,提升缓慢。

破产回收率是指债权人通过破产程序得到清偿的债权额。从表 2 - 1 可以看出,我国破产回收率仅为 36.9,与发达国家差距巨大,日本和挪威的破产回收率高达 92.1 和 91.9。破产回收率是一个关于破产程序的时间、成本和结果的函数,我国破产回收率低的主要原因是破产程序中所花费的成本太高、耗时过长。从表 2 - 1 可以看出,我国破产程序持续的平均时间为 1.7 年,而日本和挪威仅为 0.6 年和 0.9 年,我国香港地区也仅为 0.8 年。我国破产程序的平均成本与债务人不动产财产的占比高达 22%,而挪威和芬兰仅为 1% 和 3.5%,我国邻国韩国也仅为 3.5%。从表 2 - 2 可以看出,我国破产回收率指标在这五年内几乎是在原地踏步,没有任何提升,而且在 2017 年还出现过短暂的下降趋势。从以上分析可以看出,我国破产回收率指标进步空间巨大。①

2. 破产法律框架力度指标得分较高,进步明显。

破产法律框架力度是指破产法律对破产程序的支持力度,衡量一国的破产法律的质量。② 从表 2 - 1 可以看出,我国破产法律框架力度得分为 13.5 分,基本上与世界先进国家持平,美国和德国是该指标最高得分国,为 15 分。从表 2 - 2 可以看出,我国政府一直在为完善我国破产法律体系努力,使我国的破产法律规定与世界接轨。2019 年 7 月,国家发改委、最高人民法院等 13 家单位联合发布《加快完善市场主体退出制度改革方案》;2019 年 9 月,最高人民法院发布《全国法院民商事审判工作会议纪要》;2019 年 10 月,国务院通过了《优化营商环境条例》等等。与破产有关的法律和司法解释在 2019 年密集出台,前所未见。这种努力最直观的结果是使我国在 2020 年营商环境评价办理破产指标中增加了 2 分,为我国营商环境排名的提升做出了贡献。我国政府在这方面的努力一直持续,《中华人民共和国企业破产法》(以下简称《企业破产法》)的修改已经提上日程,各种与破产有关的司法解释陆续出台,相信这些努力都将成为我国办理破产指标得分的加分项。

从以上分析我们可以看出,制约我国办理破产指标得分较低的主要原因是破产回收率指标。我国在办理破产案件的过程中,成本过高,耗时过长,直接影响了

---

① 张旭东、韩长印:《中国大陆营商环境破产回收率指标的提升路径问题》,载《月旦财经法杂志》2020 年第 6 期。

② 薛贵:《寻找最佳破产管理人》,载《法人》2020 年第 6 期。

我国破产程序的效果。① 破产管理人作为破产程序的直接参与者和具体操作者，他能从其专业与中立的角度出发，对整个破产程序审时度势，做出客观、公正、专业的建议，从而影响整个破产程序的走向。总而言之，一个专业化的破产管理人团队，能够直接影响到破产程序的效率和破产法律的执行效果。下面本文就从破产回收率指标出发，分析破产管理人在实践中遇到的障碍，并提出相应的完善策略，为提升我国的营商环境排名做出参考。

三、山东省破产管理人实践中的相关问题调研和分析

山东省作为新旧动能转换的试点地区，正处于转型的关键期，时不我待。近几年来，山东省一直努力利用法治化手段促进动能转换，优化营商环境。2019年底，山东省高级人民法院破产审判新闻发布会公布，仅 2018 年，山东省受理的破产案件多达 762 件，比前三年受理的破产案件总和还要多出 114 件，结案 369 件，同比增长了 283.7%。破产案件受理的增多，山东省破产管理人在实践中得到锻炼，丰富了破产管理的经验。

（一）研究方法

扎根理论（Grounded Theory）研究方法是由格拉斯（Barney Glaser）和斯特劳斯（Anselm Strauss）两位社会学者共同探索开发出来的一种研究方法。扎根理论特别强调从资料中提升理论，认为"一切皆是数据"（All is data），数据可以来源于访谈、调查，也可以来源于新闻报道、政府文件、案例等等。通过对资料的深入分析，再结合实践，就能形成相关的理论框架。扎根理论意在"填平理论和经验之间尴尬的鸿沟"，一经提出，便在社会学、心理学等领域产生了极大的影响，被认为是"今日社会科学中最科学的研究范式"。

（二）问卷调查的设计和内容

问卷选取了山东省部分办理过破产案件的破产管理人作为调查的对象，基于扎根理论，并结合相关专家的理论和建议，共设计了五个部分的调查内容。第一部分是调查管理人机构的基本情况；第二部分是管理人选任情况调查；第三部分是调查管理人履职中的基本情况，包括办理破产案件时能否得到政府部门的有效配合、办理破产案件时面临的主要问题等；第四部分是有关破产管理人报酬的调

---

① 关丽：《当前管理人制度实践问题的思考》，载《人民法院报》2020 年 4 月 16 日。

查;最后一部分是调查破产管理人培训考核的基本情况。①

（三）问卷调查的发放和收集

本次调研在问卷星调查平台设计了电子调查问卷,通过 E － mail、QQ、微信等多种渠道向办理过破产案件的管理人发放,以收集数据。问卷星程序的设计,如果不是有效回答,无法提交问卷,所以,本次回收的 51 份均为有效问卷。

（四）山东省破产管理人基本情况分析

根据《最高人民法院关于审理企业破产案件指定管理人的通知》规定,符合企业破产法条件的社会中介机构及其具备相关专业知识并取得执业资格的人员,均可申请编入管理人名册。根据 2019 年山东高级人民法院编制的管理人名册来看,管理人分为三级,包括律师事务所、会计师事务所和清算事务所。本次问卷调查对象三级破产管理人均有涉及,覆盖比较全面。

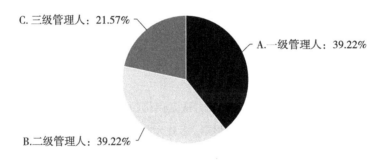

图 3 － 1　　问卷调查覆盖对象

在调查问卷的基础上,配合交流访问和相关文字资料的搜集,山东省破产管理人的基本情况如下:

1. 山东省破产管理人发展历程

（1）起步阶段（2007 － 2015）。

山东省高级人民法院最早于 2007 年 5 月开始编制山东省第一批破产管理人名单,在全国属于比较早的一批。但是,由于是个新兴事物,执业机构对之知之甚少,很多人持观望态度,所以,第一批只有 131 家机构进入破产管理人名单。此后 8 年时间,由于山东经济处于相对平稳状态,破产企业较少,我省破产管理人业务没有引起足够的重视,处于相对缓慢的发展阶段。2010 年,山东省高级人民法院

---

① 尚珂、胡晨:《从营商环境评价看我国破产管理人报酬》,载《财会月刊》2020 年第 6 期。

进行了管理人名册的变更,其中机构管理人 136 家;2014 年,再次更新的管理人名册中的机构管理人也只有 148 家。从图 3-2 可以看出,2015 年之前建立破产团队的机构的比例仅占 39%。

（2）飞速发展时期（2015-至今）。

2015 年,在国际和国内经济下行压力下,我国提出了在适度扩大总需求的同时,着力加强供给侧结构性改革,着力提高供给体系质量和效率。山东的经济发展模式和东北的经济模式发展非常相似,传统产业占工业比重的 70%,重化工业又占了传统产业的 70%,多数产业处于价值产业链的低端,含金量不高,形成了大而不强,多而不精的发展现状。2018 年 1 月,国务院正式批复了《山东新旧动能转换综合试验区建设总体方案》,山东省成为我国首个新旧动能转换试验区。随之而来的是,破产企业增多。在此背景下,山东省破产管理人进入飞速发展的快车道。2016 年,山东省高级人民法院开始对机构破产管理人实行分级管理。2016 年底,山东省高级人民法院公布了新的破产管理人名单,管理人机构多达 390 家,是 2007 年的 3 倍之多。从图 3-2 可以看出,受访对象在 2015 年后建立本机构的破产团队的比例高达 47.06%。

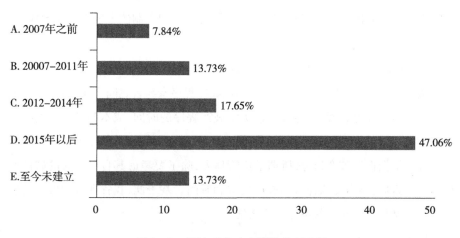

图 3-2 受访对象破产团队建立时间

2. 山东省破产管理人业务分布不均,发展不平衡

在走访调研过程中,听到最多的回答是,破产管理人业务虽然明显增加,但是业务比较集中,大部分都是由一些省会城市和经济发达地区规模比较大的机构办理,其他城市的规模较小的机构机会很少,甚至没有。各级人民法院在选任管理人时,特别是一些影响较大的案件,往往设定一定的条件,比如设定为一级管理

人、具有一定的办理破产案件的经验、派出的破产团队人员不少于一定人数等等。根据问卷调查的分析,济南和青岛的机构管理人最多,占比为56.87%,其案源不仅局限于机构所在地的城市,在全省其他地市都有案源,多点开花,而省内其他城市机构管理人的案源则非常有限。久而久之,就形成了一种马太效应,业务积累越多,办理破产案件的机会越大,反之,机会越小。在此情形下,我省的破产管理人业务呈现出金字塔式的分布,位于顶端的则是破产经验丰富、规模较大的破产管理人。

四、制约破产回收率指标得分的破产管理人实践中的瓶颈分析—以山东省为例

破产回收率指标是一个与破产程序时间、成本和结果有关的综合指标,实践中有多种因素共同制约了我国破产程序的时间、成本和结果。但是,破产管理人作为破产程序的直接参与者,破产法律的实际执行者,与该指标得分高低休戚相关。所以,我们有必要对标世行指标自查,分析在破产管理人实践中,哪些因素是制约此指标得分的瓶颈。根据调查问卷的分析结果,配合案例查阅、走访调研和相关文字资料的研读,在管理人实践中,主要有以下因素制约了破产程序的成本、时间和结果。

(一)破产管理人选任制度不尽完善

破产管理人,是债务人、债权人与其他破产程序参与者之间沟通的桥梁,其拥有的工作能力和综合素质,能够直接决定破产程序的时间、成本和结果。选择一个最优破产管理人和配置最佳的破产管理人团队,是整个破产程序得以顺利开展的关键。根据世行破产指标,所谓最优管理人,除了要考虑其自身具有的破产经验和专业素质,还需要综合考虑破产成本和时间。基于此,我省现行的破产管理人选任机制仍然存在一些不尽完善之处。

1.破产管理人准入规定仍有漏洞

2016年12月,山东省高级人民法院通过了《山东省高级人民法院企业破产案件管理人管理办法(试行)》(以下简称《办法》)。该办法规定,在山东省辖区内设立的律师事务所、会计师事务所、清算事务所以及异地机构山东省设立的分支机构均可申请入册,管理人名册由山东省高级人民法院司法技术部门负责编制,并进行分级管理。《办法》规定了一些不能入册的具体消极条件,比如因故意犯罪受过刑事处罚、曾被吊销过相关执业证书,等等。除此之外,该《办法》规定从社会中介机构的规模、执业能力、专业水准、业绩、办理企业破产案件的经验等五个方面,根据申请者提交的书面材料,由中级人民法院评审委员会通过书面审核、访谈和实地考察等方式,按照评分标准,评出二级管理人和三级管理人。山东省高级人民法院评审委员会再从中院报送的二级和三级管理人名单中择优选出一级管理人。通观其评分标准,有些标准过于表面化和原则性,比如以租赁房屋作为办公场所的得 2 分,面积在 100 平方米以上的加 1 分,本项满分 7 分;近 3 年在公开发行的国家级刊物上(以正式刊号为准)发表过相关专业论文的,每篇得0.2 分,本项满分 2 分;等等。这给申请者留下了足够的可操作空间,在调研过程中就发现,有些管理人从未办理过破产案件,但是仅凭其他得分,就可以入选管理人名册。另外,管理人名单是由法院评审委员会决定的,而法院评审委员会一般由法院负责人、审判委员会委员、审理破产案件的审判人员、技术室人员和监察室人员组成。这样,就会在评审是带有很多主观因素,而且,权力的过于集中会给管理人名册的编制带来了权力寻租的空间。

综上,由于准入规定存在以上漏洞,使得很多入册的管理人能力和案件审理需要不匹配,这无疑会影响到破产程序的进程、质量和效率。

2. 破产管理人指定方式尚存瑕疵

根据《最高人民法院关于审理企业破产案件制定管理人的规定》,破产管理人的指定方式主要包括两种:随机和竞争。从实践中看,这两种指定方式都存在着瑕疵。

(1)随机方式。如表 4 - 1 所示,随机方式虽然公平,但是它存在两个重要的问题:法院有时选不到满意的管理人、管理人有时不太愿意办理该破产案件。这就导致选择的管理人能力不匹配和管理人办案的积极性不高,无疑会在某种程度上影响破产程序的开展。

表 4 - 1　受访对象对随机指定管理人的看法

选项	小计	比例	
A. 相当公平	12		23.53%
B. 法院有时选不到比较满意的管理人	32		62.75%
C. 管理人有时不太愿意办理该破产案件	16		31.37%

续表

选项	小计	比例
D. 其他	13	25.49%
本题有效填写人次	51	

（2）竞争方式。此种方式有效地弥补了随机方式的缺陷,能让法院选择到满意的管理人,但是从现实来看,它容易走向另外一个极端,显失公平和公信力。在实践中,法院抽调其工作人员组成临时评审委员会,从候选人的规模、工作思路、破产经验等方面评分,来决定管理人人选。评分标准不统一,而且评分结果并不当场公布,这样在缺乏有效的监督前提下,完全由法院自主决定,无疑会存在暗箱操作的可能性。在与一些破产债权人进行交流的过程中,发现他们往往是在破产管理人和他们确认债权时才知道管理人的存在,管理人如何选出、管理人的资质等情况,一概无从知晓。这就使得破产债权人对管理人产生不信任感,无疑会成为破产管理人执业的障碍,影响破产程序的顺利开展。

（二）破产管理人履职过程仍存障碍

破产事务是一个复杂的系统性工程,涉及面广,参与人员众多。各方利益诉求不同,这就决定了破产管理人在破产程序中,不可避免地会遇到一些障碍。

1. 与债权人缺乏有效沟通

破产立法的核心意图是维护债权人的利益,破产管理人作为破产程序的直接操控者,与债权人高效的沟通则有益于整个程序的顺利推进。而在破产实践中,破产管理人和债权人的沟通往往不尽如人意。根据调研报告表明,破产管理人在实践中遇到的首要困难就是破产债权人的不理解。造成这种现象的原因主要有三个:第一,破产管理人的选任缺乏债权人的参与,让债权人对管理人产生怀疑;第二,由于信息不对称,使得债权人对破产程序的开展总是后知后觉;第三,由于公权力的介入和利益的妥协,使得债权人的权利容易被忽视,其享有的知情权和监督权往往流于形式,对整个破产程序几乎毫无影响力。2018 年,山东省某大型化工集团企业破产重整一案中,由于债权人数众多,涉案金额大,第一次债权人会议选举了其代表机构债权人委员会,由银行债权人代表、资产管理公司代表、关联企业代表和普通债权人代表组成。关于债权人委员会的名单,债券公司和融资租赁公司债权人认为管理人没有充分考虑他们的利益诉求,质疑投票的公正性,一度使得双方处于胶着状态,影响破产程序的进程。而在整个破产申报和破产确认过程中,这种管理人和债权人之间的僵持不下的局面更是时有发生。

2. 破产管理人与法院职能时有"错位"

破产是法治化的市场退出机制,在运用法律手段的同时,要充分遵守商业规律。法院是破产案件的主导者,破产程序的开始、发展和完结都是在法院的指挥和监督下进行的。由于司法资源有限和破产业务的专业性,我国破产法确立了"破产管理人中心"主义,法院只在原则上对管理人进行指导,不干涉破产管理人具体实务的判断和决定。破产管理人才是破产程序的具体执行者和推进者,其拥有独立性和专业性。二者各司其职,紧密配合,破产管理人向法院汇报工作,并接受其监督。但是,由于破产管理人的选任、薪酬、更换等一系列与破产管理人利益相关的事情都是由法院决定的,导致有些破产管理人执业中有顾虑,事无巨细,都要向法院请示汇报。这样使得破产管理人成为法院的附属,丧失其独立性。实践中,某些管理人对破产企业的日常费用开支计划均报请法院批准。这种职能的错位,无疑会造成管理人履职过程的缺位,影响破产程序的效率。

3. 部分第三方机构配合度不高

破产是一个系统性工程,不仅涉及法律事务,还涉及一系列非法律务,如审计、评估等。破产管理人如果是律师事务所,那就需要聘请第三方机构进行辅助工作。根据《企业破产法》第二十八条的规定,经人民法院许可后,管理人可以自行公开聘请,但是应当对其聘请的中介机构的相关行为进行监督。破产管理人和第三方机构在自己专业领域内遵守本行业内规则,摩擦在所难免。例如,在审核债权时,审计机构认为账目上记载的就必须认定,即使它实际上并不存在,而破产管理人在审核债权时,则遵循实质重于形式的原则,不予认定。但是,有一点必须强调的是,第三方机构作为破产管理人的辅助机构,一定要服从管理人的指挥。然而在实践中,有些第三方机构在破产程序中缺乏协作精神,配合度不高,严重影响破产程序的进展。例如,在某企业破产重整过程中,融资租赁债权人指认租赁设备后,需要评估租赁设备的残值。管理人多方联系聘请的评估机构,但其总是各种理由推三阻四,迟迟不提供评估报告,非常影响破产程序的整体进度。通过下图4-1,我们可以看到管理人认为第三方机构非常配合破产工作的仅占23.53%,大部分破产管理人都认为第三方机构在配合度方面还有进步空间。

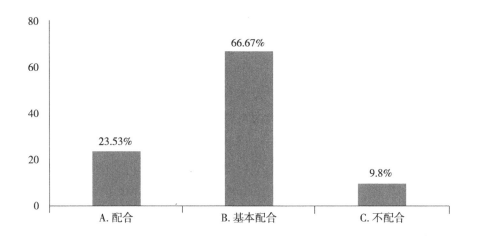

图 4 - 1　对第三方机构配合度的调查统计

(三)破产管理人薪酬设计依然有提升空间

管理人报酬的多寡对管理人的积极性有一定的影响作用,而且管理人的报酬从债务人财产中优先支配,与债权人的利益密切相关。所以,破产管理人的报酬在破产程序中是一个非常引人关注的问题。目前,我国确定破产管理人报酬,是以 2007 年最高人民法院制定的《关于审理企业破产案件确定管理人报酬的规定》为依据。随着市场经济的不断深入发展,在实践中,我国管理人薪酬设计凸显了一些不合理之处。

1. 薪酬确定缺乏激励和约束机制

通过表 4 - 2,可以看出 68.63% 的破产管理人认为,现行薪酬确定缺乏激励和约束机制。根据《关于审理企业破产案件确定管理人报酬的规定》,人民法院在确定或调整管理人报酬时,除了依据债务人最终清偿的财产价值总额,应当综合考虑下列因素:破产案件的复杂性、管理人的勤勉程度、管理人的实际贡献、管理人承担的风险和责任。但是,此规定过于形式主义,缺乏具体的量化标准,增加了法院自由裁量的空间,而对管理人起不到激励和约束的作用。二者相互作用下,就可能会出现法院克扣管理人报酬的情形(表 4 - 2 中,62.75% 的破产管理人认为法院在核定管理人报酬时不应无故克扣),降低管理人的积极性,影响破产程序的效率。

2. 薪酬发放缺乏保障机制

从表 4 - 2 可以看出,74.51% 的破产管理人认为应该建立管理人报酬援助基金,用于垫付前期破产费用和无产可破案件管理人的基本成本。在实践中,进入破产程序的企业,很多情况下,账面基本没有可供支配的资金,即使有财产,能抵押的大都已抵押。所以,管理人进场后,除了需要先行垫付破产费用,还要面临着"颗粒无收"的结果。这种情形会使破产管理人动力不足,制约破产程序的进程。

表4-2　破产管理人对现行管理人薪酬的看法

选项	小计	比例
A. 最高人民法院的收费标准偏低,应予以适当提高	26	50.98%
B. 法院在核定管理人报酬时不应无故克扣	32	62.75%
C. 应建立合理激励和规范约束的管理人报酬制度	35	68.63%
D. 应建立管理人报酬援助基金,用于垫付前期破产费用和无产可破案件管理人的基本成本	38	74.51%
F. 其他	8	15.69%
本题有效填写人次	51	

（四）系统的破产管理人培训考核体系尚未建立

破产管理人的考核,除了能起到鞭策和激励的作用,还能让被考核对象及时发现问题并解决问题,进一步提高其执业能力。山东省高级人民法院《企业破产案件管理人管理办法（试行）》第十条规定,各中级人民法院司法技术部门商企业破产案件审判部门共建立管理人的履职评价及业绩考核制度。这就决定了各地考核标准和考核办法不统一。考核标准的不统一,缺乏和其他地区的横向比较,容易导致"温水青蛙效应",使某些地区的破产管理人安于现状,执业水平得不到提升,影响该地区破产案件办理的总体质量。

破产管理人的培训计划有助于提高破产绩效。破产管理人培训,可以提高决策的统一性和可预测性,并可以提高公众对法律体系有效处理特殊事务能力的信心。训练有素的破产管理人,可以迅速高效的处理破产案件中的各种问题。我国破产管理人培训方式非常多样,其中最重要的是邀请专家学者做讲座和邀请有经验同行交流。地区发展的不均衡决定了有些地方的破产管理人培训资源非常有限,不利于我国破产管理人总体水平的提升。而且从图4-2可以看出,现行破产管理人培训方式带有较大随意性,从某种程度上看,不利于破产管理人执业知识的更新,影响破产案件的效率。

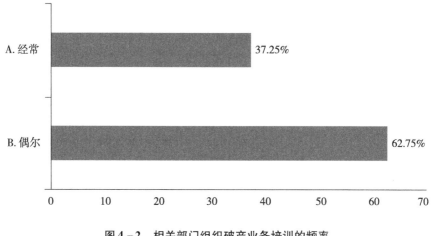

图4-2　相关部门组织破产业务培训的频率

五、完善破产管理人制度,提升破产回收率得分的策略分析

扎根理论的核心观点之一是理论源于资料,资料源于实践。在上文实践分析的基础上,结合相关文献资料的搜集,针对破产管理人制度存在的问题,特提出如下建议。

(一)完善破产管理人选任制度,源头上选择最佳管理人

1.完善破产管理人准入机制

破产管理人准入条件过于原则,而且完全由法院自主决定,破产管理人名册编制有很大的可操作空间和权力寻租空间,进而使得很多入册的破产管理人能力与破产案件办理不匹配,影响破产案件的效率。如何选出最优管理人?我们首先就需要从破产管理人名单编制这个源头做到公正、透明,能者上,弱者下,以保证最优质的破产管理人能够入册。如何做到公正、透明?破产管理人专业资格考试无疑是一种最优选择方案。欧盟成员国中有很多国家都采用这种方式,我国很多专家学者也建议采用这种方式。但众所周知,理论和实践之间是有差别的,纯粹的采用考试方式,会选出很多理论上的巨人,但在实践中却有可能无所适从。而破产程序需要的是拥有丰富理论知识和实践经验的破产管理人,能够快速高效的化解各方矛盾。

关于这个问题,广东省高级人民法院给出了解决方案,在我国率先采用破产

管理人资格考试和评审方式有机结合的方式编制管理人名册,有效找到兼顾专业技能和实践经验的平衡点。其具体做法如下:申请机构派人参加全省统一的破产管理人专业资格考试(申报一级管理人须有 3 名以上、二级须有 2 名以上、三级须有 1 名以上执业律师或注册会计师参加考试),按照 1:1.5 的比例从高分到低分选择进入评审阶段的申请人。评审阶段则仍由各中级人民法院组织进行,评审委员会除了由法院工作人员组成,还可以邀请破产专家学者和政协委员参加。两部分分值各占 60% 和 40% ,最后相加得出总分。广东省高级人民法院这种管理人名册编制方式在我国属于首创,有效了弥补了传统编制方式的缺陷,从源头上保证优质管理人的入册,值得我们借鉴。

2.改革破产管理人指定方式

随机指定管理人方式较为公平,但往往会选到一些法院不太满意的管理人。竞争方式能选到法院满意的管理人,但存在暗箱操作的可能性,让债权人、债务人和社会公众产生质疑。随机和竞争方式指定管理人,皆各有利弊。两种方式优势互补,融合发展,不失为一种解决办法。首先,采用竞争方式引进与破产案件相匹配的符合条件的候选管理人。在我国司法实践中,竞争方式的评审完全由法院自主决定,而基本上完全忽略破产债权人的意愿。这与破产的核心要义是相悖的,我国破产法的根本目的是维护债权人的利益,进而维护社会的稳定。这种情况下,势必会让债权人对破产管理人产生不信任感,导致其在破产程序中产生抵触情绪,不配合管理人的工作,影响整个程序的开展。所以,我们应该在以后的管理人评审阶段选择更加多元化的评委队伍,全面均衡地反映出各相关方的意愿,尤其是债权人的意愿。其次,在候选管理人中通过随机方式选择最终管理人,当场公布结果。这样可以有效避免暗箱操作,凸显政府的公信力。

好的开始是成功的一半,完善破产管理人选任制度,从源头上选择最适合的破产管理人,有益于破产程序的顺利进行,提高破产程序的效率。

(二)扫除破产管理人履职中的障碍,切实保障其履职效率

1.积极构建与债权人的沟通机制

破产管理人与债权人之间的矛盾,最大的原因是缺乏沟通所导致。破产管理人在破产程序中,要构建与债权人之间的良好高效的沟通机制,加强与债权人之间的沟通交流。首先,定期采用线上方式向破产债权人推送破产程序的进展。由于破产债权人具有分散性,经常举行债权人会议不太现实。最高人民法院搭建了

破产重整网信息平台,但其涵盖内容非常多,不能做到定向推送。所以,破产管理人要积极运用各种现代化的手段,例如项目的破产公众号或者微信群,定向向破产债权人告知破产程序的进程。其次,不定期采用线下方式倾听各方债权人的利益诉求。线上推送进展,只是起到告知作用,无法了解债权人真正诉求,管理人可以不定期的采用座谈会、访谈等线下交流方式,强化和债权人的沟通交流。与债权人之间建立良好沟通机制,不仅有益于提高破产程序的效率,也有益于提升破产管理人的综合能力。

总之,破产程序涉及多方利益主体,牵一发而动全身,破产管理人作为各方关注的焦点,除了要和债权人之间建立良好的沟通机制,也要积极构建和债务人、法院之间的沟通机制。

2. 切实采取措施保证管理人履职的独立性

法院拥有破产事务重大事项的决定权和对破产管理人的监督权,在某种程度上,会计破产管理人放不开手脚,影响破产程序的开展。2018 年,最高人民法院公布的《全国法院破产审判工作会议纪要》规定,人民法院应当支持和保障管理人依法履行职责,不得代替管理人作出本应由管理人自己作出的决定。首先,约束法院重大决定权的行使。我国破产程序行政色彩太浓,破产是市场化的主体退出机制,我们要充分尊重市场规律,公权力不宜过多介入。《全国法院民商事审判工作会议纪要》就提出要继续推进破产工作的市场化,注重破产的经济效益。所以,某些与管理人利益相关的重大事项的决策,不能是法院的一言堂,要充分尊重破产相关利益方的意愿。其次,强化破产债权人监督权的行使。《企业破产法》第二十三条第一款规定:"管理人依照本法规定执行职务,向人民法院报告工作,并接受债权人会议和债权人委员会的监督。"可见,法院和破产债权人拥有对破产管理人的监督权。但在实践中,债权人会议不是常设机构,而债权人委员会也不是必设机构,所以,破产债权人对破产管理人的监督权比较虚化,法院的监督权占有绝对优势。而破产债权人是破产程序中最有话语权的群体,所以,在破产管理人履职过程中,我们要认识到债权人行使监督权的重要性。总之,市场的事情交给市场来解决,最大程度上避免公权力的干涉,有利于保证破产管理人履职的独立性,增强其主观能动性。

3. 建立约束机制,提高第三方机构配合的积极性

第三方机构在破产程序中配合度不高,究其原因主要是因为对第三方机构没

有形成有效的约束机制。例如,破产管理人聘请第三方机构时,签订的合同往往非常笼统,在违约责任条款中,只是强调不配合破产工作的开展,要承担违约责任。如何是配合? 如何是不配合? 没有具体标准,实践中就缺乏可操作性和威慑力,就会导致某些第三方机构缺乏配合的积极性。

　　要提高第三方的配合度,就需要建立有效的约束机制。首先,管理人要和第三方机构签订内容详尽的委托协议。最高人民法院在《关于推进破产案件依法高效审理的意见》中提到,管理人和第三方机构之间的委托协议应当包括完成相应工作的时限和违约责任。只有严格其责任,才能约束其行为。所以,管理人在实践中一定要和第三方机构签订内容详尽并带有具体责任的协议。其次,管理人要和法院建立联动机制。如果第三方机构无故拖延,管理人要及时向法院汇报,由法院督促其完成。问题严重者,可以予以警告,并限制其下次参与本辖区内破产案件的资格。

　　(三)建立健全薪酬体系,激发破产管理人的积极性

　　1.量化薪酬确定标准

　　科学合理的薪酬确定标准,关系到破产管理人的积极性,也关系到整个破产程序的效率。如何科学合理地确定管理人的薪酬? 我们可以参考人力资源管理中的量化管理薪酬体系。根据此理论,管理人薪酬包括两部分:工资和奖金。其中工资是固定的,依据债务人最终清偿的财产价值总额来确定;而奖金部分则不是固定的,主要根据破产管理人的表现来确定。此理论和最高人民法院关于管理人报酬的理念是一致的。但是关于奖金这部分规定过于笼统,实践操作中缺乏具体的标准,所以,我们可以根据量化管理薪酬体系将其具体化,从破产中最关注的核心问题出发,如团队和案件的匹配程度、与法院的配合度、债权审核情况、案件结案时间等,分别设置一定的分值(总分100),对个案进行考核。考核结果分为五个等级:优秀(91分-100分)、良好(81分-90分)、中等(71分-80分)、合格(60分-70分)、不合格(60分以下)。考核等级为合格,可以保证其基本工资,即按照务人最终清偿的财产价值总额来确定。如果为中等、良好或优秀等级,就可以按照法院确定的标准上浮一定比例予以奖励;若为不合格等级,则下调一定比例予以惩戒。

　　2.建立薪酬发放保障机制

　　实践中无产可破的案件非常多,为了激发破产管理人的积极性,各省都在探

索管理人薪酬保障机制,比如江苏、浙江、广东等省,都建立了破产管理人援助基金。山东省高级人民法院《企业破产案件管理人管理办法(试行)》第十二条规定,中级人民法院可以根据当地情况,建立破产管理人援助基金。截至到目前,济南市、青岛市和滨州市都建立了破产管理人援助基金,有效解决了无产可破案件的困境,保障了破产管理人的合法权益。新旧动能转换背景下,其他地市破产案件也呈上升趋势,应加快建立本市的破产管理人援助基金,如果有条件,可以建立全省统一的破产管理人援助基金。破产管理人薪酬发放有保障,执业中就不会有后顾之忧,势必会尽职尽责,提高破产程序的质量和效率。

(四)建立系统的破产管理人培训考核体系,不断提高其执业能力

1. 建立科学、统一的考核体系

目前,我国很多地区都制定了本地区的破产管理人考核评价办法,这些考评办法基本有两个共同点:一是由法院主导;二是采用个案考评和年度考评相结合的综合考评方式。个案考评从办理案件的质量、效率和效果出发进行考评,而年度考评则是从管理人的勤勉尽责、团队建设、工作经验、工作绩效等几个方面进行考核。这种考评设计基本合理,但是考核的主导权完全掌握在法院手中,不仅会增加法院的压力,而且会使权力过于集中。为避免这种现象,未来建立考评机制可以采取以下思路:由高级人民法院确定统一的考核标准,在各中级人民法院的主导下,法院负责个案考评,各地方管理人协会负责年度考评。

2. 搭建全方位的培训平台

我国现行的破产管理人培训模式大都是由法院或破产管理人协会组织的线下模式,形式基本上都是邀请破产方面的专家学者和经验丰富的同行座谈交流。这种培训举行时间非常短,参加人员非常有限,导致现阶段的破产管理人培训模式有两大弊端:系统性不强和覆盖面不广。为解决这个问题,将来可以在传统的线下培训模式的基础上,由各地的破产管理人协会构建线上培训平台定期对入册的破产管理人进行培训。而且,可以参考律师考核,将参加线上培训成绩计入破产管理人年度考核的总分。①

六、小结

破产制度是市场经济的基础性制度,也是每一个经济体营商环境的重要组成

---

① 阙强、宋炜:《破产管理人资格准入探讨》,载《中国商论》2017 年第 4 期。

部分。破产管理人作为破产企业的"大管家",发挥其专业优势,协调各方关系,有利于破产程序的顺利进行。在扎根理论的指导下,对标世行"办理破产"指标,结合实践经验,找出破产管理人制度的不完善之处,并予以改进,必将提升我国世行营商环境得分,进而有利于进一步优化我国的营商环境。

论累积投票制的适用

陈　强*

摘　要:累积投票制作为公司股东行使表决权的特殊方式,增加了少数派股东或者小股东在董事等选举中的发言权。累积投票制源起于政治领域,在美国的长足发展使其通行于世界。在累积投票制的理论辩护方面,古典理论和实证研究受到了公司契约理论和功能理论的强大挑战。在实践中,减少应选席位、分期改选、不平等投票权和解任等方式能够不同程度消解累积投票制的功效。我国当前对于累积投票制的规定与适用都存在较为明显的问题,需要在理论和实务两个层面作更加详细的检视。

关键词:累积投票制　表决权　少数派股东或者小股东

累积投票制(Cumulative Voting)是公司股东行使表决权的特殊方式,即每一股份与应选出之董事或者监事人数有相同之选举权,得集中选举一人,或分配选举数人,而由所得选票代表选举权较多者当选为董事或者监事。[1] 累积投票制首创于美国,意旨在于强化少数派股东或者小股东的表决权,增大其选出代言人董事或者监事的机会,以防止股东会中多数派股东或者大股东以其表决权优势把持董事或者监事的选举。

---

* 陈强,男,山东济宁人,济南大学政法学院副教授,主要研究方向民商法。

[1] 王文宇:《公司法论》,元照出版公司 2019 年版,第 429 页。我国《公司法》第一百零五条规定:"本法所称累积投票制,是指股东大会选举董事或者监事时,每一股份拥有与应选董事或者监事人数相同的表决权,股东拥有的表决权可以集中使用。"

一、累积投票制的源起

　　累积投票制原属于政治领域的概念,是英国改革民主选举制度的产物。在19世纪初期英国枢密院讨论好望角议会的报告中首次提到累积投票制一词。[①] 该制度的早期发展更多的得益于政治理论的构建与传播,尤其是借助英国政治学家詹姆斯·马歇尔(James Marshall)在1854年出版的政治学著作,累积投票制迅速影响了西欧诸国,继而传播到北美大陆。吊诡的是,英国当时只是在少数选区的民主选举中采用累积投票制,反倒是美国的州议会和地方议会的选举都积极采用。比如,伊利诺伊州议会从19世纪末开始采用累积投票制选举议员,一直持续到20世纪70年代初期才加以废除。

　　在政治选举中,累积投票制的目的是保障少数派的权利,与之相对的比例代表制(Proportional Representation)则是按照各个政党所获选票数在总票数中所占比例分配席位。因此,在两党制下,累积投票制更能精准反映选民的意见,并且能够防止小党林立局面的出现。而在多党制下,比例代表制更能体现民意,更能客观反映各个政治党派的实力,同时有利于小党派的发展。[②] 但是,由于比例代表制体现的是选民选举政党而不是直接选举候选人,比较容易滋生激进情绪,因此目前世界各国或者地区大多在政治选举中采用比例代表制和直接选举制混合并用的方式,累积投票制鲜少采用。

　　在公司法的发展历史中,美国起到的推动作用最为明显并成果昭著。累积投票制从政治领域引入公司治理领域即是美国首创。南北战争之后,美国的工商业发展迅猛,托拉斯企业逐渐形成,在此背景下,如何有效保障公司小股东的权益成为这一时期美国公司发展中的突出问题。美国伊利诺伊州首先在1870年《伊利诺伊州宪法》中规定,任何股东在公司选举董事或者经理的场合,均得亲自或者通过代理人行使累积投票权,而且此类董事或者经理不得以任何其他方式选选举。该州旋即在公司法中规定了股东的累积投票制。[③] 到1937年,美国共有十五个州

---

　　① 易明秋:《论公司法之累积投票制(上)》,载《军法专刊》1993年第12期。
　　② 正是基于累积投票制在两党制和多党制下的不同效果,许多学者据此认为累积投票制只能适用于封闭性公司,而非开放性公司。
　　③ 刘俊海:《现代公司法》(第三版·上册),法律出版社2015年版,第416页。

在州宪法或者法律中规定了累积投票制。① 到 1955 年,这个数量增加到二十个州。但是其后发展趋势出现逆转,采取累积投票制的州不断减少,到 1992 年,仅有亚利桑那州等几个工商业相对比较落后的州还在适用累积投票制。而且在这些州中,累积投票制也往往不再是法律的强制性规定,而是成为任意性规定,采用与否属于公司章程自决的范畴。

累积投票制由盛而衰的趋势归根结底取决于美国经济社会的发展,但是美国本身独特的法律制度发挥了不容忽视的作用。美国是联邦制国家,采用联邦和州双轨制的立法和司法制度。公司法属于州法的范畴,因此各州对本州公司制度有决定权。为了吸引公司来本州注册设立,从而增加税收和就业机会,带动本州经济的发展和繁荣,各州在相关法律政令中往往给予公司以各种优惠,竞相放宽对公司的约束,增加公司的自治空间,造成各州之间的竞争,美国法学界称之为"打到底线的竞争"(race to the bottom)。② "打到底线的竞争"对公司和公司法的发展产生了怎么的效果,聚讼纷纭,争议不断。但是毋庸置疑的是,累积投票制成了这种竞争的牺牲品。在 20 世纪 80 年代的公司并购风潮中,累积投票制曾经昙花一现,成为收购方与被收购方双方攻防的重要法律武器之一,但是目前在美国公司领域中,即便是开放性公司也很少将累积投票制列入公司章程。③

二、累积投票制的计算规则

在技术层面上,累积投票制是与直接投票制(Straight Voting)相对而言的。直接投票制是指每一个股份代表一个表决权,即传统的一股一权,每一个股东可以将其拥有的全部表决权投给一人或者数人。举例而言,A 公司共发行 100 股,

---

① Richard S. Dalebout, Cumulative Voting for Corporation Director: Majority Shareholders in the Role of a Fox Guarding a Hen House, *BYUL. Rev.* 1989, p. 1207.

② 在争夺公司的竞争中,特拉华州最为引人注目,该州在立法上倾向于保护公司经营者,在司法上设立专门的商事法院,因此吸引了大量美国公司在该州登记,成为特拉华州公司。据统计,在美国纽约证券交易所上市的公司中有一半左右登记为特拉华州公司,而作为美国最为富有、公司实际运营地最为集中的加利福尼亚州,纽约证券交易所上市公司中仅有 4% 为该州公司。在激烈的竞争中,各州的公司法纷纷倾向于特拉华州而做出修正,可说是美国公司法上数十年来的生态性改变。

③ 20 世纪 70 年代,美国公司领域兴起了公司社会责任论,该理论主张公司不能仅以营利为其目的,而应当承担适度的社会责任。目前仍然有部分主张公司社会责任论(Corporate Social Responsibility)的股东团体极力倡导累计投票制,这些股东团体通过委托书制度向上市公司提出采用累积投票制以维护小股东利益,但是由于这些股东团体在各个公司中持有股份比例过低,无法发挥有效的影响力。

有甲和乙两个股东或者股东集团,各自拥有60股和40股,即各自享有60个表决权和40个表决权。A公司董事会有五个董事席位,现在全部需要由股东会选举产生。如果甲方和乙方完全不合作,双方各自推荐五名董事候选人。按照直接投票制,每一个董事席位的选举为一个表决事项,投票结果是甲方推荐的候选人各自获得100个表决权中60个表决权的支持,全部当选。乙方推荐的五位董事候选人各自获得100个表决权中40个表决权的支持,全部落选。由此观之,在直接投票制下,A公司的多数派股东或者大股东只要能掌握超过一定比例的股份,就能保证自己推荐的候选人全部当选,公司董事会全部董事都将成为多数派股东或者大股东的代言人,而A公司的少数派股东或者小股东虽然持有一定比例的表决权,但是却可能无法获得一个董事席位。监事的选举亦复如是。

与直接投票制不同,累积投票制不再恪守一股一权原则,而是将表决权数量增加为持有股份数乘以董事或者监事的席位数,并允许股东将其持有的表决权集中投给一个候选人或者分散投给数个候选人。一个股东或者股东集团要选出代言其利益的董事或者监事的最少股份数量的计算公式被称为科尔公式(Cole Formula),①表示为$S' = [(S \times D') \div (D+1)] + 1$。$S'$是一个股东或者股东集团所持有的股份数,$S$为出席股东会的股份总数,$D'$为该股东或者股东集团想要选出的董事数,$D$是该次选举应当选出的董事席位。将上述例子中的乙方所持股份(40个表决权)和董事席位(五席)代入公式得出D'等于2.34,即表示如果采取累积投票制,上述例子中的乙方最多能够选出两位董事进入A公司董事会。

科尔公式适用于公司存在两个对立的股东或者股东集团的情形,如果公司存在三方及以上的股东或者股东集团,或者各方对他方表决权使用方式不能准确预判时,科尔公式得出的计算结果往往存在较大的误差。有鉴于此,政治学上的D' Hondt席位分配表(D' Hondt Remainders Table)可以有效解决累积投票制计算准确性的问题。举例而言,A公司有甲和乙两个股东或者股东集团,已经发行股份100股,甲方持有60股,乙方持有40股,现在公司需要选出五名董事。按照累积投票制,甲方持有表决权总数变为300,乙方持有表决权总数变为200。列表如下:

---

① Amihai Glazer,Cumulative Voting in Corporate Elections:Introducing Strategy into Equaiton,35 *S. C. L. REV.* 295(1984).

表1　D'Hondt 席位分配表示例

董事席位	1	2	3	4	5
甲方	*300*	*150*	*100*	75	60
乙方	*200*	*100*	*约67*	50	40

斜体数字表示双方必然能够当选的董事。如果甲方只提名一位候选人,得票300,必然当选。如果甲方提名两位候选人,每一候选人均得票150,只少于乙方仅提名一名候选人的得票200,所以无论乙方提名几位候选人,甲方提名的两位候选人都能当选。如果甲方提名三位候选人,每一位均得票100,也必然高于乙方的第三栏,即乙方提名三位候选人的平均得票数约67,因此甲方提名的三位候选人皆当选。如果甲方提名四位候选人而乙方提名三位候选人,甲方仍然能够取得三个董事席位,因为甲方的第四列75仍然大于乙方第三列的约67。但是如果甲方提名全部五位候选人,平均分配票数,即每位候选人得票60,而乙方提名三位候选人,每位候选人得票约67,则形势逆转,乙方反倒可以取得三个董事席位。因此,D'Hondt 席位分配表的结论是,一方股东只要其第 N 列的数字大于对方的第一个非斜体数字列,他就可以提名 N 个候选人并最终会得到对己有利的选举结果。这一结论同样适用于存在三个及以上的股东或者股东集团参与选举的场合。

三、累积投票制的理论争议

(一)肯定说

支持累积投票制的古典理论认为,累计投票制能够帮助少数派股东或者小股东选出自己的董事或者监事,使得公司董事会或者监事会能够尽可能代表更多股东的利益,同时也不会损害多数派股东或者大股东的控制权。而且,少数派股东或者小股东代言人占据董事会或者监事会席位,可以有效监督多数派股东或者大股东及其代言人,防止多数派股东或者大股东在董事会或者监事会一手遮天,损害少数派股东或者小股东的权益,即便是少数派股东或者小股东代言人扮演"私人俱乐部气氛会议室中的捣蛋鬼"①也有利于公司股东的整体利益。而从经济学角度看,少数派股东或者小股东通过累积投票制选出"在野者董事"(Outside

---

① Charles M. Williams, Cumulative Voting, *Harv. Bus. Rev.* May – June 1955, p. 108.

directors），监督代表多数派股东或者大股东利益的董事的行为，尤其是涉及公司高层人事变动以及报酬等事项。在此意义上，累积投票制可以有效地降低代理成本（agency cost）。① 对累积投票制与公司股价波动关系的统计学实证研究也支持了上述观点，美国犹他大学研究团队取样了纽约证券交易所上市公司的一百多项行为，不仅包括采用或者废除累积投票制，也包括采用分期改选或者减少应选席位等影响累积投票制效果的措施。统计结果表明，在公司对外宣布改选董事方案之后的一段时间内，公司股票报酬率会因为该方案增加或者减少累积投票制的效果而呈现正值或者负值变化②，即累积投票制的效果与公司报酬率呈正相关关系，公司的改选董事方案越能保障累积投票制的效果，公司的股票报酬率就越高，反之亦然。③

（二）否定说

否定累积投票制的观点部分源于功能论。从功能论角度出发，公司的股东会类似于议会性质的权力机构，董事会类似于行政执行机构，即董事会是公司权力机关股东会的执行机关，在执行股东会决议过程中应当保持内部和谐与信赖关系，以提高执行权力机关决议的效率。因此，代表少数派股东或者小股东利益的董事如果在董事会内部处处掣肘其他董事的行为，必然降低董事会的执行效率，继而影响公司的整体利益。

否定累积投票制的观点更多源于公司契约理论（Theory of Corporate Contract）。该理论认为，公司本质上是一个契约网络（Nexus of Contract），是股东、经营管理者、职工、供应商、顾客等不同角色相互间契约的组合。公司契约理论坚持一股一权原则，认为投票权应当与公司剩余财产索取权相匹配，"那些享有与剩余财产索取权不成比例的投票权人不能从公司的新决策和新项目中获得与其投票权数量相一致的公司剩余利润或财产的份额。因此，他们就不会做出最优的公司决策。"④投票权应当赋予剩余财产索取权人，而且投票权的权数应当平等，不存

---

① Michael C. Jensen, Separation of Ownership and Control, 26 *J. L. &Econ.* 301 (1983).

② James A. Brickley, Cumulative Voting: The Value fo Minority Shareholder Voting Rights, 27 *J. L. &Econ.* 339 (1984).

③ 这项研究的缺陷在于无法证明公司报酬率呈现正值或者负值是源于累积投票制效果的增强或者稀释，还是源于其他更加复杂的市场因素。

④ ［美］弗兰克·H. 伊斯特布鲁克等：《公司法的逻辑》，黄辉编译，法律出版社 2016 年版，第 322 页。

在超级投票权或者无投票权。与这个原则偏离越远,产生的代理成本就会越大。累计投票制给予少数派股东或者小股东与其持有的股票,即公司剩余财产索取权不成比例的投票权,而这种比例失衡会产生公司经营上的代理成本。"它使公司中更多的股东拥有一种阻碍公司事务的力量,从而增加了将公司控制权股份联合起来的难度;虽然每个股份都具有相同的阻碍潜力,但是,这种阻碍力量的整体价值可能超过公司价值,从而使谈判协商非常困难。"①同时,与功能论的观点一致,公司契约理论也认为,由于累积投票制使得少数派股东或者小股东在公司经营中也具有了一定的发言权,也可以选出自己的董事,从而增加了董事会中各成员所代表的利益偏好存在分歧的可能性。因此,累积投票制使公司面临着一个做出不一致或没有逻辑的公司决策的风险。

四、累积投票制效果的抑制方式

理想与现实总存在一定的距离,一种制度的适用并不必然能够实现制度设计的目的。累计投票制的适用效果可能因为各种抑制措施的采用而大打折扣。目前限制累积投票制度效果的方式大致有四种。

（一）减少应选席位

统计学上,应选董事或者监事的席位越少,累计投票制的效果就越难以彰显。在公司需要增选一位董事或者监事的情况下,累积投票与直接投票的效果并无二致。按照我国《中华人民共和国公司法》（以下简称《公司法》）的规定,除了股东人数较少或者规模较小的有限责任公司以外,有限责任公司的董事会成员为三人至十三人,监事会成员不得少于三人,股份有限公司董事会成员为五人至十九人,监事会成员不得少于三人。② 如公司将董事或者监事的席位减少到公司法的最低要求,既不违反公司法的强制性规定,又可有效抑制累积投票制的效果。以我国上市公司为例,如果公司章程规定的董事席次为公司法的最低标准五个,在全体股东均出席股东大会,并缺少其他股东或者股东集团合作的情况下,依据科尔

---

① [美]弗兰克·H.伊斯特布鲁克等:《公司法的逻辑》,黄辉编译,法律出版社 2016 年版,第323 页。

② 我国《公司法》第四十四条规定:"有限责任公司设董事会,其成员为三人至十三人;但是,本法第五十条另有规定的除外";第五十一条规定:"有限责任公司设监事会,其成员不得少于三人";第一百零八条规定:"股份有限公司设董事会,其成员为五人至十九人";第一百一十七条规定"股份有限公司设监事会,其成员不得少于三人。"

公式,某个股东或者股东集团至少要持有 16.47% 的股份才能选出一席董事。①
根据我国上市公司的股权分布状况,持有该比例股份的股东或者股东集团应当为
上市公司的最大股东之一。实践中,上市公司的监事会成员人员往往比董事会人
数更少,少数派股东或者小股东选出代表其利益的监事的几率更低。

(二)分期改选

分期改选是指董事或者监事任期相同,但是董事或者监事的任期起始时间不
一致。实际上,分期改选与上述减少董事或者监事应选席次的运作机理一致,都
是试图减少某一次选举中的应选人数。在美国,一些早期在立法上强制性规定累
积投票制的州通过判例的方式禁止分期改选,认为这违反了累积投票制的立法目
的。但是,随着各州在立法上逐渐抛弃累积投票制,司法机关对分期改选采取克
制宽容的态度。俄亥俄州最高法院在 1956 年 Humphvys V. Winous Co. 案件判决
中的观点很有代表性,即法律对累积投票制的强制性规定仅是保障少数派股东或
者小股东享有累积投票的权利,但这并非意味着行使该权利就保证能选出少数派
股东或者小股东的代言人。② 即以我国为例,《公司法》规定了董事或者监事的任
期,即有限责任公司和股份有限公司的董事每届任期不得超过三年,监事的任期
每届三年,但是并没有强制性规定董事或者监事的任期一致。因此,假设 A 公司
董事会成员六人,任期皆为三年,采取分期改选的方式,则每年公司股东只需要选
举两个董事席次,从而极大地抑制累积投票制的适用效果。

(三)采用不平等表决权

近年来,很多国家和地区的立法机关或者司法机关尝试打破公司法中一股一
权的基本原则,允许公司发行不平等表决权股(Unequal Voting),即无表决权股或
者多表决权股。公司出于经营的目的产生对外募集资金的需求,同时又希望保持
原有控制股东的地位,就可以发行无表决权的特别股,这种特别股往往是给予较
为优惠的分配股息或者公司剩余财产条件的优先股,以吸引大众投资者。当然,
公司也可以发行一股多表决权的特别股,由某一个股东或者股东集团单独持有,
如此一来,该股东或者股东集团虽然持股比例不高,但是表决权数量可能达到相
当比例,因而导致累积投票制效果的降低。另外,公司还可以将董事中一部分名

---

① 场景转换为限责任公司,董事会最低人数为三人,其他条件不变的情况下,某个股东或者股东
集团至少需要持有 26% 的股权才能选出一席董事。

② 133N. E. 2d. 780(Ohio 1956).

额划归专由特别股股东选出,在保障特别股股东权益的同时,也起到了稀释普通股股东行使累积投票权利的效果。在早期美国公司实务上,各州公司法大多承认公司可以发行不平等表决权股,但是由于美国联邦证券监督管理委员会(SEC)和各大证券交易所的反对,开放性公司大多坚持一股一权的原则。① 就我国而言,公司发行不平等表决权股的问题显得颇为复杂。根据我国《公司法》《证券法》以及中国证券监督管理委员会令等规范性文件,有限责任公司发行不平等表决权股并不违反相关规定。② 对于股份有限公司而言,虽然公司法第一百零三条规定了"(股份有限公司)股东出席股东大会会议,所持每一股份有一表决权",但是根据2014 年《优先股试点管理办法》(中国证券监督管理委员会令第 97 号),上市公司和非上市公众公司③可以发行优先股,优先股股东对该《办法》明确列举的事项享有与普通股股东同样的表决权,这就意味着在列举事项之外,优先股股东的表决权可以受到章程的限制,也就等于承认股份有限公司可以发行不平等表决权股。④

(四)董事或者监事的解任

当多数派股东或者大股东不认同少数派股东或者小股东通过累积投票选出的董事或者监事时,他们可以其表决权数量轻易地召开临时股东会议,通过会议决议的方式将某一董事或者监事解任。比如,根据我国《公司法》,有限责任公司

---

① 美国联邦证券监督管理委员会(SEC)通过 1988 年制定的行政命令 Rule 19C – 4 禁止全国性证券交易所及纳斯达克上市不平等表决权股票。Rule 19C – 4 规则背后的矛盾是,公司大股东希望通过发行不平等表决权抵制公司的并购,而 SEC 认为,公司的大股东应当通过市场机制和司法审查为主导的股份回购程序来控制表决权,发行不平等表决权只会破坏既存中小股东的权利。

② 我国《公司法》第四十二条规定:"(有限责任公司)股东会会议由股东按照出资比例行使表决权;但是,公司章程另有规定的除外。"

③ 根据《非上市公众公司监督管理办法》(中国证券监督管理委员会令第 96 号),非上市公众公司是指有下列情形之一且其股票未在证券交易所上市交易的股份有限公司:(一)股票向特定对象发行或者转让导致股东累计超过 200 人;(二)股票公开转让。

④ 《优先股试点管理办法》(中国证券监督管理委员会令第 97 号)第三条规定:"上市公司可以发行优先股,非上市公众公司可以非公开发行优先股";第十条规定:"出现以下情况之一的,公司召开股东大会会议应通知优先股股东,并遵循《公司法》及公司章程通知普通股股东的规定程序。优先股股东有权出席股东大会会议,就以下事项与普通股股东分类表决,其所持每一优先股有一表决权,但公司持有的本公司优先股没有表决权:(一)修改公司章程中与优先股相关的内容;(二)一次或累计减少公司注册资本超过百分之十;(三)公司合并、分立、解散或变更公司形式;(四)发行优先股;(五)公司章程规定的其他情形。上述事项的决议,除须经出席会议的普通股股东(含表决权恢复的优先股股东)所持表决权的三分之二以上通过之外,还须经出席会议的优先股股东(不含表决权恢复的优先股股东)所持表决权的三分之二以上通过。

代表十分之一以上表决权的股东可以提议召开临时股东会,股份有限公司单独或者合计持有公司百分之十以上股份的股东可以提议召开临时股东大会。① 同时,解任董事或者监事在公司章程没有特别规定的情况下属于普通决议,只需要股东所持表决权的过半数通过即可,而且解任董事或者监事的投票不必采取累积投票制。诚然,公司董事或者监事在任期内如无正当理由被解任,可以向公司提出损害赔偿请求,但是董事或者监事的身份已经无法恢复。因此,对董事或者监事的解任可以抵消累积投票制的效果。而在美国,无论是公司法理,还是各州公司立法,主流观点认为采用累积投票制选举的公司职位,其解任决议的通过所需表决权数量应当超过选出该职位的表决权数量。

五、我国累积投票制适用中的问题

我国《公司法》于 2005 年修改时参考美国和我国台湾地区的立法例,规定股份有限公司中董事和监事选举实行累积投票制,其第一百零五条规定:"股东大会选举董事、监事,可以依照公司章程的规定或者股东大会的决议,实行累积投票制。"因此,我国《公司法》对股东累积投票制采取了倡导主义的态度,而非强制主义的态度。换言之,立法者并不强制每一家公司都推出股东累积投票制,但允许或鼓励公司通过章程和公司决议等公司治理文件自愿推行累积投票制度。② 但是,为了进一步规范上市公司运作,提升上市公司治理水平,保护投资者合法权益,促进我国资本市场稳定健康发展,2018 年修订的《上市公司治理准则》对《公司法》的相关规定进一步细化,其第十七条规定,"董事、监事的选举,应当充分反映中小股东意见。股东大会在董事、监事选举中应当积极推行累积投票制。单一股东及其一致行动人拥有权益的股份比例在 30% 及以上的上市公司,应当采用累积投票制。采用累积投票制的上市公司应当在公司章程中规定实施细则。"以上两个公司领域的规范性文件将累积投票制的适用分成三种情况:第一,存在某

---

①　我国《公司法》第三十九条规定:"代表十分之一以上表决权的股东,三分之一以上的董事,监事会或者不设监事会的公司的监事提议召开临时会议的,应当召开临时会议";第一百条规定"股东大会应当每年召开一次年会。有下列情形之一的,应当在两个月内召开临时股东大会:(一)董事人数不足本法规定人数或者公司章程所定人数的三分之二时;(二)公司未弥补的亏损达实收股本总额三分之一时;(三)单独或者合计持有公司百分之十以上股份的股东请求时;(四)董事会认为必要时;(五)监事会提议召开时;(六)公司章程规定的其他情形。"

②　刘俊海:《现代公司法》(第三版·上册),法律出版社 2015 年版,第 416 页。

一股东或者股东集团持股比例 30% 以上的上市公司强制实行累积投票制;第二,其他上市公司积极推行累积投票制,当然,实践中我国几乎所有的上市公司章程都规定实行累积投票制;第三,封闭性公司,在我国主要是指有限责任公司可以选择适用累积投票制。

在我国公司实务中,累积投票制功用的发挥需要具备某些前提条件,本文仅以持股比例和应选席位两个方面加以说明。从持股比例角度而言,累积投票制效果的彰显有赖于公司的少数派股东或者小股东必须持有一定比例的股份,即公司的股权比例不能过于失衡。诚如上文提到的科尔公式和 D'Hondt 席位分配表,如果股东或者股东集团之间持股量过于悬殊,少数派股东或者小股东无论如何精于计算,也不可能选出代言其利益的董事或者监事。[①] 然而,我国目前的上市公司股权高度分散,大量的投资者持股比例极低,而且结合股权在现实中难度极大,因此即使适用累积投票制,小股东也不可能选出其董事或者监事。反观有限责任公司,此类封闭性公司股权往往比较集中或者股权容易结合,在公司运营过程中,能够明显区分掌握公司日常经营管理权的股东或者股东集团和不掌握公司日常经营管理权的股东或者股东集团。不掌握公司日常经营管理权的股东或者股东集团也往往持有相当或者能结合相当比例的股权,从而依靠累积投票制选出代表其利益的董事或者监事。

从应选席位而言,累积投票制功能的发挥要求公司的董事会或者监事会必须具有一定的规模,即董事会或者监事会规模越大,应选董事或者监事席位越多,少数派股东或者小股东通过集中使用表决权谋求代言人席位的机会越大。反之,应选董事或者监事席位越少,就意味着董事或者监事当选的表决权门槛越高,少数派股东或者小股东选出代言人的机会越小。上文曾提及减少应选董事或者监事席位是消解累积投票制效果的措施之一。根据我国《公司法》,董事会和监事会的组成由公司章程规定,降低董事会或者监事会成员人数意味着修改公司章程,

---

① 当然,持股比例过低的少数派股东或者小股东不能选出自己的代言人也可以视为公司权益分配中的权利义务对等。毕竟,相对于多数派股东或者大股东,持股比例低的股东与公司利益的密切度相对较低,其涉及公司的行为的动机更多会出于个别利益,而非多数股东利益或者公司整体利益。

需要经过股东会或者股东大会特别决议为之。① 虽然《公司法》设定了较高的修改公司章程的门槛，但是同时《公司法》也规定了股份有限公司通过决议的表决权基数是参加股东大会的股东所持表决权而非全体股东所持表决权。实践中，大量的散户小股东对公司经营管理不感兴趣，参加股东大会的意愿极低，因此，上市公司股东大会通过特别决议修改公司章程并非难事，这就意味着多数派股东或者大股东可以此来降低董事会或者监事会人数，从而降低累积投票制的效果。而在有限责任公司，《公司法》规定股东会通过决议的表决权基数是全体股东所持表决权，有限责任公司的股权往往比较集中，因此少数派股东或者小股东可以采取投反对票或者拒绝参加股东会会议的方式，阻止多数派股东或者大股东提出的降低董事会或者监事会席位的决议的通过。

　　基于以上两个方面，封闭性强、股东人数少的有限责任公司，累积投票制的实施效果可能比上市公司更好，因此，我国法律法规对于累积投票制的相关规定实有南辕北辙之感。诚然，累积投票制可以帮助小股东将其信任的利益代言人选入董事会或者监事会，扩大小股东的话语权，增强小股东表决权的含金量，弱化控制股东的话语霸权，平衡大小股东之间的利益关系，部分改良弱肉强食的丛林规则。② 但是，在当前我国公司法环境中如何才能解决以上悖论？是在上市公司中加强独立董事制度和完善投票征集制度，还是允许上市公司自主决定适用累积投票制？有待于法律理论界和实务界的进一步探讨。

---

　　① 我国《公司法》第四十三条规定："（有限责任公司）股东会的议事方式和表决程序，除本法有规定的外，由公司章程规定。股东会会议作出修改公司章程、增加或者减少注册资本的决议，以及公司合并、分立、解散或者变更公司形式的决议，必须经代表三分之二以上表决权的股东通过"；第一百零三条规定："（股份有限公司）股东出席股东大会会议，所持每一股份有一表决权。但是，公司持有的本公司股份没有表决权。股东大会作出决议，必须经出席会议的股东所持表决权过半数通过。但是，股东大会作出修改公司章程、增加或者减少注册资本的决议，以及公司合并、分立、解散或者变更公司形式的决议，必须经出席会议的股东所持表决权的三分之二以上通过。"

　　② 刘俊海：《现代公司法》（第三版·上册），法律出版社 2015 年版，第 416 页。

浅析破产重整企业信用修复问题

孙家磊* 王 康**

摘 要:企业在进入破产重整程序前多涉及大量信用缺陷问题,因此在企业进入程序后,如何完成信用修复是企业需要面临的突出问题。目前,由于我国在此领域的相关法律规范尚不明确,因此在实务操作中也多有不同。本文以破产重整企业信用修复涉及的内容、国内外立法情况等作为基础研究,并在研究之后系统提出意见,以期助力相关配套制度的改进与立法完善。

关键词:信用修复 破产重整 府院联动

随着我国市场经济的不断发展,社会经济状况瞬息万变,由于担保圈、资金链等问题引起的区域性金融风波时有发生,企业面临的风险指数逐年攀升。破产重整制度因其独特的风险处置化手段在出清僵尸企业、优化营商环境方面不断发挥着重要作用。目前,由于我国在此领域的相关法律规范尚不完善,破产重整企业信用修复面临诸多问题。从《中华人民共和国企业破产法》(以下简称《企业破产法》)的立法目的来看,破产重整一方面实现债权债务的集中清理,各类债权在破产程序内得到公平清偿,另一方面,也是更重要的就是拯救有价值的企业,有效整合社会资源,使其获得重生,更好发挥其作为市场主体的积极作用。因此,破产重整企业的信用修复是其重生的关键一环。

---

* 孙家磊,男,山东泰安人,山东环周律师事务所党支部书记、高级合伙人,主要研究方向为破产法。

** 王康,男,山东日照人,济南大学政法学院 2019 级硕士研究生,主要研究方向为破产法。

一、概述

信用修复在立法中并无明确的定义，各地方规定对此也有不同的界定。广义的信用修复是指失信群体对已发生的不良信用记录进行修复，以达到降低或终止对失信者惩罚的目的。适用主体包括企业和自然人，可修复的范围包括因程序与实质原因产生的信用缺陷。狭义的信用修复是指失信主体对自身非主观故意导致的失信信息，根据相关程序进行修复，从而达到消除信用缺陷的效果。二者的主要区别在于：狭义的认定限缩了可修复的范围，仅针对因程序原因导致的信用缺陷，而因实质原因所导致的信用缺陷则不予通过此路径处理。

企业信用缺陷出现的原因主要分为实质和程序两个方面，实质原因是指债务逾期等实质性原因而产生的信用缺陷；程序原因是指非主观故意因素导致的信用缺陷，比如征信机构与相关部门等操作失误、企业错误提供相关信息等程序性原因导致的信用缺陷。根据目前各地的规定，关于因实质原因产生的信用缺陷，并未检索到相关文件对其修复路径予以明确。对程序原因所导致的信用缺陷，失信主体可采用异议的方式进行修复。相较而言，破产重整企业中，由于实质原因形成的信用缺陷占比相对较大，欲对其完成信用修复，除需对其进行大量的排查工作外，还需有明确的专门规定予以指导。

二、有关破产重整企业信用修复的域内外立法现状

（一）国内立法情况

目前我国对信用修复尤其是破产重整企业的信用修复并无立法规定，有关信用修复的指导性政策主要有两个，一为国务院于 2016 年 5 月出台的《关于建立完善守信联合激励和失信联合惩戒制度加快推进社会诚信建设的指导建议》（国发〔2016〕33 号），其中明确提出要建立健全信用修复机制后，各地方逐渐开始进行相关立法的探索工作。二为国家发改委、中国人民银行于 2017 年 11 月 30 日联合发布的《关于加强和规范守信联合激励和失信联合惩戒对象名单管理工作的指导意见》（发改财金规〔2017〕1798 号），其中在第六项提出要构建自主自新的信用修复机制，并且在项下提出鼓励和支持自主修复信用、规范信用修复流程。指导性政策的相继发布给社会释放了要加强信用修复的信号，也给予了各地方阶段性立法探索的导向，为推动国家信用修复体系建设起到了实质开创性

的作用。

在指导性政策发布之后,江苏、河北、上海、山西、浙江等地纷纷出台了相关具体性的规定,对企业信用修复领域做出了有益探索。笔者经过检索发现,各地方基本是从当地的实际情况出发进行探索,因此在部分领域的规定既有立法的共性,也存在因实际情况不同而导致的差异性。但总体来看,并未检索到针对破产重整情况所做的特殊规定,因此重整企业在适用此类规定时往往与实际情况不相匹配。比如,针对企业信用修复的适用条件,各地基本均有规定"企业的法定责任和义务履行完毕"的类似条款,以《浙江省公共信用修复管理暂行办法》为例,其在信用修复条件的第五条中规定:"行政处理决定和司法裁判等明确的法定责任和义务履行完毕,社会不良影响基本消除。"针对普通企业信用修复,此类条款并无不妥,但是如果基于破产重整的视角,由于企业已经进入破产重整程序,基本无法履行完毕其法定的责任和义务,如果单纯采用"一刀切"的处理模式,那么重整企业几乎不能通过此路径完成信用修复。

经检索发现,现行各地方规定中均没有针对重整的特殊情况进行规定,大多采用了粗线条的模式进行大范围探索,这与我国当前整体信用修复体系不完善的大背景基本一致。从整体来看,各地的探索虽各不相同,但在应用规定的过程中所处理的实践问题,在操作过程中所面临的立法困惑等均是国家进行信用修复统一立法的宝贵调研问题,非常有益于我国信用修复体系的建设。

(二)域外立法情况

1.美国

从世界各国的横向比较来看,美国在信用修复领域的处理与研究比较成熟,基本已经形成了相对健全的法律体系与良好的社会信用环境。从美国构建的法律体系来看,其采用的是典型的市场导向型信用修复模式[1]。美国涉及信用修复的相关法律主要有《公平信用报告法》《公平与准确信用交易法》《信用修复机构法》,其中《公平信用报告法》与《公平与准确信用交易法》主要规定了信用主体的权利与义务,明确了信用主体在面临信用惩戒情况时的异议权、救济权等权利[2]。《信用修复机构法》则主要是基于信用修复机构这一第三方主体出发,规定了其在修复过程中所禁止或限制实施的行为,并对其相关必须履行的义务进行明确。

① 刘瑛:《信用修复的法理依据及类型化实施研究》,载《中国信用》2019年第12期。
② 徐志明、熊光明:《对完善我国信用修复制度的思考》,载《征信》2019年第3期。

综合来讲,美国之所以拥有发达且成熟的信用体系的根源在于其并没有将法律体系与社会信用环境区分后独立运行,而是依托市场自由的优势,通过第三方信用机构所提供的优质服务将二者联系起来,从而使法律体系与社会信用环境处于相互促进的良性互动状态,构建了完善的法律体系与社会信用环境。

美国在信用修复领域规定的各项制度中,与破产重整企业信用修复联系密切的主要有二:第一是相对成熟的预重整制度,第二是充分突出信用修复机构的作用。美国的法律框架下,很多企业在进入破产重整程序之前在先进入预重整程序,在预重整程序阶段,通过各方调节对企业经营和债务清理等问题形成处理方案,因此企业在进入正式重整程序之后,仅需要按照预重整程序中形成的方案进行信用修复即可。目前,我国部分地区已经进行了预重整制度的探索,但总体来说尚属起步阶段。此外,美国的信用修复机构属于第三方机构,在接受客户委托之后进行服务业务,类似于我国的专业律师团队。其主要业务包括通过合法途径消除负面记录,帮助客户加强信用管理、提升信用评分,与信贷机构沟通为客户争取利益等。在我国,管理人基本承担了美国信用修复机构的工作,与美国的差异性在于,美国单独将该领域的业务予以区分并交由第三方机构操作,而我国并未予以分离,统一由管理人操作。

2. 英国

英国在征信领域的主要涉及法律为《数据保护法》与《消费者信用法》,但是并没有针对信用修复进行专门立法。英国与美国不同,其采用的是市场化与福利化相结合的修复模式[①],通过设置信息专员署、破产服务局等机构对信用缺陷进行修复,通过设置金融服务管理局,为公众进行征信及信用修复的宣传教育,形成了一套相对完整的信用修复体系。

3. 韩国

韩国也并未针对信用修复领域进行专门立法,涉及的征信业法律主要为《信用信息使用及保护法》,但在实践方面设立了信用恢复委员会对失信行为进行教育并给予修复,设立专门的信用咨询与修复公司提供专门服务。

---

① 刘瑛:《信用修复的法理依据及类型化实施研究》,载《中国信用》2019 年第 12 期。

三、破产重整企业信用修复的意义

（一）对重整企业的意义

企业进入破产重整程序，一方面虽然能受益"壳"外观所带来的品牌、知识产权等便利资源，但一方面也需要面临"壳"外观所带来的各种信用风险所带来的不良影响。对破产重整企业进行全方位信用修复即是对"壳"污点的去除过程，修复之后，重整企业能最大限度地发挥"壳"外观所带来的资源优势，促进企业再生及程序结束后的生命力。

（二）对债权人的意义

从企业在重整程序中的角度来看，完善的信用修复使破产重整企业可选择的优质客户增加，能够有效提高企业的营收额，增加债权人最终可获得债权额，有利于促进债权人利益最大化。重整程序结束之后，完善的信用修复使企业再生率大大提高，债权人虽然在之前重整过程中有所损失，但企业再生之后，债权人可依照以前的优良合作模式与重整之后的企业进行选择性合作，充分开发前期合作资源，减少不必要的成本浪费，促进债权人与重整企业的双赢。

（三）对管理人的意义

由于管理人的工作特性，信用修复能够对管理人工作效率、工作收益等方面产生重要影响。首先，信用修复直接给管理人工作减负，如存在一套完整的信用修复体系，管理人在进驻企业之后可直接按照相关规定进行操作，对企业信用进行修复，这将会大大改善目前管理人在操作过程中因无规可依所导致的无序处理现状，充分加强管理人的工作效率，减少不必要的无效工作。其次，管理人工作的减负即意味着时间成本的减少，破产程序的推进也会相应提速，企业重整周期缩短，管理人与重整企业达到共同促进。

四、破产重整企业信用修复的主要内容及探索

根据不同的分类标准，企业信用修复所涉及的内容可以划分为不同的类别。从修复目的的侧重点角度来讲，信用修复主要分为信贷信用修复和社会公共信用修复。信贷信用的修复是破产重整企业最为关注的领域，因为只有具备良好的信贷信用，银行才会与企业正常办理借贷业务。重整企业信用修复的最主要目的是恢复正常信贷，通过获取资金以维持资金链的稳定，保证企业正常运转，提升企业

再生可能性。企业的社会公共信用涉及多领域,是企业在进入重整程序之前,因为其不当行为所造成的使其社会评价降低的系列信用缺陷。从企业关注视角出发,相较于社会评价,企业运行的本质在于资金的稳定运转,企业只有通过银行借贷保持稳定的资金链,才有继续存续的可能性,相应附随的社会公共信用修复对企业才能产生实质意义。因此,信贷信用能否得到修复是企业能否继续存续的关键,也是企业更为关注的侧重点。

从具体类型的角度划分,破产重整企业的信用修复内容基本可以分为银行信用修复、税务信用修复、工商信用修复、司法信用修复及其他等五个类别。现予以具体分析:

（一）银行信用修复

破产重整企业基本都涉及银行债务问题,且银行大概率属于企业的主要债权人。在企业进入破产重整程序后,前期逾期欠款等负面信息并不因企业进入程序而消除,即使在重整程序结束后,企业已按照重整计划方案对债务进行清偿,但相关负面信息依旧会记录于银行系统之中。因此,虽然企业在经过重整程序后内部股权架构、管理结构等已发生实质变动,但由于其对外主体资格未发生变动,企业在银行所留存的信贷信息、金融资信等级等其他不良信息仍然记录在册,企业在办理借贷、融资等业务时,仍然会受到不良信息的负面影响。

由于目前并无银行消除负面信息的具体规定,因此只要重整企业未注销且仍然使用该"壳"外观的主体资格运营,那么"壳"外观附随的不良信息将持续存在。目前,实务中的处理模式主要有两种,第一种是发挥府院联动机制的优势,充分协调人民银行及涉及债权债务关系的银行,由管理人发起申请,银行收到申请后在征信系统的"大事记"和"信息主体声明"中将企业破产重整的情况进行释明①,在后所产生的借贷审查标准也将因此释明而得以更新。第二种是在无法进行统筹联动的情况下,管理人可依据法院出具的函件,单独向各银行发出申请,经银行审查后,在相关信息中记载"企业进入破产重整程序",从而降低该类不良信息对于企业借贷的负面影响。

（二）税务信用修复

具备良好的税务信用是企业再生之后得以继续发展的关键要素,破产重整企

---

①　南单婵:《破产重整企业信用修复研究》,载《上海金融》2016年第4期。

业基本存在不同程度的税务欠款及信用缺陷问题,《企业破产法》及相关司法解释已经对税收债权的清偿方式进行了具体规定,但对如何在税务系统中处理企业不良信息并未予以明确。根据我国《纳税信用管理办法(试行)》的规定,纳税信用信息的范围主要包括纳税人信用历史信息、税务内部信息、外部信息。由于并没有法律规定破产重整状态下企业税务问题可以得到特殊处理,因此只要对外企业主体资格存续,相关的处理与惩罚仍然要按照普通企业的规定处理,这在一定程度上造成了相关规定与实际情况不匹配的现状。比如,企业经破产重整程序后实质已经发生变化,但企业所涉及的欠税信息仍将会被记录于税务系统中,且会对其纳税信用级别的变更等事项持续产生影响。如企业在先的信用评级被评为D 级,在进入重整程序之后,仍然将会面临连续两年保留 D 级、不能恢复 A 级的困境;在变更法定代表人等企业直接责任人员时,税务部门仍然可能会以其处于信用黑名单为由拒绝变更。①

　　针对税务信用的修复,目前的处理模式主要以管理人协调为主,司法协助为辅。管理人除严格按照《企业破产法》的规定对税收债权进行核实并予以清偿之外,还需积极协调税务部门在清偿之后消除相关处罚,对相关不良信息予以释明。在管理人协调无果的情况下,申请法院通过司法渠道予以协助,如管理人在办理变更必要手续时受到税务部门的拒绝之后,可以申请法院出具相关函件、协助执行通知书等,协调税务机关配合管理人办理相关事宜,推动破产程序的进展。

　　(三)工商信用修复

　　企业客户调查企业的最直接途径是通过市场监督管理总局设立的"国家企业信用公示系统"进行检索,该系统会在查询报告中显示企业的行政处罚、风险等不良信息,工商失信的企业会显示被列入经营异常名录,部分企业会被列入严重违法失信名单。但是,该系统并无明确区域用以显示企业处于或已经完成破产重整程序。如前所述,企业在完成破产重整程序之后犹如"借壳再生",但是由于"壳"外观所附随不良信息的负面影响,企业客户受困于"企业信用信息公示报告"所显示的信用风险情况,将会大幅度降低与其合作的可能性,企业在市场经济的大环境中将会因受困于信用缺陷而步履维艰。

　　目前针对工商信用修复的操作模式主要采用管理人释明＋协调的方式,一方

①　宋玉霞:《实施破产重整企业信用修复制度》,载《人民法治》2016 年第 9 期。

面积极向客户释明重整企业的情况,另一方面积极协调工商部门对相关负面信息进行处理。管理人在与意向客户沟通过程中,将企业破产重整情况对其予以明示,尽可能减少意向客户顾虑,降低明示不良信息的负面影响。综合来讲,目前该处理模式的局限性相对比较突出,仅对于已知的意向客户可能发生作用,但是对于许多潜在客户及商业资源而言,企业对外明示的信用报告就已经将其拒之门外。

（四）司法信用修复

最高人民法院设立的"中国执行信息公开网"是目前用以查询企业司法信用惩戒情况的最直接途径,如司法信用惩戒一直未予解除,则此网站将持续公开该惩戒情况,对重整企业的不良影响将会持续存在。根据《企业破产法》第十九条:"人民法院受理破产申请后,有关债务人财产的保全措施应当解除,执行程序应当中止。"企业进入破产重整程序之后,管理人依据法院出具的裁定书,可以向相关法院提出申请,对涉及破产企业的相关信用惩戒予以修复。

实务操作中,管理人向本地法院提出申请的一般成功率较高,但对异地法院提出申请的成功率较低,这对于推进破产重整程序的进展及程序结束后企业正常经营会带来直接负面影响。管理人在沟通异地法院无果的情况下,一般会请求出具破产裁定的法院向异地法院发函,通过法院系统的沟通与交涉,达成企业在司法信用领域的修复。

（五）其他

以上四个类别属于破产重整企业集中存在的问题,但实务过程中,不同类别的企业还涉及其他不同的信用修复问题。如食品类的企业可能会涉及食药部门的信用惩戒,房地产企业可能会涉及国土部门的信用惩戒,此类信用惩戒虽不属于共性问题,但由于企业本身经营范围的专业性,这些针对专业出发的个性处罚往往更令企业棘手,但由于几乎没有明确的修复规定,修复过程中也多存在无从下手的局面。

五、破产重整企业信用修复的建议

（一）通过专门立法予以指导

目前,由于无统一规定指导,各地相关规定交叉复杂,信用修复领域的探索长期处于无序状态,因此,加快建立统一的立法体系才是解决信用修复问题的最根本途径。在立法过程中,可将国外立法与国内探索相结合,基于我国国内现状,从企业信用缺陷所涉及的直接问题出发,建立相对完善的信用修复体系。①

立法过程中,如整体企业信用修复法律推进存在较大阻力,可以基于破产重整程序出发进行探索与突破,通过司法解释的方式对此问题予以明确。由于重整企业的特殊性,重整后的企业在内部架构、股权变更等实质方面基本与新生企业无异,因此,在立法过程中,可以将企业进入破产重整程序作为前提性条件,对修复发起主体、修复涵盖内容、修复程序、修复限制等方面进行规定,规范破产重整企业信用修复的具体操作。

信用修复并不是无限制的修复,实质应当为在限制范围内的修复。企业选择进入重整程序,在获得"壳"所带来的便利资源同时必然需要承受"壳"所带来的部分不利因素,因此,针对附随的信用缺陷修复也必然需要给予限制。在对限制范围的立法规定中可以采用列举式的模式,列明不予修复的类型,对于类型之外的情况持开放态度,此立法模式能够适应我国信用修复体系不完善、实务操作问题众多的立法现状,给予信用修复领域更多活力。其中,不予修复的类型可基于"主观恶意＋客观行为"的原则把握,对于存在严重违法且造成恶劣影响的行为所导致的信用缺陷,应当给予限制修复。

(二)充分发挥府院联动机制的优越性

前文提及,破产重整企业信用缺陷往往涉及多领域,除常见的银行、工商、税务、司法等方面外,部分专门企业还涉及其他方面的信用缺陷。但是由于这些缺陷信息都分散于各个机构和部门,在修复过程中往往需要耗费大量时间和精力。嘉兴市处理此问题时的方式是:成立企业破产重组盘活工作协调小组,小组成员主要由法院、人民银行、财政、工商等相关部门组成,定期召开协调会,协调解决相关困难。② 嘉兴市所采取做法的实质就是府院联动机制的具象化,近年来,府院联动机制日益成为处理破产案件最高效的方式之一,在实践中的应用程度非常广泛。但是,现阶段的府院联动的操作模式虽然具有一定的能动性,但是在体系性方面不占优势,每一个案都需要进行单独探索,而无法充分吸收前期工作的经验。

2020 年 4 月 1 日,衢州市信用衢州建设领导小组办公室发布《关于对破产重整成功企业进行信用修复的函》,对 2015 年以来重整成功的 26 家企业市域内案

① 徐志明、熊光明:《对完善我国信用修复制度的思考》,载《征信》2019 年第 3 期。
② 徐昭、姜弘毅:《破产重整企业信用修复的实践与思考》,载《征信》2018 年第 6 期。

件进行信用修复,将不再对这 26 家企业实施失信黑名单的各类联合惩戒措施。针对衢州市发布的该函件,值得关注的是其发布主体为衢州市信用衢州建设领导小组办公室,该小组是专门针对市域范围内信用问题而创设,将专业问题集中并专门解决。此外,通过对外公开的函件处理重整企业信用问题的操作模式也尚属首次。此函件的发布,充分展示了该种模式的可操作性,给外界提供一条处理该问题的新路径,即以专项小组的形式,集中处理专业的问题。

2020 年 7 月 31 日,济南市人民政府办公厅发布《济南市人民政府办公厅关于建立企业破产府院联动机制的通知》(济政办字〔2020〕35 号),其中在主要任务的第十四条规定:"帮助重整、和解企业修复信用。完善信用黑名单退出机制,健全企业信用修复、异议处理、投诉等制度,协调信用管理部门、金融机构等积极支持重整、和解成功企业及时退出黑名单,实现企业信用重建。"且在保障机制中规定了建立组织协调机制、建立组织协调机制、建立信息共享机制等保障性措施,综合对召集人、办公室驻地、会议召开方式、信息共享模式等具体操作问题进行了明确。该文件将"府院联动机制"从抽象化的概念以具体的形式落地,并且提供了可行的具体操作模式,使"府院联动机制"不再处于空中楼阁的抽象,真正能够解决企业破产处置中的相关具体疑难问题。驻济重整企业也能够依托此文件,通过此机制最大限度进行信用修复,真正意义实现企业再生。

结合上述做法及文件,笔者认为,可以考虑将破产重整企业的信用修复作为突破点,基于企业信用缺陷关联诸多部门的特点,探索将"府院联动机制"长期具象化维持,探索建立重整企业涉信用问题平台,用以专门负责处理企业进入破产重整程序之后的信用修复问题。各地政府可牵头成立该平台,由可能涉及信用惩戒的部门共同维护,在模式上以线上审查为主,线下审查为辅。法院出具破产裁定之后,在规定时限内,各部门将涉及该企业的信用缺陷信息全部集中加入该平台,在修复申请发起时,由平台采用形式审查的方式进行初审,初审通过之后,由各作出信用惩戒的部门进行实质审查。两次审查均通过之后,重整企业在运行过程中即无需受困于信用缺陷的困扰,重整程序成功结束及重整计划执行完毕后,经平台复核达到标准,信用修复最终得以完成。

建设此平台的难点主要在于资源整合,比如各相关部门在运营平台时如何进行权责划分,信用缺陷问题如何完备集中于该平台等问题,这些相对具体的问题,只有通过更加充分的调研后,运营模式才可得到完善。因此,在后续探索过程中,可在部分地区先行进行试点,通过试点过程中发现的问题,对平台及操作模式进行相应改良,从而逐渐予以推广。综合来讲,虽然此平台的创建与推广可能面临诸多阻力,但此平台的优势也相对明显,第一,其能够相对完备地对重整企业涉及的信用问题进行清查,第二,其能够促进重整企业再生率的提高,第三,其能够加速提升破产程序推进的效率。

(三)探索成立以管理人为主的信用修复机构

美国《信用修复机构法》规定,信用修复机构可以根据相关主体的委托,帮助其处理信用修复问题。目前,我国并没有专门的信用修复机构,但在企业进入破产重整程序后,管理人一般是对外活动的主体,因此在面临信用修复问题时,申请主体一般也为管理人。

笔者认为,根据我国现状,在破产重整程序中不适宜采用第三方机构作为信用修复主体的美国模式,应当根据我国实际情况采用以管理人为修复发起主体的模式。首先,管理人在法律地位上属于中立机构,这一点与美国专门信用修复机构的法律地位类似。其次,在重整阶段,管理人作为最了解企业的主体,在关联信息的把握方面具有天然优势。最后,如能在立法过程中明确管理人作为信用修复主体的地位,既是对我国前期实务操作模式的法律认可,又能够充分降低时间、经济等成本,加速推进破产程序的进展。在后续立法过程中,可以针对此实际情况,借鉴域外优良立法经验,将管理人作为信用修复发起主体的地位予以明确。

结　语

破产重整企业信用修复对于推进破产程序、促进企业再生有着重要的意义与价值,当下,信用缺陷仍然在一定程度上阻碍着破产程序的推进与企业的再生成活率,因此,积极探索与研究破产重整企业的信用修复应当成为下一阶段立法研究的重点之一。在立法探索过程中,应当基于重整程序的特殊性,将重整企业的信用修复与常态企业的信用修复区分对待,并逐渐通过立法建立破产重整企业信用修复制度,帮助重整企业高效有序处理信用修复问题,促进重整程序的最终成功。

公司人格实质性穿透标准研究

高 翔[*]

摘 要:从《九民会议纪要》到《刑法修正案(十一)》,传统属于私法领域的公司法人人格否认制度,在刑事司法领域逐渐也有所体现,即公司人格实质性穿透原则。但是,最高人民法院推出的典型案例似乎在否定实质性穿透原则在涉及民营企业及企业家人身、财产权利的案件中广泛运用。立法和司法实践中的不同价值取向,根本原因在于对于公司人格实质性穿透原则没有形成可供实际操作的适用标准,本文提出了适用公司人格实质性穿透的个罪判断标准、刑民分立标准和客体判断标准,并对标准形成的内因和保障标准实施的措施进行分析。

关键词:公司人格实质性穿透 公司法人人格否认 适用标准 民营企业 刑事合规

一、问题的提出

2019 年以来,伴随着《中华人民共和国民法典》(以下简称《民法典》)的制定,我国社会主义法治体系围绕《民法典》的发展进入了一个新的阶段。法典的制定,不仅仅是法律规范的编纂,而是以《民法典》为核心,其他基础法律关系均受其影响,并根据《民法典》的最新精神与规定进行修改和补充。民法领域的变动,自然而然地影响了与之联系密切的商法,并且对于刑事法律规范也产生了较为重大的影响。对于民营企业及民营企业家而言,新的民事法律规范与裁判规则意味着新的变化。而在此轮法律编纂与修改的过程中,一个特别重要的法律概念

---

* 高翔,男,安徽阜阳人,济南大学政法学院 2019 级法律硕士,研究方向法理学。

即公司人格否认制度,从民商事领域逐渐渗透至刑事领域,呈现出与之相似而又有所区别的法律概念:公司人格实质性穿透。

公司人格实质性穿透是指,在刑法规定的诸不纯正单位犯罪中,司法机关通常否认公司法人作为刑法意义上的"单位"实施不纯正的单位犯罪所涉的罪名,而直接由公司的直接负责的主管人员和其他直接责任人员承担刑事责任。公司人格实质性穿透实质上是对于单位犯罪的否认,但在民营企业作为单位时,这一概念则被广泛使用,李建伟即指出,在刑事诉讼中,侦查机关主要易对公司法人人格与股东(尤其是控股股东)、实际控制人的独立人格以及公司法人人格与以法定代表人为核心的高管层的独立人格产生混淆,并将其权利义务进行混同。①

对于这一概念的使用,自 1997 年《中华人民共和国刑法》(以下简称《刑法》)规定单位作为犯罪主体以来一直存在争议,但这一概念最近伴随着 2019 年最高人民法院发布的《全国法院民商事审判工作会议纪要》(以下简称《九民会议纪要》)中有关公司法人人格否认制度的新裁判观点而同时发生改变,并渗透于今年 3 月 1 日正式实施的《中华人民共和国刑法修正案(十一)》(以下简称《刑修(十一)》)的诸多罪名之中。因此,当研究者研究《刑修(十一)》中涉及公司单位犯罪的罪名时,需要着眼于更早的《九民会议纪要》。

但是,法律规定的新变化,并不意味着在实务中也同样如此。最高人民法院自 2018 年 1 月至 2019 年 5 月,发布了总共三批关于保障民营企业及民营企业家合法权益的典型案例,②其中对于公司法人人格实质性穿透做出限制性的裁判规则,强调刑法本身的谦抑性与其他法律责任的承担与救济问题。

在这里,立法和作为司法指导的典型案例间产生了不一致的向度——前者强调对于犯罪客体,即法益被侵害的国家、商主体、公司股东、自然人等的全面保护,以实质性穿透为原则,单位犯罪为例外;后者强调对于民营企业家本身的权益保障,强调刑法的谦抑性,积极运用国家赔偿与其他解决纠纷的方式去处理涉及民

---

① 李建伟、李晓明:《刑事诉讼中的企业家民商事权利保护》,载《人民司法》2019 年第 19 期。

② 参见最高人民法院:《人民法院充分发挥审判职能作用保护产权和企业家合法权益典型案例(第一批)》《人民法院充分发挥审判职能作用保护产权和企业家合法权益典型案例(第二批)》与《依法平等保护民营企业家人身财产安全十大典型案例》,共三批典型案例,来源:http://www.court.gov.cn/zixun - xiangqing - 79262.html http://www.court.gov.cn/zixun - xiangqing - 133721.html http://www.court.gov.cn/zixun - xiangqing - 159542.html,访问时间:2021 - 3 - 18。

营企业及民营企业家的纠纷。这二者之间差异意味着什么？从问题的表面来看，核心问题是司法机关在刑事诉讼程序的运行、在最终认定犯罪事实和适用法律时，对于是否适用实质性穿透原则，强调犯罪的核心主体系民营企业家，而非是民营企业作为单位犯罪的主体而实施，这一问题没有统一的标准。出于打击犯罪的目的，司法机关则通常倾向于对于涉案的民营企业作实质性穿透。

　　因此，我们需要解决如下问题：就民营企业而言，第一，法人人格实质性穿透到底应适用什么样的标准？第二，确立适用标准的原因为何？第三，确立了适用标准之后，围绕这一标准又应设立什么样的制度去确保这一标准的正确与顺利实施？

二、从《九民会议纪要》到《刑修(十一)》立法思路沿革

(一)《九民会议纪要》与公司人格否认制度

《九民会议纪要》中"关于公司纠纷案件的审理"部分对于公司人格否认制度进行了进一步的解释与规定。《九民会议纪要》指出："公司人格独立和股东有限责任是公司法的基本原则。否认公司独立人格，由滥用公司法人独立地位和股东有限责任的股东对公司债务承担连带责任，是股东有限责任的例外情形，旨在矫正有限责任制度在特定法律事实发生时对债权人保护的失衡现象。"《九民会议纪要》进一步对于公司人格混同提出了独立意思与独立财产判断标准①与过度控

---

　　① 《九民会议纪要》第10条：认定公司人格与股东人格是否存在混同，最根本的判断标准是公司是否具有独立意思和独立财产，最主要的表现是公司的财产与股东的财产是否混同且无法区分。在认定是否构成人格混同时，应当综合考虑以下因素：(1)股东无偿使用公司资金或者财产，不作财务记载的；(2)股东用公司的资金偿还股东的债务，或者将公司的资金供关联公司无偿使用，不作财务记载的；(3)公司账簿与股东账簿不分，致使公司财产与股东财产无法区分的；(4)股东自身收益与公司盈利不加区分，致使双方利益不清的；(5)公司的财产记载于股东名下，由股东占有、使用的；(6)人格混同的其他情形。在出现人格混同的情况下，往往同时出现以下混同：公司业务和股东业务混同；公司员工与股东员工混同，特别是财务人员混同；公司住所与股东住所混同。人民法院在审理案件时，关键要审查是否构成人格混同，而不要求同时具备其他方面的混同，其他方面的混同往往只是人格混同的补强。

制标准①两种判断标准。这两种判断标准与其说是新规定,毋宁说是对于《中华人民共和国公司法》(以下简称《公司法》)第20、21条规定的细化。但这一裁判规则仍然有其特定意义。具体而言,这一裁判规则确立了:(1)例外性规则,即公司人格否认制度作为公司人格独立的例外情形,并非普遍适用的原则;(2)明确性规则,即只有公司控股股东、实际控制人对于公司的财产与自然人财产产生明确混同,才能作为否认公司人格的前提;(3)过度支配原则,即公司已经丧失独立性的基本目的,完全沦为工具之后,才能作为否认公司人格的情形;(4)实质保护原则,即否认公司人格是为了保护善意相对人、公司其他股东和其他相关民事主体的实质性的合法权益。

　　对于法律规范的细化,通常作为规范法律适用、确立规范边界之用。但是,由于《九民会议纪要》系司法文件,其内容可视为具有参照意义的裁判规则,对于法律规范的详细解读,也可理解为对于这一法律规范适用的鼓励。尤其是,结合该纪要中对于公司控股股东、实际控制人法律责任的规定,增加了上述两类人员的实际承担责任的可能。同时,对于上述的第一个原则即例外性原则,是相对于谁例外? 对于个案中法官的判断而言,法官通常无法面对个案以外的案件进行大样本分析,这是一个逻辑推理问题,即法官只有具有丰富的商事审判经验,并且确实以公司人格否认为个别情况进行处理,否则无法证明法官在具体某一个案件中真的体现了例外性原则。换言之,作为当事人的控股股东、实际控制人无法证明法官滥用公司人格否认原则。相较之下,法官运用公司人格否认制度,可以轻易实现"矫正有限责任制度在特定法律事实发生时对债权人保护的失衡现象",法官自然更倾向于适用该原则而非排除该原则,公司人格否认原则成了实际审判中不受制约和监督的法律适用问题。

---

　　① 《九民会议纪要》第11条:公司控制股东对公司过度支配与控制,操纵公司的决策过程,使公司完全丧失独立性,沦为控制股东的工具或躯壳,严重损害公司债权人利益,应当否认公司人格,由滥用控制权的股东对公司债务承担连带责任。实践中常见的情形包括:(1)母子公司之间或者子公司之间进行利益输送的;(2)母子公司或者子公司之间进行交易,收益归一方,损失却由另一方承担的;(3)先从原公司抽走资金,然后再成立经营目的相同或者类似的公司,逃避原公司债务的;(4)先解散公司,再以原公司场所、设备、人员及相同或者相似的经营目的另设公司,逃避原公司债务的;(5)过度支配与控制的其他情形。控制股东或实际控制人控制多个子公司或者关联公司,滥用控制权使多个子公司或者关联公司财产边界不清、财务混同,利益相互输送,丧失人格独立性,沦为控制股东逃避债务、非法经营,甚至违法犯罪工具的,可以综合案件事实,否认子公司或者关联公司法人人格,判令承担连带责任。

（二）《刑修（十一）》中涉及民营企业部分犯罪的修正

民法与商法领域的频繁变动，必然引起刑法领域的对应调整。原因在于，法律责任并非互相独立，"一事不二罚"原则仅适用于同种法律责任，而在不同法律责任领域可以同时适用；刑法作为各项法律责任的兜底性责任，是以行为人承担民事、行政责任尚不能完全达到行责一致的情况下，法律体系最后的、也是最严厉的法律责任的承担方式。周光权即指出，由于刑法立法必须顾及法秩序统一性原理，刑法与前置法之间需要保持一定程度的协调关系，因此，修正案的立法就不得不及时关注前置法的一些立法动向。[①] 本次《刑修（十一）》的修改幅度巨大，涉及与民营企业相关的罪名众多，但具体而言，以下三组罪名与公司人格实质性穿透的关系与精神最为密切，本文将作重点分析。

1. 欺诈发行证券罪与违规披露、不披露重要信息罪

本组罪行是与公司人格实质性穿透关系最为紧密的罪行。欺诈发行证券罪与原规定相比较，新规定增加了一类犯罪主体，即"控股股东、实际控制人组织、指使实施前款行为"，同时，对于罚金的数额、承担附加刑的方式与最高刑期均有大幅提升；违规披露、不披露重要信息罪除与欺诈发行证券罪类似，也增加了控股股东、实际控制人作为犯罪主体，还增加了控股股东、实际控制人如果是单位，也可作为本罪主体，同时也提高了最高刑期。这两项罪行作为不纯正单位犯罪，本身即可通过双罚制处罚自然人，但本次修正中仍然添加了两类身份的人员作为犯罪主体，可以视为在刑事实体法领域的公司人格实质性穿透。如张义健所言，"这一修改看似很小，但实践针对性很强，对于正确区分违约与违法、违法与犯罪的关系，审慎处理涉民营企业融资案件，更好地落实党中央关于完善产权保护和"六稳六保"工作要求具有重要意义。"[②]刘宪权则认为，增加两类人员作为犯罪主体，"这一修改内容本质上不是一种注意规定，而是一种共犯行为正犯化。"[③]

2. 骗取贷款、票据承兑、金融凭证罪

与上组罪行扩张了犯罪主体与最高刑期不同，本罪对于犯罪构成作出了一定的限缩，在违法后果中删除了"或者有其他严重情节的"的规定，仅规定"给银行

---

① 周光权：《刑事立法进展与司法展望——〈刑法修正案（十一）〉总置评》，载《法学》2021 年第 1 期。

② 张义健：《〈刑法修正案（十一）〉的主要规定及对刑事立法的发展》，载《中国法律评论》2021 年第 1 期。

③ 刘宪权：《金融犯罪最新刑事立法论评》，载《法学》2021 年第 1 期。

或者其他金融机构造成重大损失"这一种损害后果,这一修正对于法官的自由裁量进行有效限缩,一方面,有且只有给金融机构造成重大损失这一种入罪情形;另一方面,也实际使本罪从行为犯成为纯粹的结果犯,对于符合骗取贷款、票据承兑、金融凭证但未造成金融机构重大损失的行为排除本罪的适用。这对于融资困难的民营企业而言不啻一剂良药,避免民营企业为了自身生产、生存而难以严格按照金融法律规范和行业规范取得资金,进而构成犯罪。

3. 非法吸收公众存款罪

本罪行则综合了前两组罪行的特点。一方面,本罪把法定最高刑提升至十年以上有期徒刑,是典型的重刑化思路的产物;另一方面,本罪增加一款作为第三款,即有前两款行为,在提起公诉前积极退赃退赔,减少损害结果发生的,可以从轻或者减轻处罚。这一规定限缩了本罪入罪的情形,提高入罪门槛。但也应明确,这一规定并非新规定,最高人民法院 2011 年司法解释明确规定:非法吸收或者变相吸收公众存款,主要用于正常的生产经营活动,能够及时清退所吸收资金,可以免予刑事处罚;情节显著轻微的,不作为犯罪处理。刑法修正案这一规定相对最高人民法院司法解释反而体现出重刑化的倾向。因此,刘宪权认为,本次修正案在突出强调保护民营企业产权的同时,却在个罪上通过提高法定刑实现对民营经济的治理,似乎存在逻辑不自洽的矛盾,揭示了本次修正案对刑法有些条文的修订仍然带有强烈的情绪性立法色彩。①

(三)公司法人人格否认与实质性穿透

从上述的裁判规则和法律规定中我们可以明确认识到,公司法人人格否认和实质性穿透是具有一定程度的相似性与关联性的。首先,二者都是处理涉及公司责任的法律概念,只不过前者系处理公司的民事责任,后者处理公司的刑事责任;其次,二者的目的都是为了否认公司人格的独立性,将深藏于公司幕后的、能够操作公司的自然人放至台前,公司不过是他们实施不法行为的工具;第三,这种人格否认并非对于公司法人制度的彻底否定,而是一种例外的情形。所谓"例外",是指两方面的概念,一方面是,公司只要依法存续,则其法人资格不会被否认,因此,只能在极个别情况下暂时放弃对于法人人格的拟制,其他情况下,法人人格不容否认;另一方面是,这种"例外"是针对个案而言的,公司可能同时涉及多个案件、

---

① 刘宪权、陆一敏:《〈刑法修正案(十一)〉的解读与反思》,载《苏州大学学报(哲学社会科学版)》2021 年第 1 期。

多项责任,而对于公司法人人格之否认并不意味着公司在每一起案件、每一场纠纷中都会被否认人格,哪怕这些案件可能具有高度相似性与牵连性,对于法人人格的否认只能个别进行;第四,二者都有极其严格的限制条件。无论是民商法领域的实质控制、财产混同条件,还是刑事案件中对于单位犯罪的认定和处理,都需要符合法定条件才能否认法人人格或者作实质性穿透。

因此,二者的相似性和关联性,导致在适用这两个原则时,经常会出现同时适用的情况。特别是随着民营企业涉嫌非法经营类犯罪、涉税犯罪、洗钱罪等金融秩序犯罪、非法吸收存款等金融类犯罪和涉黑犯罪的情形愈发常见,这些犯罪同时也涉及大量的民事纠纷,司法机关在处理这类犯罪时,不免也要考虑相关的民事纠纷,特别是当案件的当事人涉及国企或者国家机关(如税务机关等)时,刑事案件处理结果很可能直接关联到民事案件的处理。于是,司法机关通常不会刻意区分这两个原则,只不过,由于刑事诉讼程序和民事诉讼程序的天然不同,这两个原则对于不同的诉讼程序的影响是截然相反的。在民事程序中,公司人格否认的结果通常只会在生效民事裁判结果出来之后才能显现其实际效果,这一效果往往是单向而唯一的;而在刑事案件中,大量的纠纷反而产生在诉讼过程之中,特别是强制措施对于当事人的实际影响,以及司法机关对于涉案财物的查封、冻结和扣押的程序之中,刑事案件的结束并不当然意味着实质性穿透原则产生效果的终结,从本文接下来要讨论的典型案例可知,在实质性穿透原则影响之下,对于涉案财物的查封、冻结和扣押的程序造成的争议往往持续数年乃至数十年之久,最终却以国家赔偿这样的行政责任为终结,从这一点看,刑事案件中还有什么案件可以同时横跨刑事、民事和行政责任三个领域、同时成为三大责任领域中的难点呢?因此,接下来本文将对最高人民法院公布的典型性案例所表达出的裁判观点进行梳理。

三、最高人民法院典型案例的裁判观点取向

(一)涉及罪与非罪的案例

1.张某虚开增值税专用发票案[①]

本案中被告人所在企业不具备开具增值税专用发票的资格,于是委托具有资

---

① (2016)最高法刑核 51732773 号。

格的企业代为开具专票。本案一审法院判处被告人有期徒刑三年、缓刑五年,被告人未上诉,但本案层报至最高人民法院之后,由最高人民法院裁定发回重审之后宣判被告人无罪。本案中最高人民法院认为被告人不具有骗取税款的目的,不构成本罪。

本案的核心裁判观点是,即使民营企业客观上违反税收管理制度,但本质上不具有骗取税款的故意,因此不能作为犯罪处理。值得注意的是,本罪系典型的不纯正单位犯罪,本罪第二款即规定单位可作为本罪犯罪主体。但无论是一审法院还是最高人民法院,包括最高人民法院认为本案的指导意义,都有意无意地将"民营企业"和"民营企业家"两个概念混淆处理,直接从民营企业的不规范经营与保护民营企业家人身与财产安全联系在一起,这一典型案例也从侧面反应出司法机关对于实质性穿透的运用是全方位且潜移默化的,以至于在将此案选作典型案例时也完全没有意识到民营企业与民营企业家是两类不同犯罪主体。

2. 张文中诈骗、单位行贿、挪用公款再审改判无罪案①

张文中案被誉为"在全面依法治国、加强产权和企业家权益保护大背景下最高法院依法纠正涉产权和企业家冤错案件第一案,"最高人民法院认为,"原审被告人张文中、张伟春在物美集团申报项目过程中,虽然存在违规行为,但未实施虚构事实、隐瞒真相以骗取国债技改贴息资金的诈骗行为,并无非法占有3190万元国债技改贴息资金的主观故意,不符合诈骗罪的构成要件。"本案的典型意义在于,企业或者企业家的违规行为到底能否认定为诈骗罪中的"虚构事实、隐瞒真相"? 到底什么才是诈骗罪中具有可被评价的行为? 从该案例的法院说理来看,涉案企业的"违规行为"并不属于虚构事实、隐瞒真相的行为,不足以导致国家机关产生错误认识,也不具有非法占有的目的,但是,这里实际上存在逻辑上的疑点。倘若涉案企业的违规行为并未令国家机关产生错误认识,则"违规行为"是程度上未能使国家机关产生错误认识,还是从本质上未能使国家机关产生错误认识? 如是后者,则本案的症结不在企业反而在国家机关——明知企业在申领贴息资金的程序中存在违规行为,仍向企业发放资金,则存在国有资产流失的可能。但显然不能倒打一把,反过来指责国家机关及其工作人员审核不严,那么最高人民法院的裁判理由只能基于前者——虽然企业存在违规行为,但这一违规行为无

---

① (2018)最高法刑再3号。

论在事实上如何,在应然层面,该违规行为在程度上不足以使国家机关产生错误认识。这实际上承认了国家机关具有一定的风险识别能力、风险抵御能力,并承担相应责任。换言之,国家机关有责任指出企业在申领程序上的错误。一方面,这是基于国家机关作为规则的制定者,对于规则细节上应该更为熟稔,这一点类似于行为人按照有权机关指示后实施的犯罪行为不具有犯罪的期待可能性;另一方面,企业只要不是基于虚构事实的目的,即使存在违规行为,则应以承担行政责任为主。这种司法裁判思想实质上与经济法律规范类似,在经济法中区分消费者作为特殊主体,对于消费者予以特殊保护。但在消费者之外的商主体则不具备类似于消费者的特别保护,其立法思想就是认为普通商主体理应具有更高的注意义务与承担风险的能力。

(二)涉及民营企业权利保护与救济的案例

1.北鹏公司申请刑事违法扣押赔偿案①

本案中侦查机关在侦查活动中扣押、调取了北鹏公司100余册财务文件,并扣押其人民币2000万元。在本案的刑事判决生效之后,侦查机关拒不返还侦查期间扣押的财物账册与公司的资金,最终在最高人民法院第二巡回法庭的主持下,按照国家赔偿的程序对于涉案企业进行了赔偿。

2.天新公司、魏某国申请某某省某某市人民检察院国家赔偿案②

本案中,检察机关在扣押涉案单位和被告人资产过程中,一是将扣押的资产作为罚没款上缴国库,二是扣押被告人个人账户中的财产时,实际扣押了虽然系被告人个人保管、但系公司财产的部分资产。本案由国家赔偿程序对当事人进行赔偿。

(三)典型案例的价值取向

从上述典型案例中可以看出司法实践中的两个趋势,第一,严格区分罪与非罪。但是,在回答罪与非罪的问题之前,首先要回答是什么主体的罪与非罪?上述张某虚开增值税专用发票案就对这一问题进行了模糊化处理,或者说,在最高人民法院看来,对于民营企业和民营企业家合法权益的保护没有实质区别,但实际上按我国刑法的总则一般规定与分则的具体规定,犯罪主体是否为单位兹事体大。这涉及对于犯罪性质的认定、对于量刑情节的认定与最终如何定罪处特别

---

① (2015)法委赔字第6号。
② (2016)川委赔32号。

是对于单位是否处以罚金的问题。如果任意模糊二者的界限,则表明司法机关对于实质性穿透原则持放任态度,即对于应当由单位充当犯罪主体的行为,也不按照单位犯罪处理,这样实质上是对于刑法基础体系的破坏;第二,坚持有错必纠。这一点在刑事诉讼程序方面的意义更为重大。对于过去司法机关特别是侦查机关与审查起诉机关在审前程序中利用职权违法超期查封、冻结、扣押刑事案件当事人(涉案民营企业与企业家)的财产,则坚持以国家赔偿程序进行救济。这也符合"有错必纠"的司法理念,也对违反法律规定执法、司法的公安司法机关敲响警钟。

总体而言,三批典型案例的核心理念在于依法保护民营企业和民营企业家的合法权益,避免"殃及无辜"。但是,这与上文中分析的近年来的立法趋势有所符合。立法强调加大实质性穿透,与典型案例强调坚持罪与非罪的界限,貌似不冲突,但在实践过程中,重刑化的立法倾向一定会在司法手段上也得以体现,而我国现阶段的程序性制裁仍不够独立与完善,因此,无论是立法机关还是司法机关,都需要回答一个问题:在刑事案件中,司法机关进行实质性穿透的标准为何?

四、刑事案件实质性穿透原则的适用标准

(一)实质性穿透原则应当受到限制

从某种意义上来说,实质性穿透原则的适用标准也是单位犯罪的判断标准之一。司法机关在对于涉及民营企业的犯罪进行判断时,也需要对于犯罪主体进行判断。但是,民营企业属于单位犯罪中"单位"的一个子概念,却有着独特的含义。第一,不同于作为"机关"的国家机关、国企,民营企业的层级化与行政化色彩较弱,这一特点带来的影响是民营企业内部的管理更加扁平、垂直,作为实际领导者的民营企业家个人意志对于民营企业较国家机关、企事业单位的影响更为重大;第二,民营企业系现代企业制度的产物,其股权结构较机关单位更为复杂,利用公司制度实施违法犯罪的隐蔽性更高;第三,民营企业是我国社会主义市场经济的重要参与者,但其商业信誉仍带有个人色彩,民营企业家个人商业信誉与企业商业信誉息息相关,有相当数量的民营企业仍带有家族式的特征,这样的企业作为单位的独立意志通常较弱。

但是,以上特征并不意味着公安司法机关可以随意运用实质性穿透原则。如前文所述,既然实质性穿透原则与公司人格否认制度有着紧密联系,则后者的例

外性也适用于对于实质性穿透原则的应用。更重要的是,单位犯罪具有不同于自然人的特征,耿佳宁即认为,"单位承担刑事责任的根据原本就不是它故意或过失借成员之手为某种具体犯罪行为,而是单位(不合规的)治理方式或运营结构导致其中的自然人实施了刑法规定的危害行为。"①因此,任意适用实质性穿透原则,是在滥用法律原则去处理具体案件,最终会导致司法裁判的依据向原则滑落,并且将事实上虚置单位犯罪体系。

(二)实质性穿透原则的三项适用标准

1. 个罪判断标准

个罪判断标准来源于公司人格否认的"例外性标准",也可称之为实质性穿透原则的内部标准。该标准认为,对于民营企业可能涉及的罪行,从刑事诉讼角度出发,无论是并案处理还是分别处理,无论是单纯的单位犯罪还是自然人犯罪与单位犯罪的交叉,对于实质性穿透原则的适用要坚持个罪判断。换言之,即使在 A 罪中应当对涉案民营企业采取实质性穿透,只追究民营企业家个人的刑事责任,并不意味着在同案或另案处理的 B 罪中也要采取实质性穿透,即使 A 罪和 B 罪存在刑法意义上的关联或者牵连;即使对 A 罪中某一起行为采取实质性穿透,也不意味着对于同属 A 罪的另一起或另几起行为也一定作实质性穿透。个罪判断标准的核心在于保障单位犯罪的独立性。在市场活动中,应当肯定包括民营企业在内的各商事主体的核心目的是追逐合法营利,这与为了犯罪而形成的犯罪组织有本质区别。况且,民营企业在实际运营过程中经常会处于风险之中,以风险刑法的视角考虑,民营企业涉及刑事风险也属于企业经营风险之一,而现代企业对于企业的刑事风险则有标准化的处理方式,国家应当肯定企业面临的刑事责任风险也是企业的正当经营风险。因此,应当容许企业像面对民事责任风险、行政责任风险一样,以风险管控的方式控制犯罪活动,而非简单将企业与个人、把企业的某一项犯罪行为和全部犯罪行为武断地联系在一起,这并不利于民营企业释放自身活力,积极从事市场经营与交易行为。

2. 民刑分立标准

民刑分立标准也可称之为实质性穿透原则的外部标准。该标准认为,对于同一行为造成的不同责任,即使在民事诉讼程序中司法机关运用公司人格否认制度

①　耿佳宁:《单位固有刑事责任的提倡及其教义学形塑》,载《中外法学》2020 年第 6 期。

对于民营企业某一行为作出"刺穿法人面纱"的判断,也并不意味着民营企业的同一行为面对刑事指控时,司法机关可以依据民事裁判中公司人格否认的判断对于该行为的刑事责任也做实质性穿透。原因在于,实质性穿透并不完全等同于公司人格否认制度,前者解决的是单位犯罪还是自然人犯罪问题,后者解决的是公司控股股东、实际控制人是否滥用公司制度,实施侵犯商事主体、民事主体民事权利的问题,二者有本质区别。公司人格否认制度的很大一部分作用是为了保护公司中小股东免受控股股东和实际控制人的侵害,因此具有很强的对内性;而单位犯罪,除单位作为受害者的犯罪之外,单位总是单位犯罪行为的受益者,这是单位作为整体受益,单位对外的集中表现。

3. 客体区分标准

客体区分标准可以称之为实质性穿透原则的对象标准。该标准认为,对于不同的犯罪客体,应当有不同的实质性穿透标准。对于犯罪对象为国家、国家机关或者商事主体、金融企业、公司除控股股东、实际控制人之外的其他股东,应当谨慎适用实质性穿透原则,以必要性为原则,但贪污贿赂犯罪除外;对于犯罪对象为自然人,则可以适当放宽适用实质性穿透原则的标准。前者以涉税犯罪、部分骗取国家专项资金的诈骗罪、非法经营类犯罪为代表,后者以非法集资类犯罪为代表。之所以作这样的区分,最主要的原因在于,必须考虑民营企业是以实施市场活动为最重要目的的单位,因此,有必要考虑作为犯罪客体的所侵害的法益问题。虽然,一般认为针对国家的犯罪都属于重罪,应当适用更为严格的标准去打击针对国家的犯罪。但是,国家本身也是实体,由具体的国家机关代表国家行使职权。而具体的国家机关通常具有双重属性,国家机关既是政策的制定者,也是政策的执行者。如果将行政管理和部分司法活动看做社会主义市场经济的一部分,那么,国家机关是最好的"理性人":国家机关拥有严格的内部管理制度,对于风险的判断具有先天的优势;国家机关拥有国家信誉,其也有责任维护这种国家信誉;国家机关由财政统一拨款,其财政保障和抵御风险的能力也远超过一般商事主体;国家机关也拥有国家赔偿、内部追责等一系列风险补救制度。因此,在公安司法机关是否适用实质性穿透原则保护国家利益的问题上,不需要对于国家进行更为特别的法律保护,因为国家机关本身即具有极强的风险承担能力。既然国家机关在市场活动中本身已经获得这样的优势地位,那么,应当反过来思考是否还有必要给国家以特别法律保护,这样只会加剧民营企业与国家机关之间的不平等。而对于其他商事主体与中小股东，国家机关获得救济的手段与在诉讼中的经济实力都比较强，都尚不足以令司法机关予以特别关照。而自然人则不同。一般而言，如果民营企业对于自然人犯罪，其无论是目的还是手段都具有目的性与组织性，最关键的是，民营企业与自然人之间存在巨大的信息差，这是单凭自然人积极运用法律武器保障自身权益所不能填补的。更何况，非法吸收公共存款类犯罪，往往离金融诈骗仅一步之遥，此时，企业也不再以实体经营作为营利的方式，对于自然人作为犯罪客体的非纯正的单位犯罪而言，适用实质性穿透原则可以在事前对于民营企业家形成必要的威慑，以防止民营企业滑向犯罪工具。

五、适用标准的内因分析

（一）适用标准的原因：刑事程序法对于实体法的影响

一切刑事诉讼手段，特别是对于行为人采取的强制措施、对于涉案财物的查封、冻结、扣押，其目的应当是为了保障刑事诉讼程序的顺利进行而实施的，但在适用过程中却产生了实体上的惩罚——一旦民营企业及其控股股东、实际控制人进入刑事诉讼程序，民营企业就不可避免地朝向迅速贬值和破产的深渊滑落。而在此过程中，与民营企业相关的一切，都不可避免地随着民营企业的贬值和破产遭受不应有的损失。因此，是否实质性穿透，穿透的标准为何，并非简单是一个实体法上的最终判断，而是从刑事诉讼甫一开始就贯穿于刑事诉讼全过程的重大问题，这也是程序法影响实体法，进而实体法再次影响程序法的重大问题。

之所以在司法实践中需要规定实质性穿透原则的适用标准，根本原因在于，刑事诉讼程序相较民事诉讼程序而言复杂得多。而且，刑事诉讼程序本身对于实体结果的影响也远比民事诉讼程序对于终局的影响深远得多。比如，对于同一件事，刑事诉讼程序既可以针对作为单位的民营企业开展刑事侦查活动、起诉活动和审判活动，也可以针对作为个人的民营企业家开展上述活动；而民事诉讼程序中，如无特别理由，在诉讼开展之初，通常不能以民营企业家个人作为诉讼的被告进行。而且刑事诉讼强调亲历性，即对于涉及刑事诉讼义务而言，当事人无法聘用特别授权或者全权代理人，而只能聘请保障刑事权益的辩护人以及有限代理权的诉讼代理人。刑事诉讼程序中公安司法机关拥有巨大权力，如对于犯罪嫌疑人、被告人采取强制措施的权力。根据《中华人民共和国立法法》的规定，有关公民人身权利限制的规范只能由法律加以规定，且必须是基本法律。同理，强制措施也属于公权力中最为重要的权力之一,其具有准处罚性质,这一点可以从如果被追诉人被判处刑罚之后,已羁押期限可以折抵刑期,或者被追诉人最终不认为构成犯罪,被追诉人则有权向作出强制措施的公安司法机关要求国家赔偿的权利。因此,刑事诉讼程序本身具有独立的制裁性。

(二)适用标准的保护对象:保护民营企业及其衍生主体

民营企业过分依赖民营企业家本人,人存政举,人亡政息的现象在中小规模的民营企业中尤甚。深层原因在于,我国的商业信誉体系尚未健全,对于民营企业家本人的信任是中小型民营企业的商业信誉基础。一旦民营企业家轻易进入刑事诉讼程序,特别是被采取刑事拘留、逮捕的强制措施,民营企业就丧失了基本的商业信誉。加之刑事诉讼程序中对于涉案财物查封、冻结、扣押太过容易,而解封又太过困难,民营企业会很容易进入迅速衰败的恶性循环之中。此时,受到打击最为严重的往往不再是被侵害的法益——倘若法益是国家利益,如涉税类犯罪,国家损失的税款是确定的,这样的损失不会随着民营企业经营状况的优劣而产生变化;倘若法益是商事主体即其他企业,如涉及知识产权侵权等犯罪,其损失也是可以计算而不会扩大的。但受到损害最为严重的,恰恰是抵御风险能力最低的群体——公司员工、中小股东、作为被害人的自然人等,这些群体的权利时会随着民营企业家涉嫌犯罪而受到重大打击,而这一群体也是社会维稳的重点群体。司法机关在办案过程中必须也应将社会影响纳入到考虑的范围之内。

(三)适用标准的保障方法

1. 企业合规制度

企业合规制度是民营企业应对刑事诉讼风险最为系统而重要的方法。刑事合规概念与合规是现代风险社会和风险刑法的一个必然结果,更是刑法参与企业治理前置化的具体体现。[①] 孙国祥认为,所谓刑事合规,是指为避免因企业或企业员工相关行为给企业带来的刑事责任,国家通过刑事政策上的正向激励和责任归咎,推动企业以刑事法律的标准来识别、评估和预防公司的刑事风险,制定并实施遵守刑事法律的计划和措施。[②] 陈瑞华则认为,刑事合规具有三个维度:一是作为公司治理方式的合规,也就是将合规管理作为企业管理的有机组成部分;二是作为刑法激励机制的合规,亦即将合规作为对涉嫌犯罪的企业予以宽大处理的

---

① 杜方正、刘艳红:《国有企业刑事合规制度的法理重塑》,载《南京社会科学》2021 年第 3 期。

② 孙国祥:《刑事合规的理念、机能和中国的构建》,载《中国刑事法杂志》2019 年第 2 期。

依据;三是作为律师业务的合规,也就是律师作为外部法律专家,为企业防控法律风险所提供的一种法律服务。① 因此,构建现代企业合规制度,是判断民营企业是否需要适用实质性穿透标准的重要标志与保障。

2.特别公益诉讼制度

鉴于刑事诉讼的特殊性,以及我国关于刑民交叉案件以刑事案件优先的原则,对于被害人系自然人的民营企业犯罪行为,应当对于自然人被害人予以特殊保护。因此,笔者建议构建以审查起诉的检察机关作为支持民事诉讼的机关,在刑事案件虽未终结,但对于被害人而言重要的时间段适时支持被害人提起集体诉讼,最大程度地保障被害人的合法权益。

结　语

综上讨论,第一,刑事法律领域中的实质性穿透原则,是公司人格否认制度在刑事法律领域的体现,但二者有联系,还有区别;第二,从《九民会议纪要》到《刑法修正案(十一)》,无论是裁判规则还是法律规范,对于刑事诉讼中民营企业的实质性穿透,呈鼓励趋势;第三,这种趋势不可避免与最高人民法院的典型案例确立的轻刑化和刑法谦抑性相冲突,因此,必须针对刑事诉讼中实质性穿透原则设立有确切指引的适用标准;第四,本文认为,这种标准可分为个罪判断标准、民刑分立标准与客体区分标准,并且认为之所以产生这种标准的核心原因系刑事程序法对于实体法律的实际影响。

---

① 参见陈瑞华:《企业合规制度的三个维度——比较法视野下的分析》,载《比较法研究》2019年第3期。

我国授权资本制改革探析

亓国萃[*]

摘　要:《公司法》共经历了四次修订,其中 2013 年与 2018 年修订均与资本制度改革有着千丝万缕的关系。在世界经济发展大背景下,如何在调动市场经济活力的同时保护债权人的利益,成为我国资本制度改革中亟待解决的难题。本文通过对比法定资本制与授权资本制,分析我国资本制度的立法现状,同时参考国外改革经验,论述我国资本制度改革的可行性。授权资本制作为世界范围内的资本制度的改革发展方向,需要我们以客观的角度分析其优势及弊端,同时立足于我国市场经济发展现状,探讨授权资本制在我国的可行性。

关键词:授权资本制　法定资本制　债权人权益

2013 年《中华人民共和国公司法》(以下简称《公司法》)进行了第三次修订,这也是我国进行公司资本制度改革的开端。2013 年《公司法》的第三次修订主要包括三个方面:一是将注册资本分期实缴登记制度修改为认缴登记制度,不再将实收资本规定为设立登记事项,并且不再对股东缴纳资本期间做出期限规定,而完全交由股东自行约定①;二是放宽注册资本登记条件,主要是降低公司注册资

---

  * 亓国萃,女,山东济南人,济南大学政法学院 2020 级法律硕士,主要研究方向行政法。

  ① 2013 年《公司法(修正案)》规定公司股东或其发起人可以约定认缴出资额、出资方式、出资期限等,并记载于公司章程。也就是说取消了之前关于公司股东或其发起人应当自公司成立之日起 2 年内缴足出资,投资公司可以在 5 年内缴足出资的规定;取消了一人有限责任公司应当一次足额缴纳出资的规定。

本最低限额的要求①；三是简化登记事项和对登记文件的要求，体现在取消公司登记提交验资证明的程序要求。此次修订在学界引起了较大争议，学者们主要认为此次改革将会造成"皮包公司"的出现以及由于注册资金的不到位而引起对债权人保护不力等现象的泛滥。

随后，《公司法》2018 年修订也涉及公司资本制度改革，我国在进行立法修订时参考了境外立法中对股份回购市场化的立法思路，主要体现为三个方面：一是增加股份回购情形；二是完善实施股份回购的决策程序；三是建立库存股制度。股份回购制度在公司资本制度中占据着极其重要的地位，此次股份回购制度的改革也是对学界呼吁资本制度改革做出的回应。本文将从各国立法与我国立法的角度出发，比较法定资本制与授权资本制，以期为我国资本制改革提供新思路。

一、授权资本制的内涵

授权资本制是指在公司设立之初时，在公司章程中登记资本总额，股东（发起人）仅需认足公司章程约定的资本总额中的部分资本，未发行部分资本由股东或发起人事先约定并授权董事会，根据市场经济形势和公司经营情况需要，自主决定何时何种方式发行的资本制度②。授权资本制更加关注公司融资是否便利高效，其对公司债权人利益保护方面关注相对较少。因此，授权资本制赋予企业资本高度自治权，并通过这一制度实现企业融资的高度流动性和灵活性。公司设立时，股东只需缴纳符合公司章程规定的资本即可，公司资本中还未被认缴的部分由股东约定，在章程中授权董事会在公司发展必要时一次或分次发行或募集即可。

（一）授权资本制的历史沿革

授权资本制度是英美法系国家经济发展过程中长期演进的产物。授权资本制源自英美法系国家，其最大程度地实现了公司融资及经营过程中的个性化和自由化。因此，有学者指出，授权资本制是"一种以'追求效率与回应实践'为导向，以'放松管制且相信市场'为理念，以'赋权性规则'为主导的公司资本模式"。

①　最低资本限额主要是针对有限责任公司最低注册资本 3 万元、一人有限责任公司最低注册资本 10 万元、股份有限公司最低注册资本 500 万元的限制。自此，"一元公司"在网络上迅速火爆起来。

②　邹海林等主编：《公司资本制度的现代化》，社会科学文献出版社 2014 年版，第 66 页。

17世纪,英国法律规定成立公司需要政府特别许可,即特许经营。政府为成立公司颁发特别许可证的条件是,公司必须是为了特定的经济目的而成立的。授权资本是指由国家或法律授权,并在公司章程中注明的发行公司发行的资本金额,其初衷是防止滥用公司设立权。在授权资本范围内发行股票是公司的一项特殊权利,但在一定程度上,授权资本也阻碍了公司的发展。美国作为英国前殖民地,其制度深受英国影响,法制也不例外。作为继承英国经济和法律制度的产物,美国社会长期以来对其普遍不信任,美国立法者对公司是一种拒绝的态度,"忧惧公司对个人自由和机会的侵蚀,忧惧劳力对资本的屈服,忧惧垄断,忧惧公司对资本的吸收及其永续存在可能导致类似于与旧势力同在的各种邪恶。"①虽然公司在工商业发展中的价值早已被人们所认识,除为教育、慈善和宗教目的的公司能够较长时间存在,但以商业为目的而设立的公司仍遭到普遍拒绝。随着资本主义工商业经济的不断发展,特许经营严重阻碍了经济发展。但是,人们由于担心公司会侵蚀个人自由,因此试图通过对公司的各种限制来获得平等机会,而保留授权资本作为限制公司规模的手段。此后,美国根据行业和公司经营性质不同,规定了不同的授权资本上限,但法律仍然长期限制商业公司授权资本额。这种限制直至20世纪初期才开始在美国大部分州被废除,如1905年宾夕法尼亚州、1921年密歇根州、1927年密苏里州,因为立法者在长期的实践发展中认识到即使对授权资本额做出限制,也仍然无法达到保护相关利益主体合法权益的效果。一旦对资本制作出限制其实就等同于法定资本制,市场活力会受到严重的限制。由于国家干预仍然明显存在,且国家认为仍然需要赋予公司特权。同时鉴于英美法的历史延续性,所以现如今英美法系国家中还保留着在章程中载明授权资本额的惯例,因此学者称英美法系所创设的资本制度为授权资本制。

英美法系所创设的授权资本制相较于法定资本制,具有显著优势。主要体现在:第一,董事会在授权资本额范围内可以根据公司实际情况自行灵活增加或减少资本,而不必像法定资本制需要经过公司股东会决议通过并变更公司章程,授权资本制中公司增减程序的简化使公司能够快捷高效地对经营策略进行调整。在一定程度上,提高了公司效率就是延长了企业的生命线。第二,股东只需认缴股份而不必实际缴纳全部股款,公司的大量资金不必固定在账户之中,这些流动

---

① 陈祖玉:《论我国股份有限公司资本制度之类型及相关法条》,载《法令月刊》1984年第9期。

资金将会创造更多社会财富,企业收获的财富越多就更能保障债权人的合法权益。第三,授权资本制下设立公司需要实际缴纳的资金相对较少,甚至可以忽略不计,因此设立公司的成本门槛较低,市场的活力被激发,公司成功的机会就更大。

（二）授权资本制的特征

1.公司股东决定公司的资本总额及其构成

股东决定公司的资本总额,并记入公司章程。根据授权资本制,注册资本作为基本范畴,是股东制定的章程中记载的公司资本总额。同时,注册资本分为认缴资本和授权资本两大部分。认缴资本是指公司成立时股东或发起人认缴的资本。股东或发起人无需足额认购公司章程中约定的出资额,只需在公司成立阶段足额认购部分出资即可。授权资本由董事会根据股东在公司章程中预先约定的权限进行分配。公司成立后,根据公司市场发展和公司经营的实际情况,决定发行公司资本。在授权资本制下,注册资本、发行资本和授权资本共同存在,但在公司财产的形成中扮演着不同的角色。公司注册资本仅为名义资本,具有法律意义的公司资本由认缴资本和授权资本组成。公司章程不仅应当记载股东认缴的资本种类和数额,还应当记载授权资本的数额和种类。

2.公司资本分次认缴或发行

在授权资本制下,公司资本的认缴或发行可分次分期进行。公司成立后,对未发行资本,由董事会决定是否发行或何时发行,这是授权资本制独有的规定。与法定资本制下的分期缴纳注册资本相比,授权资本制是公司以一次性认缴注册资本为基础,分期认缴资本与注册资本。分次认缴公司资本是授权资本制的显著特征。在授权资本制下,公司的资本总额、发行资本、授权资本总是不一致的,为解决这个问题,英美法系国家开始在授权资本制的基础上改革并确立了"声明资本制"。

3.董事会决定授权资本的后续发行

公司成立后,董事会将决定何时或以何种方式发行授权的资本。董事会确定的资本数量和类型受公司章程的限制。在此意义上,董事会无需公司股东的同意就可以发行授权资本。除公司章程另有规定外,公司股东不得通过干预或限制董事会的决策行为来发行后续授权资本。董事会在决定发行授权资本时,应以公司的经营状况和市场状况为出发点,满足公司的融资需求。

4.授权资本制不仅对公司成立时的最低资本额没有要求,而且对于公司章程规定的认缴资本往往也没有要求

这样极大降低了公司的设立门槛,最大程度便利公司设立,以鼓励投资创业,由此成为公司资本制度中投资最为便捷的机制。但是,授权资本制没有"法定资本制"附随的"资本三原则"的资本规则体系,即未附加其他相关规定对公司资本进行管制,因此授权资本制在制度设计上欠缺对债权人利益的保护。授权资本制从创设起就没有将公司资本保护公司债权人利益的事项纳入其制度构成范围,债权人利益的保护并不是制度设计的主要目标,其资本制度的功能较为单一,仅以促成公司融资便捷为使命。而法定资本制则担负多重功能,其中保护公司债权人利益是其首要功能。

授权资本制以促成公司设立和融资便捷为目标,与公司债权人利益的保护关联较少,因此我们不能使用法定资本制的思维逻辑衡量授权资本制的价值所在,即不能先假设公司资本制度具有保护公司债权人利益的功能,然后在此基础上去探讨授权资本制是否能够实现公司资本保护公司债权人利益的功能。若以授权资本制能否有效发挥公司资本保护公司债权人利益的作用为出发点,则可得出结论:授权资本制会导致欺诈和投机等现象广泛产生。授权资本制取消了设立公司的最低注册资本的门槛,也不需要有实缴的资金数额来保证公司的设立及运行,公司清偿债务的能力难以通过注册资本予以担保。总之,授权资本制的负面影响主要包括:(1)不利于保护债权人的利益。在授权资本制度下,公司章程中规定的公司资本仅是名义资本,而公司的实收资本若是与公司的实际规模不匹配,在出现经济纠纷时,对债权人的利益更为不利,债权人承担的风险也就更大。(2)不利于维护交易安全。授权资金系统最初建立时,发行资金非常有限,并且公司的资产基础不够稳定,这削弱了公司的信用担保范围,无益于维护交易安全。①

二、域外立法现状

(一)美国授权资本制

以美国公司资本制度为代表的授权资本制经历了漫长的形成和发展过程。

---

① 王建文:《论公司资本制度演变的内在逻辑与制度回应》,载《中国商法年刊(2014)》,法律出版社2014年版,第58页。

美国在公司资本制度的初期也采用了与法定资本制度有关的设计和布局,但在发展过程中,它逐渐从公共利益的社会本位转变为个人本位,以达到平等、竞争、自由和效率的目标。其资本体系不再强调债权人权益保护的首要地位,而是为公司的股东和董事(理事会)提供了更大的自由裁量空间,其构建重点已从确定和维持抽象资本转变为禁止股东或董事(会)的违背诚信义务,从而在一定程度上保护债权人在内的有关当事方的利益。在此基础上,授权资本制对于公司债权人利益的保护已经从形式层面演进为实质结果的维护。

1984 年,《标准公司法》的出台使美国形成了一个完整而系统的授权资本体系。授权资本制中的救济机制主要是为不同类型的债权人提供不同的保障,包括:对自愿债权人的保护主要依赖于合同的相关限制性规定,这也是美国公司合同约束力的理论。例如,若公司或董事侵犯了公司债权人的合法权益,则债权人可以向法院提起诉讼,法院可以通过"刺破公司面纱"等方式为债权人提供救济。因此,在美国,对债权人权益的保护并不主要依靠公司资本制度或公司法,而是依靠合同法、侵权法、破产法和其他相关法律机制的运用。①

(二)德国公司资本制度

德国作为大陆法系国家的代表国,为法定资本制度理论做出了巨大贡献,同时也是对法定资本制度有着根深蒂固观念的国家,法定资本制度具有深刻的文化和制度基础。即便如此,随着 2008 年颁布的《有限责任公司法律现代化和反滥用法》,德国公司法也发生了巨大变化,该法案创建了一种新型的有限责任公司。此类公司没有最低注册资本的要求,发起人可以为一家公司注册 1 欧元资本。这项改革的目的是简化企业的注册程序,同时减少高额的注册资本要求公司设立所带来的不利影响。经过上述改革,公司债权人利益通过更多机制得以维护。例如,对于上述新型有限责任公司,股东的出资必须是现金出资,而不是实物出资,必须全额认购,并且不能分期缴纳。此外,此类公司必须节省其年收入的 25% 加以留存,当留存积累到 25000 欧元时,便可以自动将其公司形式转换为正常的有限责任公司。当此类特殊的有限责任公司遭遇难以清偿的债务危机时,则必须立即召集一次股东大会来应对危机。如果公司因利润分配不佳而陷入债务危机进而进入破产程序,那么决定分配利润的董事如果不能证明自己已经履行了注意义务,

---

① 袁田:《反思折中资本制—以公司资本制度的路径选择为视角》,载《北方法学》2012 年第 4 期。

则必须承担相应的赔偿责任,其注册资本的最低限额也将会被取消。德国的改革在某种程度上反映了法定资本制无法满足不断变化的经济需求,许多市场主体愈发重视自由和效率的理念。

三、我国公司资本制度存在的问题

在当前的中国社会经济发展的特殊时期,无论公司资本制度的立法价值趋向如何,都是基于当前特定的社会、历史发展情况而作出的选择。公司资本制度是在其基础上被赋予合理的价值,并在权益之间找到最佳平衡点。新的公司资本制度通过持续减少政府对市场的干预为企业提供了广泛的发展空间,这反映了未来公司资本制度的立法价值趋向于由传统的国家为基础的思想向以公司为基础的思想的转变。当然,从宏观上看,《公司法》将扩大自由发展空间的范围,保护投资者利益,实行宽进严管。各国《公司法》实践已经充分证明,公司制度只有建立在安全与效率兼顾基础上,其才能成为最有生命力的制度,公司资本制度当然也不例外。[①] 在构建和完善我国资本制度时,只有兼顾公平、安全、自由与效率才能够有力地促进整个公司法律制度的健全和我国社会经济体制的转变。

与旧《公司法》相比,修订的《公司法》取得了较大的进步,已经从严格的法定资本制转变为较为温和的法定资本制。国家通过赋予投资者、股东和企业更多的资本和公司事务自主权,提高了公司资本的灵活性和投资效率,并降低了投资成本。但是,我国当前的公司资本体系仍然存在较大的问题:

1. 公司增减资程序复杂,公司经营灵活性受限

我国《公司法》第 37 条第 7 项、第 99 条明确规定公司增加或减少资本事项是股东(大)会的职权后,进而在《公司法》第 43 条第 2 款和第 103 条第 2 款明确规定了增资是股东(大)会特别决议事项。公司增减资的权利由公司股东(大)会掌控,客观上影响公司经营效率,特别是在公司根据市场具体情况需要及时调整经营策略时,复杂的增减资程序会严重影响策略的灵活性,最终成为阻碍公司效率的因素。公司股东(大)会为公司的最高权力机关,是公司发展的共识,但在公司治理结构中"股东会中心主义"需要向"董事会中心主义"转变,充分发挥董事会在资本市场专业化和效率方面的优势。

---

① 张巧娜:《我国资本制度论略》,载《河南政法干部管理学院学报》2004 年第 1 期。

2.股东利益均衡与保护问题

我国《公司法》第 34 条规定了公司如果需要增加发行资本时,公司原有的股东可以享有优先购买的权利,根据各自实际缴纳的出资比例来认缴新增资本。该规定认可了原股东的新股优先购买权。从筹集资金灵活性角度考虑,新股优先认购权是否应保留值得考量。根据我国《公司法》第 77 条第 3 款的规定,公司可以选择公开募集的方式或选择特定对象募集的方式,董事会的自由决定权可能伤害原股东利益,董事会行为规范及组织机构是否需要修改,是否创设新股发行停止或无效之诉等都值得考量。

3.股东滥用公司独立人格损害债权人合法权益时,债权人救济制度不健全

《公司法》第 20 条第 3 款规定了股东如果故意滥用公司独立人格和有限责任,已达到损害相对人利益、逃避自己责任的目的时,应当承担连带赔偿责任。但该规定为原则性规定,缺乏具体细化的适用规定。

4.公司董事、监事和高级管理人员问责机制不健全

《公司法》第 147 规定了董事、监事及高级管理人员对公司负有不得收受贿赂、不得侵占公司财产等忠实和勤勉义务;《公司法》第 149 条、第 151 条、第 152 条规定公司董事、监事和高级管理人员违反法律法规和公司章程,造成公司或股东损失时,股东可以提起诉讼或派生诉讼维护自身合法权益,但责任规定比较模糊,内容不够明确和完善。

四、我国引入授权资本制的立法构想

取消最低注册资本限额和放宽资本管制并不意味着牺牲交易安全和债权人的合法权益。相反,废除公司的最低注册资本限额和放宽资本管制是保障交易安全的重要条件。否则,各方利益保障将在法律层面失去平衡,必然也会影响市场主体参与经济发展的热情和创造力。因此,放松资本管制必须建立健全更有效合理的保障制度,不仅要完善公司资本制度,同时有必要为公司建立一个标准化的管理体系,作为放松资本管制后的补充措施,例如公司治理结构、公司董事责任和信息披露体系等。

第一,发行股份的决议权由股东(大)会授权董事会。公司资本制度与公司治理结构作为现代公司制度设计的核心和重要价值导向,相互关联并相互影响。根据我国《公司法》的规定,股东(大)会掌握股份发行的决议权,董事会不能直接

对公司运行中股份的发行进行决策,这种制度规定不利于公司及时利用商业机会,不能使经营策略随市场变化而灵活变动。在授权资本制国家,"授权"的本意即国家授予公司创办者设立公司、发行股份的权力发生了转移,变为股东(大)会授予董事会权力进而行使新股发行权。董事会可以根据公司资金需求与市场状况在授权范围内决议发行股份,较为灵活。

第二,建立董事对第三方的责任追究制度,完善保护债权人合法权益的机制。取消最低资本金后,公司能否正常运转;董事滥用管理权后如何管制;公司、股东和债权人在内的第三方的利益怎样平衡,这都对完善董事责任制度提出了要求。我国虽然已经多次修订《公司法》,但都未对董事向第三人的问责机制做出设计,原因"在于担忧若引入董事对债权人责任制度,一旦运用失当,极可能导致董事责任的盲目扩大,进而束缚董事手脚,使其变得谨小慎微,不求有功但求无过,甚至干脆拒绝成为公司董事,而这些将最终导致公司活力窒息"。① 公司的运行依赖董事,在强化董事会权利的同时应强化董事对第三人的责任,特别是在授权资本之下,董事会权力不断扩大的情形下应当尤为注意。为保护第三人合法权益,需要将董事对第三人责任、债务不履行责任以及侵权责任,包括直接损害、间接损害,受到损失的第三人的举证责任加以明确,第三人的举证责任仅限于举证损害的发生与董事的懈怠行为之间的因果关系,无须对于董事是否存在对第三人加害的故意或过失进行举证,一定程度上减轻了第三人举证责任和负担。

第三,授权资本制下股东利益的均衡。我国《公司法》第 34 条明确规定了公司按照规定增加发行新的公司资本时,原有的股东享有优先按照实缴的出资比例认缴新发行资本份额的权利,该规定认可了原股东的新股优先认购权。新股发行决议事项在公司章程中自由规定,有利于社会闲散资金的筹集。《公司法》将新股优先认购权作为公司章程自治事项,赋予公司或发起人自由商定的权利。《公司法》不应强制干预属于公司内部自治事项,在适度的范围内赋予公司最大程度的自治权有利于激发市场活力。同时,我国《公司法》第 77 条第 3 款规定,采取募集方式设立的公司,既可以向社会公开募集又可以向特定对象募集。根据该规定,可以选择公开募集的方式或者选择特定对象募集的方式。该条款在授权资本制之下,董事会决议发行股份时可以自由选择发行对象,而无需法律予以强制性

---

① 冯果、柴瑞娟:《论董事对公司债权人的责任》,载《国家检察官学院学报》2007 年第 1 期。

的干预公司及股东内部自治事项。

第四,建立健全信息披露机制。债权人相对于公司股东,并不参与公司日常经营,信息的不对称使债权人处于弱势地位,进而影响债权人投资决策和商事交易公平。信息公开制度要求公司在各个阶段及时全面有效公开公司财务、高级管理层人事变动等相关信息,例如国家工商部门建立全国联网的信息查询平台,使市场投资者可以提前了解公司财务和管理信息。商事主体的履债能力是公司债权人最为关注的,掌握公司财务变动情况和管理层特别是高级管理层人事变动情况是预判公司盈利能力的重要途径,交易相对人根据公司相关信息综合考虑进行投资行为,有助于交易相对人权衡利弊得失,更好地维护自身合法权益。

第五,健全公司人格否认制度。目前我国在《公司法》第20条第3款及第63条明确规定了法人格否认制度,虽然该规定仅是原则性的规定,缺乏实用性,但是新修订的《公司法》将有限认缴制度变更为完全认缴制度,因此无法使用"资金显著不足"来判断法人人格否认的情形。在改革资本制度的同时,必须加强法律人格否认制度的可操作性,以更好地保护债权人的合法权益。因此,应具体考虑问责机制的运作,例如,由于债权人不参与公司的内部事务,债权人很难证明股东有意滥用了公司的人格或具有重大过失,因此可以参考域外立法,由公司内部核心规则体系向公司外部规则体系过渡。保护债权人的合法权益只是资本制度的辅助功能,而非主要功能。保障债权人利益可以从建立第三方董事的问责制和信息披露制度等配套保障体系出发,以此保护社会公众及债权人相关权益。对于举证责任的相关规定,有必要在实践中合理界定公司债权人的举证责任,同时减轻债权人的举证责任。对于公司债权人来说,若能够证明股东实缴出资与经营规模相比明显不足,财产、业务和人事混同或存在有损公司利益的交易行为等就已足够,进一步的证明责任应由公司股东承担。

结　语

本文分析了授权资本制的基本理论,并将其与法定资本制进行了比较,两者都有其自身的弊端和优势。但是,世界各国资本体系的变化足以表明这是顺应商业世界变革的需求,我国也应当与国际接轨。授权资本制具有促进投资和繁荣市场经济的独特优势,特别是在我国经济发展高峰时期,授权资本制降低了投资限额,促进了交易并节省了资金,激发出无限的市场活力。当然,我们应看到与授权资本制的优势相伴随的缺陷,并应在制度改进中加强对债权人利益的保护。立法者必须在立法理念和社会需求之间取得平衡,不能盲目地追求实际需求,应具有适当的前瞻性,应对经济社会需求与制度理念充分论证之后构建授权资本制,并尽快完善相关配套制度。基于此,我们才能建立起一种宽松的符合我国国情的经济环境,建立起一种良好的有效的经济运作机制,有力地推动我国生产力的进步,使我国的市场经济发展迈进新阶段。

疫情背景下中小型企业破产重整研究

焦亚莉*

摘　要:2020年新冠疫情的暴发打乱了我国正常的经济发展节奏,各企业都遭受了严峻挑战,很多大型企业停工停产,线下店面纷纷关闭,但他们仍有实力和资产进行自救,然而对于那些现金流、资产差、发展不稳定、实力相对较弱的中小型企业无法在自身努力下拯救自身,在这一影响下,许多中小型企业的生存处于危困境地,甚至濒临消亡。这些中小型企业面临着再生或退出的选择,除了部分企业可以通过自救重获新生外,大多数的处于困境中的中小型企业则可能需要借助破产重整程序来实现其再生或退出。本文将通过分析新冠疫情对企业存亡的影响、企业面临的困境、企业破产重整制度的现实基础以及破产重整制度面临的问题和发展现状,进而对企业破产重整提出更好的完善方案,促进企业的稳定健康发展,推动我国市场经济的持续增长。

关键词:新冠疫情　中小型企业　破产重整　预重整制度

一、引言

2020年注定是不寻常的一年,2020年的春节期间,新冠肺炎疫情暴发,无论是企业还是社会公众都被这一突如其来的灾难搞得措手不及,从中央到地方都采取了一系列的应急措施。然而,由于新冠疫情的肆意蔓延和复工复产的一再推迟导致市场一度陷入低迷状态,对于一些中小型的企业来说更是雪上加霜,对其稳定健康发展提出了更高的要求和挑战。对于中小型企业来说,它们要恢复发展还

---

* 焦亚莉,女,河南安阳人,济南大学政法学院2020级法律硕士,研究方向宪法与行政法学。

有很长的一段路要走,不仅需要国家和社会的政策扶持,也需要自身采取有效的手段。新冠疫情对企业带来的不利影响,是全球绝大多数国家所面临的共同难题,而根据中小型企业的特征和发展现状,破产重整制度成了全球世界各国公认的挽救企业、预防破产最有效的法律制度之一,在当前疫情回转的背景下,破产重整具有盘活企业资产,化解市场不良风险的重要作用,同时也给了债务人起死回生的机会,可以对中小型企业更好地在社会市场上立足提供强有力的支撑。①

二、新冠疫情对中小型企业的影响

新冠肺炎疫情对任何企业而言都是一场灾难,同时也是一场激烈的淘汰比赛。在新冠疫情的影响之下,为了响应国家号召,对人员流动严格控制,复工复产一再推迟,虽然对遏制疫情起到了重要的作用,但同时也导致很多企业无法正常运转,很多传统的企业基本都暂停了服务,不少中小型企业损失惨重,有些甚至倒闭。那些没有倒闭的企业也是岌岌可危,它们需要在政府的扶持下通过裁员、降薪等方式降低成本,维持基本运营。② 对于多数实体企业特别是中小型企业来讲,这是对它们的一次极为严峻的考验,他们不仅需要响应国家政府的号召继续做好新冠疫情防控的工作,同时也需要从实际出发探索适合自己企业未来发展的问题。

很多中小型企业受新冠疫情的影响,员工无法按计划返工,这些中小型企业无法正常运转,这就使得企业面临着无法支付员工的薪资福利、房租、水电费其至贷款等巨大的压力负担,很多企业陷入了债务清偿困境,尽管如此,其中很大一部分企业的经营现状和清偿能力仍然具有恢复性。对这些企业,国家和社会应当本着积极引导、区别对待、多方考虑等原则,化解债务危机,保护债权人利益,实现对企业的支持和救助。③ 而事实上,即使政府对这些中小型企业提供一定的帮助,这些资源也无法平均分配到每一家,同样也需要中小型企业自身积极采取有效措施,缓解压力,找到适合自己的方法,及时止损,使自己的企业目标满足社会需求,顺应时代潮流,是选择破产清算还是破产重整,使自身在激烈的市场竞争和淘汰中脱颖而出,生存下来。

---

① 王洪广:《新冠肺炎疫情对中小企业的影响》,载《中国市场》2020 年第 30 期。
② 王晶鑫、于静森:《新冠肺炎疫情对中小企业的经济影响》,载《中国市场》2020 年第 31 期。
③ 田燕:《转"危"为"机":疫情对外贸企业的影响和思考》,载《进出口经理人》2021 年第 1 期。

三、中小型企业破产重整的现实基础

破产重整是《中华人民共和国企业破产法》(以下简称《企业破产法》)新引入的一项法律制度,它是指专门针对可能或者已经具备破产原因,但是仍有继续存在的价值或者再生希望的企业,经过各方利害关系人的申请,在法院的居中主持和各方利害关系人的共同参与下,进行业务上的重组和债权债务上的调整,以帮助企业债务人摆脱财务困境、恢复经营能力的法律制度。破产重整制度是公司企业破产制度的重要组成部分,对企业的发展和市场的调节具有重要作用,现已被大多数的市场经济国家所适用。破产重整制度的实施和采用,对于弥补企业破产和解、破产清算、破产重组等制度的不足,防范和避免公司破产所带来的社会问题,具有极其重要的作用。

最高人民法院于 2020 年 5 月 15 日印发的《关于依法妥善审理涉新冠肺炎疫情民事案件若干问题的指导意见(二)》①第三部分对如何妥善审理涉新冠肺炎疫情破产案件作出规定,其中第 19 条规定:"要进一步推进执行与破产程序的衔接。在执行程序中发现被执行人因疫情影响具备破产原因但具有挽救价值的,应当通过释明等方式引导债权人或者被执行人将案件转入破产审查,合理运用企业破产法规定的执行中止、保全解除、停息止付等制度,有效保全企业营运价值,为企业再生赢得空间。同时积极引导企业运用破产重整、和解程序,全面解决企业债务危机,公平有序清偿全体债权人,实现对困境企业的保护和拯救。"创立和发展破产重整制度,不仅仅是考虑当事人的个别利益,同时也考虑和分析了社会的整体利益,从多方面考虑债权债务人的利益,保护中小型企业的持续健康发展。

传统的破产重整程序通常适用于大中型企业,对于中小型企业一般是不适用的。破产重整程序的费用高、时间长,而中小型企业往往不具备重整的社会价值和现实基础,无法承担重整所需的高昂的成本,在这种情形下,国家、社会甚至企业都会选择放弃社会价值不大的中小型企业,将其注销,然后选择重新成立一家新的企业。尽管现实如此,但我们也不能一概否定中小型企业对于破产重整的现实需求,因为建立破产重整制度的着眼点,并不是仅限于债务人的"重新开始",同时也是整个社会的资源保护和资源有效利用。在受当前新冠疫情影响的

---

① 最高人民法院印发《关于依法妥善审理涉新冠肺炎疫情民事案件若干问题的指导意见(二)》的通知〔2020〕第 16 号,2020 年 5 月 15 日。

背景下,单纯受资金财务问题的影响,而不是市场竞争本身陷入困境的中小型企业,简单的破产清算制度并不是最好的解决方法,可以选择更为有效的破产重整制度来调整企业的债权债务结构,来维持企业的生存和发展。①

四、中小型企业破产重整面临的问题

一般来讲,当债务人企业出现破产原因时,债务人企业、债权人和股东等都有申请破产重整程序的权利,这样的破产申请一旦被批准,包括有担保物权的债权人在内的所有债权人都必须停止对债务人企业的一切诉讼和请求。由此也可以看出,企业破产重整对于债权人利益会产生巨大的冲击,我国新修改的《企业破产法》中规定企业重整可以借鉴国外的经验制度,但是也不得不承认,我国现行破产法中关于企业破产制度的相关规定仍然太过简单,不够完善,并不能对债权人利益进行足够的保护,中小型企业破产重整制度的实施也面临着一系列的问题。

(一)债务人企业利用破产重整执行不力逃避债务

根据我国《企业破产法》的相关规定,破产重整程序一经启动就意味着包括有担保物权在内的所有债权人对债务人企业申请的诉讼和各项请求等都将强制停止,法院很有可能指定原企业的管理层继续担任管理人,继续控制、经营企业。每个人都会追求个人利益最大化,如果没有对这一类重整管理人的经营管理范围进行足够的限制,那么很有可能这些原企业管理层的重整管理人将会利用其权力,为了寻求自身利益最大化,并不全面地公布企业重整的相关信息,造成企业内外利害关系人的信息不对称。当然,如果这些重整管理人并不是真的想要挽救公司企业,他们将很有可能趁机抽离企业的优良资产并进行一系列的资产转移,或者假借破产重整的名义将重整资金低价转让到关联公司。因此,即使破产重整失败进入破产清算程序,重整管理人仍然可以通过有限责任来逃避债务,损害债权人利益。在破产重整程序中,债务人企业对于维护自身利益都有很强的动机,他们会采取各种方法逃避债务,将自身从企业债务中抽离出来。此外,在破产重整程序中法院处于主导地位,对聘任、更换、解聘重整管理人具有决定权,而在钱权交易中这些权力很可能被滥用,如果法院在审查债务人企业是否具备启动破产重整程序的原因时审查不充分,在聘任、更换、解聘重整管理人时没有进行尽职调

---

① 张世君:《我国破产重整立法的理念调适与核心制度改进》,载《法学杂志》2020 年第 7 期。

查,在破产重整执行程序中监督不力,对债权人的各项权利保护不到位,这些情况都将会导致债务人企业为了追求自己的利益而利用破产重整程序中的各种缺陷而逃避债务、拖欠债务,损害债权人的利益。[①]

（二）破产重整制度对担保物权的限制影响交易安全

我国担保物权中明确规定,对于有担保的债权在求偿权上与普通债权相比具有优先权。但我国《企业破产法》第 75 条规定:"在重整期间,对债务人的特定财产享有的担保权暂停行使。但是,担保物有损坏或者价值明显减少的可能,足以危害担保权人权利的,担保权人可以向人民法院请求恢复行使担保权。"可以看出,这与担保物权的相关规定是明显相悖的,《企业破产法》的规定并没有保护担保权人的权利,甚至限制其行使权利。在我国,有担保的债权人主要就是一些国有商业银行等,这样限制担保物权的行使将会直接导致国有银行资产承担更大的风险,而在整个商业链条中,银行为了保护自己的利益必然会提高融资和贷款的条件和成本,增加更多的附加条件,这将进一步会造成企业贷款难的情形,不利于企业的正常发展。[②] 因此,不可否认的是,债权的保障是交易安全的前提,而担保制度又是债权保障的基础,担保物权是担保制度中最安全、有效的债权保障制度,如果突破了"物权优于债权"这一基本原则,在企业破产重整过程中,尤其是在破产重整程序启动后,为了保护债务人企业的财产使其用于企业重整之后的经营管理,担保权人和无担保权的债权人的相应的权利都会收到法律的限制,而债权人和债务人将会为了寻求债权债务的新的平衡而开展新一轮的交易,也就是说,设定担保物权这一债权保障制度,将有可能增加为了寻求新的债权债务及风险的平衡所需要的成本,对于整个社会而言,这无疑增加了社会交易成本,影响社会交易安全、交易秩序。

（三）由债权人承担企业破产重整的风险,有失公平

破产重整制度中对别除权、重整债权清算的限制,虽然有利于保全债务人企业资产的完整性,但却严重影响了债权人的利益。尤其在当前新冠疫情影响的背景下,法院会出于社会整体利益的考虑而强制通过重整计划,引入股东利益,甚至可能会排斥债权人的意志,使债权人缺乏债务被清偿的心理预期,同时也给债权人的生活带来了极大的不稳定性,当然,如果企业破产重整失败,将会对债权人的

①　张俊果:《论破产重整中债务人的自行管理制度》,载《山西能源学院学报》2020 年第 5 期。
②　杨必成,耿涛:《浅议企业破产重整中的财税问题》,载《中国注册会计师》2021 年第 1 期。

利益造成巨大的损失,这样看来,债权人实际上承担着重整企业逃避债务或者重整失败的风险,这对债权人明显不公平。企业破产重整是为了摆脱企业经营不利的状况,在重整期间企业很有可能为了维持生产经营再次出现借款、贷款行为,也会随之产生新的债权人,虽然这些新的债权人的债权可以随时优先获得清偿,但是我国的《企业破产法》对企业破产重整期间新产生的债权人的利益保护并没有明确的规定,而一旦进入破产清算,企业的资产将很难偿还给前后两方债权人,债权人的利益并不能得到有效保障。在社会生活和法律规定中,我们经常会提到谁受益,谁承担风险的公平原则①,那么在新冠疫情影响的背景下,为了挽救债务人企业,维护社会正常的生产经营秩序和社会的整体利益,受益者包括债务人企业、债权人以及社会和政府,这样的话企业破产重整的风险不能仅仅由债权人承担,债务人企业、社会和政府也应当承担一定的风险,这样才能在社会中寻求一种公平。

(四)企业破产重整有可能会损害股东利益

我国市场上存在着各种虚假陈述和披露虚假信息、信息不透明等情形,很多时候企业破产重整失败的信息无法及时对社会进行反馈,这不仅对社会普通民众带来风险,同时也会影响企业股东的利益。在企业破产重整程序中,股东属于债务人企业的利害关系人,企业破产重整成功与否都影响着股东的红利分配权和剩余利润分配请求权。另外,企业在启动破产重整程序后企业通常处于重整管理人的运作下,该重整管理人可以是企业的经营管理层人员,也可以第三方机构或组织,然而在中国,企业经营管理层人员侵犯股东利益和大股东侵犯小股东的现象时常发生,但是我国并没有完善的股东派生诉讼制度②,在一定情形下,股东无法直接向法院起诉,请求法院保护公司利益进而保护股东利益。另外,股东可以为重整的企业注入新的资金,维持企业的发展,增加企业重整成功的可能性,但是在我国现有制度以及实践中,进入破产重整程序的债务人企业通常会有很大的投资风险,股东投资后由于缺乏股东派生诉讼对股东权利的法律保护,股东的权利无法充分实施,也影响了股东对债务人企业投资以拯救困境企业,进而也影响着企业破产重整的成功率。

---

① 肖汉杰:《我国破产重整中债权人利益保护问题研究》,载《科技风》2020 年第 29 期。
② 郭雨萌:《企业破产重整中债权人利益保护研究》,载《企业科技与发展》2020 年第 1 期。

（五）我国的司法现状难以保证破产重整制度的有效实施

目前我国破产重整的案件总体偏少，尤其是中小型企业的破产重整存在着较大难度，债务人企业对破产重整制度不够了解，法院缺少推动破产重整的动力，这些问题都会导致这一现象的出现。企业破产重整的技术性和专业性较强，法院的自由裁量权行使范围扩大，并且这一制度的实施耗资巨大，持续时间长，涉及的利害关系人众多，若我国法律不够完善，具体操作实践不符合程序等将会出现破产重整程序被滥用的问题。同时，在当前疫情的影响下，申请破产重整的企业，即使是中小型企业，资产也可能会分布在全国各地，债权人分布地域广泛，很有可能各地、各级的法院都同时受理了破产重整申请，受理诉讼，并且同时采取了司法冻结、查封等措施，这样的情况对于我国各地各级的司法协助机制等都是极大的考验和挑战。① 此外，我国行政干预司法和司法腐败的现象仍然存在，这些现象可能使破产重整程序实质上沦为了一种行政化的程序，导致企业破产重整制度背离了市场化的基本原则。因此，要想保证破产重整制度有效实施，必须要改变我国现行的司法现状，防止破产重整程序被滥用，解决司法协助问题，以及防止行政干预。

（六）预重整制度不完善

预重整制度是企业破产重整制度中的重要组成部分，但是我国《企业破产法》中②并没有明确规定，也就是说预重整制度在我国并没有在法律层面上正式确立起来。然而我国出台过一些肯定该制度的相关文件，并且在实践中也有所体现。但也不得不承认该制度仍然缺乏相关立法，使得法官等在实践中对预重整制度的了解较少，无法正常运用该制度来解决实务案例，无法发挥预重整制度的优势。同时也可以看到，预重整制度与企业破产重整制度之间并没有建立起有效的衔接。首先，破产重整管理人的选任并没有在预重整制度中进行规定，很有可能会出现预重整中的管理人在正式的破产重整程序没有有效的衔接，没办法继续担任管理人，影响破产重整案件的进行；其次，预重整程序中重整计划草案中的相关数据没有及时申报，导致预重整阶段和破产重整阶段的很多数据信息不一致；最后，我国破产重整过程中是由法院进行主导，然而在预重整阶段却没有明确的主

---

①　陈蓉、唐彩霞：《论企业破产重整信息披露时间节点的规范与细化》，载《行政与法》2021年第2期。

②　于洋：《我国建立预重整制度法律问题研究》，载《吉林金融研究》2020年第1期。

导组织机关,虽然能够尊重当事人的意思自治,但秩序混乱,无法发挥预重整的优势。总之,预重整制度在我国现行法律的发展过程中仍然存在各种问题,如何进一步发挥预重整的作用并完善破产重整制度是当前应当考虑的问题。

(七)政府对企业破产重整的不当干预

在我国破产重整制度的实施程序中,会出现法院受理破产案件能力不足等各种问题,而造成这一问题的主要原因就是很多地方政府没有厘清自己的角色定位,对市场进行了过度的、不正当的干预,并且其经常会直接运用所拥有的行政权力介入企业的破产重整程序中,甚至会为了自己的利益直接干预法院对企业破产重整案件的审理,导致法院的司法权的主导地位受到威胁并严重损害了债权人的利益,不利于破产重整制度的实施。[1] 这些问题出现的原因主要可以总结为以下几个方面:政府对企业申请破产重整的前置审批程序不完善,没有公开其审批的程序;政府对破产企业进行随意补助;由政府相关部门单位破产重整的管理人违背了企业正常发展的市场化。这些问题的存在不仅影响着企业破产重整程序的进行,也导致市场被不当干预带来的不利影响。[2]

五、中小型企业破产重整的完善措施研究分析

由于新冠疫情的影响,市场上越来越多的中小型企业陷入了发展困境,为了获得再生,很多濒危的中小型企业会选择并申请破产重整,经过前文的分析研究可知,在破产重整计划的实施过程中会面临着各种问题,为了解决好这些问题,使得各中小型企业能够更好地实现破产重整,以保证企业的持续健康发展,本文将从以下几个方面进行研究分析,提出有效的完善措施。

(一)加强监督,防止债务人利用破产重整逃避债务

债务人企业启动破产重整程序需要在第三方组织和法院的监督下展开和进行,我国破产程序适用的是一审终审制,缺乏上诉法院的监督,法院很可能会滥用权力导致重整程序无法按照正常的程序和要求进行,从另一角度来看,缺少监督的破产重整程序将会引起债务人企业抓住法律程序的漏洞逃避债务。为了解决和控制这一问题的发生,需要完善法律,加强法律监督,赋予债权人以债权人异议

---

① 刘媛媛:《行政权参与上市公司重整的边界之界定》,载《湖北经济学院学报(人文社会科学版)》2021 年第 2 期。

② 李远方:《从"太子奶"破产重整看政府公权力的界限》,载《中国商报》2017 - 08 - 09。

权和监督权,加强对债务人企业和法院的制约。另外,在破产重整执行的过程中,债务人企业很可能会出现以不合理的低价转让财产或者抽离优质资产并转移到关联公司等现象,如果可以健全破产重整程序中的法律监督制度,使债权人可以积极行使其债权人撤销权,撤销债务人企业实施的损害债权人利益的行为,同时也可以建立相应的责任追究机制,由债权人企业、股东等承担一定的责任。①

(二)保障担保物权人的利益,维护交易安全

在新冠疫情的影响下,在破产重整程序中,有担保的债权人将会承担更大的风险,破产重整制度也对担保物权做出了一定的限制,而如果要为了降低交易的不可预测性和各种风险,就需要对债权人尤其是有担保的债权人的权益进行更为细致的保护,赋予债权人一定的权利,让债权人有权与债务人企业进行协商并选择重整程序。当然处于重整阶段的中小型企业有其一定的特殊性,更何况在当前新冠疫情影响的背景下,为了考虑政府利益和社会整体利益,强制启动破产重整程序或者通过破产重整计划也是合法的,但是国家、政府、社会必须采取必要的措施或者通过社会保险机制等方式来分担债权人所承担的风险负担②。此外,国家还要进行金融体制改革,使担保人即国有商业银行等与企业分离开来,彼此之间相互独立,减少彼此之间的利益联系,避免金融危险的发生,保护担保物权人、债权人的合法利益,维护市场交易的安全。

(三)建立健全的债权人救济制度

中小型企业通过破产重整的方法可以使得困境企业再次获得重生的机会,但是这一制度却限制了债权人的相关利益,债权人的相关权利无法得到充分的保护,而为了保护债权人的基本权益,应当建立健全的法律救济制度。首先,在破产重整过程中可能会有债务的随时清偿、债权人债务人之间达成的和解协议或者法院作出的一些生效的执行判决,如果债务人企业违约或者是因故意或重大过失导致破产重整失败,那么债权人应当有权请求恢复执行原生效的法律文书,并应当赋予债权人逾期申请的权利,通过法律规定维护自身的利益;其次,不论破产重整成功还是失败,债权人都会遭受一定的经济损失,在重整计划中应当规定债权人能够得到的债权清偿比例,以保证债权人能够得到一定的救济。

---

① 　张俊果:《论破产重整中债务人的自行管理制度》,载《山西能源学院学报》2020 年第 5 期。
② 　肖汉杰:《我国破产重整中债权人利益保护问题研究》,载《科技风》2020 年第 29 期。

（四）完善法律规定，保护股东利益

由于我国证券市场信息披露不对称等原因都影响着企业股东的利益，为了保护股东利益，可以通过完善、修改《中华人民共和国证券法》等法律，使得参加重整的中小型企业有权依法发行新股，筹集资金，完善信息披露制度和重整成功的企业重新上市的信息公开制度。另外，国家应当及时建立完善股东派生诉讼制度，切实保障股东参与企业破产重整的权利，保证其可以在特定情形下行使作为利害关系人所享有的一定的表决权，或者最起码能够保证其享有参与权，从各个方面保护股东的重整利益，完善破产重整程序的规范性、完整性。①

（五）改善司法现状，完善司法制度

目前我国司法制度体系还存在很大的问题，无法保证企业破产重整的顺利实施。为了改善这一问题，首先应当提高企业破产重整程序所适用的审级，限制法官的权力，建立权力滥用的责任追究机制；其次，由于当前新冠疫情的影响，破产重整案件在社会上得到了广泛关注，一方面应当扩大法官自由裁量权的范围，尽可能地拯救更多的困境企业，另一方面也要完善并加强法官的责任追究机制，使其符合我国权力和责任相统一的基本原则；再者，应当建立健全的司法协助机制和信息共享机制，在全国范围内进行企业破产重整的诉讼、监督等程序②，实现全国联网，统一处理；最后，应当明确法院在破产重整程序中的作用，维护司法独立，法官保持中立，防止行政权力的干预，并且法院也应当尊重债权人、债务人的意思自治，顺应市场发展的道路，依照法定程序进行审查裁决，保证破产重整制度能够公平实施，使得中小型企业能够满足市场的要求，获得重生，持续经营。

（六）探索建立预重整制度

预重整制度③是美国破产法在实践中发展出来的一种重整制度的改良机制。由于破产重整程序费用过高、耗时周期较长，破产案件中的债务人企业和主要的、大多数债权人也可通过私下协商来处理解决彼此之间的债权债务关系，甚至包括可以在法庭外完成破产重组。但是双方或者多方私下达成的协议不具有法律上的强制执行力，如果双方反悔或者重整失败导致协议无法履行时，该协议将没有相关法律可以制约。而预重整制度可以将双方协商的债权债务协议与破产重整

---

① 陈静：《企业破产重组涉税政策问题解析》，载《纳税》2021 年第 3 期。
② 宋远：《中小型房地产企业破产重整模式的选择》，载《现代商业》2020 年第 34 期。
③ 于洋：《我国建立预重整制度法律问题研究》，载《吉林金融研究》2020 年第 1 期。

制度的优点结合,更好地发挥作用。债务人可以利用其与债务人企业拟定好的债权债务协议的相对灵活性,拟定重整计划并向债权人征求意见,无需法院的介入,如果在该阶段能够达成合意,获得大多数债权人的支持,那么据此向法院提出破产重整的申请,整个破产重整的程序将会更加快捷,节约司法资源。而且,只要法院批准了破产重整计划,该计划将会约束债权人、债务人企业和股东。我国《企业破产法》对预重整制度并无明确规定,但实践中已经有相关判例对其进行了支持,2018年初最高人民法院印发的《全国法院破产审判工作纪要》①从司法政策的层面对该制度进行了肯定。因此,我国需要在法律权威的层面对预重整制度进行正式立法,以满足债务人企业在破产重整程序中处置市场化、科学化、法治化的需要。

(七)构建完善"府院联动"扶持模式

尽管企业破产重整更多的是法律上的问题,但是在当前新冠疫情影响的情况下,这是全社会面临的挑战,企业的破产重整也就不再仅仅是法律层面的相关规定和制度,政府对于解决企业债务、资金链断裂等问题将会有很大的作用。我国破产重整制度中有一些城市根据具体情况制定了"府院联动"的模式,建立了政府机关和司法机关之间工作的协调,但这一模式并没有得到广泛的适用和普及。虽然我国实行的是市场经济,但是很多时候市场并不能做出有效的调节,而政府的各个部门分别掌握着大量企业的经营信息和数据,小到员工的工资、社保,大到企业的税收甚至是金融方面的债务担保等。任何企业包括中小型企业的破产重整周期较长,而在这一破产重整的过程中,不仅离不开法院对于破产重整案件的总体考量和程序引导,同时也需要政府部门为企业提供一定的扶持,构建"府院联动"可以更好地发挥政府超越司法程序的社会作用。当然,该模式需要司法机关和政府机关进行协同合作,但也需要把握好各自的边界,不可缺位,也不能越权,更不能随意干涉法院公正的审理案件。政府在相关案件中,首先要配合法院破产重整案件中的各项工作,其次应该对其管辖范围内的企业的经营情况进行审查,确定其类别,进而有针对性地帮助企业走向破产重整的程序。同时,法院也应当与政府部门建立企业信息共享机制,可以更快地调出该企业的相关数据,减少破产管理人进行调查、搜集资料、汇总信息的时间,加快中小型企业破产重整的进行。

---

① 最高人民法院印发《全国法院破产审判工作会议纪要》的通知(法〔2018〕53号)。

六、结语

　　总之,在当前新冠疫情影响的背景下,中小型企业遭受的重大损失要想得到弥补,不仅仅需要国家和社会的支持,也需要各中小型企业根据自身特点选择适合的拯救方案。当然,我们不得不承认企业破产重整是世界公认的拯救困境中小型企业最有效的法律制度,但是我们也可以看到,在破产重整过程中会涉及多方利益主体,整个破产重整过程都存在着很多问题,现行《企业破产法》中相关的破产重整制度规定并不完善,政府的积极作用也没有有效地发挥出来,这些问题的存在很容易对企业破产重整产生一定的不利影响,甚至会影响市场的稳定发展。因此需要在企业破产重整程序所面临的各种问题的基础上进行分析研究,找到问题的根源,分析各方得失,完善各方面的制度,保障各方利害关系人的利益,拯救处于困境中的中小型企业,推动我国破产制度的发展,真正实现市场主体的公平竞争,市场生存的优胜劣汰,建立法治化的运营环境,进而带动市场经济的稳定持续健康发展。

公司对外担保法律分析与实践探究

葛文瑶[*]

摘　要:公司作为我国经济发展的重要组成部分,以其强于自然人的经济实力和信用能力在担保行为中广受欢迎,公司对外担保有利于促进社会主义市场经济的繁荣发展。通过了解公司对外担保的法理根源和法治历程,分析近年来我国公司对外担保的立法进程和实践探索中的问题,进一步了解我国关于公司对外担保制度的优势和不足,应当以域外公司对外担保立法为鉴,站在发展社会主义市场经济的立场,探索我国公司对外担保法律制度的完善途径。

关键词:公司对外担保　担保效力　公司章程

自2017年李克强总理提出创建良好的营商环境,不断解放和发展社会生产力后,我国更加注重对经济活动的规范和引导。我国公司对外担保无论在金额上还是参加对外担保的公司数量上均数额巨大。根据中国证券报记者统计数据,截至2020年,我国A股上市公司对外担保余额超过4.7万亿元人民币,其中有近三百多家公司实际参与对外担保总额超过占净资产比例的超过百分之五十。故对公司对外担保法律制度深入分析和探究该制度实践产生的问题意义重大。

一、公司对外担保的法理根源

公司作为法人最主要的形式,公司对外担保以《中华人民共和国民法典》(以下简称《民法典》)明确规定的法人权利能力为法理基础。同时,公司对外担保的

---

　*　葛文瑶,女,河南洛阳人,济南大学政法学院2020级法律硕士,主要研究方向为行政法。

合理性和限制是影响公司对外担保制度发展方向和实践方式的两个重要根源。因此,笔者通过追溯公司对外担保的法理根源,窥见该制度的内在产生脉络,为探求其实践中产生的问题做铺垫。

(一)公司对外担保的合理性

《民法典》第59条和第60条①明确规定了法人自成立起,依法享有民事权利能力的资格和承担民事责任的义务。公司在我国是一种法人的典型存在形式,公司法人当然享有民事权利能力。依照法人实在说,法人作为独立存在的实体,自成立始,法人就与自然人一样成了有资格参与民事活动的民事主体。

法人与自然人共同构成独立的民事主体的两大重要组成部分,但是不可否认法人的权利能力与自然人相比较有诸多限制,这主要是由于法人的权利能力范围有限。法人的权利能力范围是指法人有资格享有民事权利和承担民事义务的范围,法人必须在其权利能力范围内参与民事活动,超过范围则为无效民事行为。

对法人的权利能力范围的限制主要体现在三个方面:第一,法律法规的限制:例如《中华人民共和国公司法》(以下简称《公司法》)第58条规定②了一人有限公司禁止成立新的一人有限公司。诸如此类关于法人的禁止性规定的制定主要是为了维护经济运行秩序、保护公众利益,也是法人的权利能力范围限制的体现。第二,本质权利的限制:法人作为法律上拟制的人,从本质上缺少因自然人特性而存在的一些权利能力。例如我国《民法典》第990条规定的身体权、健康权、肖像权等人格权,法人不享有上述权利。法人的权利能力主要体现在财产权的范围内。第三,目的事业范围限制:事业范围限制在我国也被称为经营范围限制,此限制来源于“越权理论”。③ 我国的《民法通则》第49条曾明确规定超越经营范围的合同无效,而新实施的《民法典》第505条④对此做出了新规定:当事人超越经营范围签订的合同不得仅因超越经营范围而被判定无效。这是因为法人的经营范

---

① 《民法典》第59条规定:法人的民事权利能力和民事行为能力,从法人成立时产生,到法人终止时消灭。第六十条规定:法人以其全部财产独立承担民事责任。

② 《公司法》第58条规定:一个自然人只能投资成立一个一人有限责任公司。该一人有限责任公司不能投资设立新的一人有限责任公司。

③ 温世扬、何平:《法人目的事业范围限制与“表见代理”规则》,载《法学研究》1990年第5期。

④ 《民法典》第505条规定:当事人超越经营范围订立的合同的效力,应当依照本法第一编第六章第三节和本编的有关规定确定,不得仅以超越经营范围确认合同无效。

围仅是法人的商事权利能力,超出商事权利能力之外法人可以以普通民事主体签订合同。"越权理论"虽然为商事经营管理提供了便利,但不利于交易安全,损害交易相对人的利益。随着《民法通则》退出历史舞台以及《民法典》的实施,法人超越经营范围签订的合同也经历"绝对无效"到"原则有效,例外无效"的变化过程,目的事业限制对法人的权利能力范围限制影响效力减小。

综上所述,尽管法律对法人的权利能力范围限制诸多,但是在财产权方面法人几乎不受限制,就连曾经法律法规严格限制的经营范围也逐步扩大。原则上来讲,法人可以对自己的财产自由处决,公司对外担保是公司以其自身信用或资产为第三人的债务承担赔偿或代为履行的责任,即公司对外担保是公司法人自由处理财产的体现。

(二)公司对外担保的限制

公司对外担保的合理依据是公司已经设立就当然享有的财产自由权,并且,从社会经济发展的角度来看,公司对外担保提高了企业的融资效率、避免资金流失,满足社会中大量的担保需求。但是,公司对外担保行为涉及了公司自身及公司股东、债权人的利益,且公司对外担保对于公司及其利益相关人而言是一件几乎无利可获却承担巨大风险的活动。

公司对外担保是以公司财产或信用为基础替第三者的债务担保,该活动背离了公司以盈利为目的的本质,存在严重损害公司财产和信用利益的可能。一旦被担保人债务到期时无力偿还债务,作为担保人的公司则因对外担保行为需要转移承担被担保人的债务,并且,根据近十年公司对外担保追偿调查数据结果来看,大多数情况下承担了债务偿还责任的对外担保公司很难实现资金的追偿。

对于公司股东而言,股东投资公司是中意于该公司的盈利能力,而对外担保属于无偿的高风险行为,放大了公司的资本风险使股东利益受损;对于公司债权人而言,公司对外担保成立会降低作为担保人的公司对债务人的偿还能力,增加债权人无法按时足额收回债权的风险[①]。

基于上述分析,公司对外担保是风险与机遇并存的商事活动,为了最大程度

---

① 罗培新:《公司担保法律规则的价值冲突与司法考量》,载《中外法学》2012 年第 6 期。

地规避公司对外担保风险,我国《公司法》第 16 条①对公司对外担保活动做出了明确的限制:第一,公司为个人(除公司股东和实际控制人以外)或其他公司提供担保的,应当依照公司章程,召开董事会或股东(大)会商议决定,且公司章程对公司对外担保的金额或其他事宜有相关规定的,依照章程规定;第二,公司为本公司股东、实际控制人提供担保的,必须要经过股东(大)会决议过半数通过,且作为被担保人的股东和实际控制人不得参加上述会议表决。

当然,除了上述国家法律法规明确限制的方面外,基于公司对外担保高风险无收益特征,各个公司也会根据该公司的情况和实力在公司章程中对外担保做出限制。

二、公司对外担保立法研究

(一)我国公司对外担保立法发展

基于我国历史经济发展水平,21 世纪之前公司对外担保行为较少,故 1993 年《公司法》中涉及公司对外担保规定的法律条款乏善可陈。随着我国市场经济的发展,公司对外担保变得广泛,因为缺乏相关法律规制,产生公司担保额巨大、大股东滥设担保等损害公司利益的担保行为。

2005 年我国《公司法》在原本旧法的基础上进行了多处内容上的修订,尤其是在公司对外担保方面。21 世纪初期在改革开放的大力倡导下我国私营经济快速发展,公司对外担保的数量和金额激增,原《公司法》在应对我国经济发展产生的新问题上略显无力,故我国在旧法的基础上增加了规定公司对外担保规则的第 16 条。《公司法》新增的第 16 条是我国公司对外担保制度规制的里程碑,理清了公司对外担保制度的混乱局面。

2013 年修改的《公司法》增加了第 121 条法条②,在原本已经构架好的公司对外担保制度的整体框架下增加了对上市公司对外担保制度的规定。

---

① 《公司法》第 16 条规定:公司向其他企业投资或者为他人提供担保,依照公司章程的规定,由董事会或者股东会、股东大会决议;公司章程对投资或者担保的总额及单项投资或者担保的数额有限额规定的,不得超过规定的限额。公司为公司股东或者实际控制人提供担保的,必须经股东会或者股东大会决议。前款规定的股东或者受前款规定的实际控制人支配的股东,不得参加前款规定事项的表决。该项表决由出席会议的其他股东所持表决权的过半数通过。

② 《公司法》第 121 条规定:上市公司在一年内购买、出售重大资产或者担保金额超过公司资产总额百分之三十的,应当由股东大会作出决议,并经出席会议的股东所持表决权的三分之二以上通过。

此后,我国《公司法》在 2018 年又进行了再次修订,我国新《公司法》及相关司法解释关于公司对外担保制度的规定在旧法的基础上有了极大的进步,共同构成了适应我国当下经济发展的稳定的公司对外担保制度规制体系,新《公司法》不仅仅实现了关于公司对外担保能力态度的模糊不清到明确肯定的转变,更是进一步赋予了公司章程对公司对外担保的数额、决议程序、表决方式等事项上的自治权。

（二）我国公司对外担保立法特点分析

我国《公司法》自 1993 年制定实施发展至今,其中涉及公司对外担保的法律法规主要体现在《公司法》第 16 条和第 121 条规定中,仔细研究法条并且结合我国经济发展政策,可以得出我国公司对外担保立法有以下五个特点:

第一,对公司担保能力的肯定。《公司法》在第 16 条法条开头直抒胸臆,明确写出"公司为其他企业投资或者为他人提供担保"。该句确定了公司可以向他人或者其他公司提供担保,不仅仅是对公司对外担保的能力的肯定,更是赋予了公司对外担保的自由。

第二,确定了公司对外担保决议机关。《公司法》第 16 条直接规定了公司的担保决议机关可以依照公司章程的规定是董事会、股东会或股东大会。对公司担保决议机关的规定主要是考虑到两个方面的问题:第一,赋予公司章程自主选择权,公司的担保决议机构可以由公司章程从董事会、股东会、股东大会中自由选择决定,最大程度的保障了公司对财产权的支配自由和对外担保的自由,这是最适应当下我国经济发展的选择;第二,由法律对公司担保的决议机关范围进行限制——为董事会、股东会或股东大会决议。公司的自主选择权在法律控制范围之内,一方面,公司对外担保可以保持在由公司章程决定的自由状态,另一方面,又确保了法律法规对公司担保的必要监管和约束,防止公司滥用担保权,损害公司、股东、债权人的实际利益。

第三,规定了公司对外担保总额和数额。关于公司对外担保的总额和数额,《公司法》第 16 条也对该问题进行了解答,明确赋予了公司章程对公司对外担保数额和总额规定的权利。其规定与上述第二点一样,再次充分赋予公司章程自主绝定权。公司章程可对担保数额进行限定,公司对外担保的具体金额不得超过章程规定的限额。

第四,肯定关联担保并且对其做出限制。第 16 第一款第三句规定了公司关联担保制度,先是肯定了公司可以对公司股东和实际控制人进行担保,但对其决议机关进行了严格限制——只能限定为股东会或股东大会决议。当然,需要特别提醒的一点,是实际控制人应该是有股份的,但是也能通过协议、投资关系或者其他安排实际控制公司,例如协议控制的母子公司关系。同样的第 16 条第二款对关联担保的表决程序也做出相应的规定。

第五,对上市公司担保决议程序特殊规定。《公司法》第 121 条对上市公司担保在第 16 条的基础上做了细化规定,对其担保数额和担保决议及表决程序都做了特殊规定。

从上述分析可以得出,我国现行《公司法》关于公司对外担保问题在 1993 年粗放规定的基础上有了跨越式的进步。首先,现行《公司法》肯定了公司的担保能力,使原本处于模糊地带的公司对外担保问题有了明确的指向。其次,其对公司对外的一些细则,例如公司的担保数额、担保决议机构等诸多问题做出了规定,方便了公司对外担保时的操作,减少了公司涉及担保时内部摩擦的产生。再次,对其采用原则上允许的模式,同时通过公司章程自主限制和法律直接限制两方面来对公司担保行为加以限制。最后,对于公司中的上市公司也做出了特别的规定,有利于股市的稳定。

但是,同有着悠久的担保规制历史的西方国家相比较,由于我国公司对外担保制度发展时间尚短,其不足之处也有很多,例如:如果公司股东会在制定或者修改章程时,明确规定本公司不得作为他人的担保人时,公司是否有对外担保能力?如果股东会在章程中未就担保事宜拟定相关条款而他人请求公司为其债务作担保时,应该担保决议权在股东会还是董事会呢?公司担保实际决议机关和章程授权的决议机关不一致时,担保效力如何?担保数额超出章程规定的担保效力如何?关于上述的问题,我国在立法和司法等方面也难以做到快速的解决,当下应该吸取在公司对外担保领域有着不错发展国家的经验,促进我国在该领域法律制度的完善。

(二)公司对外担保域外立法考察

域外各国对公司涉及对外担保问题的立法模式可以归结为以下三种:

第一种模式是"原则禁止,例外允许"。其典型代表为我国台湾法,其观点:不允许公司对外提供任何形式的担保,只有在一种情况下例外,即其他法律规定或章程中约定可提供担保时,公司对外担保有效。

第二种模式是根据利益原则由董事和高层决定公司对外担保。此模式的典型为英美国家。英美公司法对公司对外担保采取开放的态度,对公司对外担保的有效性衡量标准从直接利益原则发展为合理经营判断原则。同时,英国公司法对董事对其或者相关控股股东或相关人员担保做出限制,在进行特殊担保时需要经过特殊的决议程序。而美国公司法对利益判断的标准就更为开放,公司不论对外担保或向公司董事担保,都不受限制,给予公司董事更多的自由。①

第三种模式是"原则允许,例外禁止"。此模式的典型代表为法国和日本公司法。法国根据不同的公司形态对公司对外担保做出不一样的法律规定,其针对有限公司,规定公司向外(包含法人股东)担保有效,但是向经理或者非法人股东、法人股东的法定代理人及上述人员的配偶、直系尊卑亲属及中间人担保无效;针对股份公司,规定公司向外担保有效,但是向董事及其常任代理人、经理及以上人员的配偶、直系尊卑亲属及中间人担保无效。日本公司法肯定公司担保能力,只根据公司不同形态,在公司特殊担保时要求担保决议经过董事会或股东会允许即可。

三、公司对外担保的实践探究

笔者以中国裁判文书网、无讼案例网以及北大法宝为基础,以"公司对外担保"为关键字,以民事案由为限制,截至到2021年3月,共搜索得到了六千七百一十六个案例,并从中抽样调查五十个案例,发现在我国对外担保的实践中主要存在以下几种纠纷:

第一,公司对外担保效力认定。该问题是我国公司对外担保实践中最常见的纠纷,而法院关于此类纠纷一般适用的规则是:公司依照第16条规定的程序为他人或者其他公司提供担保且不具备其他无效情形的,应当认定担保合同有效,这主要是出于经济和交易稳定的基础做出的考量。

第二,担保公司连带赔偿纠纷。在笔者抽样调查的案例中,担保公司因为被担保人无力偿还债务而承担债务的案例占比高达百分之七十,该数据也进一步佐证了公司对外担保是一项高风险零收入的商业活动,公司在做出对外担保的决定时应当做出全方位的考量和评估,争取将对外担保的风险降到最低。

---

① 　沈四宝:《最新美国标准公司法》,法律出版社2006年版,第31页。

　　此外,笔者在案例调查中也发现,当担保公司承担了债务后,再向被担保人追偿是十分艰难的过程,因此公司对外担保应当选择为有实力的公司提供担保。

　　第三,担保公司要求解除对外担保合同纠纷,当担保公司在担保的过程中发现被担保人或被担保公司的一些行为让其感到不安,作为担保人的公司为了保全公司财产选择与被担保方解除担保合同,该类纠纷在近几年也逐渐增多,但是判决结果一般都是不理想的,依旧判决合同继续履行。

　　除上述问题外,在公司对外担保的司法实践中,笔者发现在我国存在裁判不统一这一问题。以中建材集团进出口公司诉江苏银大科技公司担保案①和创智股份公司担保案为例进行详细阐述:

　　(1)中建材集团进出口公司诉江苏银大科技公司担保案简介。

　　案情简介:2005 年,被告北京恒通公司与原告中建材公司订立了一份合同。后在原告依约履行完全部义务后,被告仍然未按约定即使还款。在原告的一再要求下,恒通公司就找来四家公司为其担保。银大公司就是其中一家。之后,被告对所借贷的原告债务屡次拖延,迟迟不还,担保人也未承担其保证责任。所以,原告通过诉讼渠道,要求法院判决被告履行义务、保证人承担其担保责任。其中,其余几个担保人对担保无异议,江苏银大公司依据《公司法》第 16 条为依据,辩称法定代表人在《还款担保承请书》上的签章行为,未经过董事会或股东会决议,属法定代表人个人行为,主张担保无效,不承担担保责任。

　　裁判规则:二审(北京市高级人民法院)在审理时认为,《公司法》第 16 条仅仅规定担保决议有效时的决议机关,在公司担保违反公司法第 16 条决议程序关于决议机关的规定时,第 16 条未规定此时公司对外担保无效。所以,二审法院认为认定此案担保合同有效的法律依据应为《合同法》第 50 条②。在《公司法》没有明确规定公司违反第 16 条对外提供担保无效的情形下,对公司对外担保的效力应予以确认。③

---

　　①　中建材集团进出口公司诉北京大地恒通经贸有限公司、北京天元盛唐投资有限公司、天宝盛世科技发展有限公司、江苏银大科技有限公司、四川宜宾俄欧工程发展有限公司进出口代理合同绅纷案,参见《最高人民法院公报》2001 年第 2 期(总第 172 期),引自北大法宝网。

　　②　《合同法》第 50 条规定:法人或者其他组织的法定代表人、负责人超越权限订立的合同,除相对人知道或者应当知道其超越权限的以外,该代表行为有效。

　　③　《最高人民法院公报》2011 年第 2 期,总第 172 期,第 40 页至 48 页。

(2)创智股份公司担保案简介与分析。

案情简介：2005年，原告光大银行与被告智信公司签订了一份借款合同，并在光大银行的要求下，找来创智股份公司作为担保人，同时签订了保证合同，要求创智公司对被告的贷款提供连带保证责任。合同签订后，光大银行依照约定向被告发放了贷款，在合同履行的过程中，被告未遵照合同约定向原告结算利息，且原告出现令被告感到不安的债务纠纷，则原告向被告提起了诉讼，要求原告还款，且保证人承担相应的保证责任。

裁判规则：一审法院审理后发现，担保人与原告的担保合同上具有担保人的签章、法定代表人签名，但是，我国《公司法》第16条规定担保决议必须由董事会或股东会、股东大会做出。因此，在公司对外担保时，担保合同除了应该具备一般合同成立所必须的条件外，还需出具董事会或股东会、股东大会作出的担保决议书，公司对外担保合同才有效。后该案上诉至最高人民法院，亦同意此观点。

综上可见，我国公司对外担保的司法实践中，公司对外担保效力裁判还不够统一，同案不同判的现象时有发生。这为公司对外担保效力适用带来了困惑。

四、公司对外担保的效力分析及完善建议

（一）公司对外担保的效力分析

现实中公司担保种类繁多，担保方式多种多样，担保数额巨大。在司法领域中，担保纠纷复杂多样，立法的空白造成法官在担保案件的审理上，大量运用司法裁量，使类似案件的同案不同判现象不少。例如上文中已经提到，法律赋予公司章程自主选择公司担保决议机关的权利，可是当公司章程未规定决议机关时，公司对外担保的效力如何？公司章程规定的决议机关又与实际担保中的决议机关不一致时，公司担保的效力如何？实践中常出现公司的法定代表人、董事、监事等公司的高级管理人或实际控制人没有经过公司决议就越权担保，此时公司对外担保的效为又如何？同时，我国立法虽然涉及公司担保数额——规定不得超过公司章程的限额，但当实践中担保数额超过公司章程的限额时，公司此时的对外担保效力如何？如果有效，是全部有效还是部分有效？如果无效，那么产生的责任都由谁来承担？针对这些问题，我们做出下列分析：

第一，非章程规定机关对外担保的效力。学界分为两种观点：第一种为章程规定由董事会对外担保决议，而在实践中股东会出具了对外担保决议书。在这种

情形下,崔建远教授①主张担保有效。原因基于股东会作为最高权力机关,具有修改章程的权力,所以此时股东会做出对外担保的决定可视为对公司章程的隐晦修改,此时担保有效。也有学者反对这种观点,认为股东修改公司章程有严格的程序,这么做扩张股东权利。还有学者认为股东修改公司章程的决议需要三分之二多数票通过,而进行一般事务决议半数就可通过,所以如果把对外担保决议的修改默示为对章程的修改,则此种做法会规避法定的修改章程需三分之二票数通过的要求,所以不能如此推论。对此,崔老师认为对"修改公司章程"应做狭义理解,诸如法律规定对公司名称、地址属于章程中的必须记载内容,如果认为对章程中的一切内容的任何更改都属于修改公司章程,那么对公司必须记载内容的修改无疑是"修改公司章程"。但是,法律规定对公司名称、地址的修改无需股东会的特别决议。因此可得出,法律规定的公司章程的修改并非包括章程内容的任何修改。其公司章程上的部分内容修改无需通过特别决议,这样也有利于公司工作效率的提升。

第二,章程未规定公司担保问题时对外担保的效力。我国《公司法》中公司章程对公司担保采用的是无所谓态度,所以实践中有的公司章程中对公司担保问题未做规定,其具体情形有二:一种是公司章程对担保问题只字未提,另一种是公司为了通过登记,公司章程并没有根据公司的具体情形真实填写,仅仅成了登记机关范本的搬运工,而登记机关提供的范本往往又是对《公司法》的照抄,这就使得公司章程对担保问题规定落空。

我国公司法规定,公司担保在公司章程中只属于任意性记载事项,担保问题在章程中未做规定完全符合法律要求。所以,对外担保不以章程有所确定为前提,只要公司章程没有明确规定禁止对外担保,从私法的角度来看,法无明文禁止即为允许。

第三,个人越权担保时对外担保的效力。个人越权担保可分为法定代表人越权担保和董事、经理等公司的高级管理人员的越权担保。

(1)法定代表人越权担保。法律已经明确规定了公司对外担保的机关,而个人是无权代表公司对外提供担保的。而在实践中,公司的法定代表人由于其身份的特殊,在公司获得的权利比较充分,所以,经常出现其越权担保的情形。那么此

---

① 崔建远、刘玲伶:《论公司对外担保的法律效力》,载《西南政法大学学报》2008 年第 4 期。

时担保合同的效力如何认定？一般认为,法定代表人以公司名义从事法律行为时一般只有两种情况,一种是法定代表人表面披着合法的公司面纱交易,实为自己或第三人谋取私利,而给公司造成不利影响的滥用公司人格,另一种为法定代表人超越法律或公司章程的权利限定而为的代表行为,构成法定代表人越权代表。所以,我国公司法不允许公司法定代表对外担保,而法定代表人未根据法律规定,越权进行公司对外担保时,应遵照我国法律关于越权制度的规定处理。而根据我国法律规定法定代表人越权担保除相对人"恶意"外,担保行为有效。

（2）公司董监高等高级管理人员越权担保。公司董监高等高级管理人员对外担保权利不同于法定代表人权力。《公司法》第16条明确指出了公司对外担保的决议机关只有股东(大)会或者董事会,则首先董监高等高级管理人员无对外担保决议权。其次,不同于法定代表人具有普遍代表权,公司董监高等高级管理人员只有法律规定或者公司的授权下,才有权对外签订担保合同,即公司董监高等高级管理人员拥有的仅仅是缔约权。则在董监高等高级管理人员越权担保的情形下,根据我国有关法律的明文规定,担保合同无效。[①]

（二）我国对外担保制度的完善建议

担保法的立法宗旨重在对债权的保护,而在公司担保中,担保价值取向重在担保风险的承担和转移,而不重在担保风险的分散。诸如,当双方当事人对担保范围的商量空白时,我国法律要求担保人要对主合同约定中的全部债权债务关系负责;当双方当事人对担保方式的商量空白时,我国法律也要求保证人要对主合同约定中的债权债务关系负连带责任。而商人都是逐利性的,在商事交易高度发达的今天,这样的法律价值取向将会造成在商品交易的过程中,只要有公司担保,则对债务人的清偿能力、信用程度等因素忽视,担保信用缺失,监管不力,造成诸多公司对外担保债权实现的不确定加大。由此可见,我国公司对外担保制度还有极大的可完善空间,以下为笔者对完善公司担保制度提出的三点建议:

第一,细化法律相关规定,出台具体司法解释。针对我国公司对外担保制度相关法律规定的缺失或模糊,最直接最有效的办法即补充、完善公司担保的法律条文、出台具体的司法解释,具体来说有以下两方面:(1)明确《公司法》第16条性质,明确公司担保在"违规"时确认其效力的统一标准及责任承担方式;(2)明

---

① 《最高人民法院担保法解释》第四条规定:"董事、经理违反《中华人民共和国公司法》第六十条的规定,以公司资产为本公司的股东或者其他个人债务提供担保的,担保合同无效。"

晰第三人的审查义务,规定第三人的审查方式及责任。

第二,加强公司董事、高管的义务并严格追究其责任。公司担保具有无偿性、不确定性①因此,董事、高管的不当担保行为会使公司蒙受巨大损失,甚至导致公司破产。所以,加强对董事、高管的管理,对公司担保必不可少。具体而言,可以从制度上使董监高"三权分立",互相监督,责任上明确其连带担保责任,增加其违法成本,也可以制定一些具体的惩罚措施,例如我国台湾地区公司法规定,公司董事、高管、法定代表人违法对外担保的,担保责任由其自行负责。

第三,明确公司对外担保可行使的不安抗辩权。公司担保往往具有高风险性,因此明确不安抗辩权在公司担保中的使用,对及时减少担保公司的损失,保障债权人利益均有益处。担保公司在发现债务人有明确丧失债务履行能力或者有恶意逃债的行为时,可及时通知债权人,要求其立即停止对等义务履行,若债权人不管保证人的通知而继续履行,造成损失扩大的责任,保证人可拒绝承担。

结　语

纵观我国公司对外担保制度的发展历程和实践现状,首先要肯定的是,我国及时弥补《公司法》对公司对外担保制度的疏漏,完善了对外担保方面的制度,扼制住了该领域的混乱发展。但是由于我国经济发展速度迅猛,并且到目前为止,我国司法及法理领域对《公司法》第16条没有做出深度统一的解释,司法实践中层出不穷的问题单单依靠第16条和第121条寥寥数字无法加以解决。在现有立法基础上,我国应当适应司法实践需要,从颁布指导性案例、发布司法解释出发逐步统一公司对外担保效力认定,时机成熟时修改和完善立法,为司法裁判提供权威依据,维护法律和司法的统一性和权威性。

---

① 陈本寒:《担保法通论》,武汉大学出版社1998年版,第2页。

有限责任公司股权善意取得制度适用研究

胡传清[*]

摘　要:《公司法司法解释(三)》出台以来,有关股权适用善意取得制度的问题一直被广泛讨论质疑,原因在于股权的特殊性以及有限责任公司的人合性等问题与传统的善意取得制度相融合的过程中在信赖利益保护、登记对抗主义等方面发生了冲突,但是这些质疑忽略了善意取得制度本身就是在真正权利人与受让人之间进行利益衡量的结果,在这一层面上讲,股权适用善意取得制度有其可能性与合理性。综合善意取得制度与股权特殊性以及公司法上的程序性问题,在股权善意取得制度构建中,应当注意商事外观主义、登记对抗主义、公司人合性等方面的要素,结合传统的善意取得制度对股权善意取得制度的认定路径进行构造。另外,名义股东处分股权与"一股二卖"等特殊情形在符合条件的情况下依然可以适用善意取得制度对受让人进行利益保护。

关键词:股权善意取得　利益衡量　商事外观　信赖利益

一、善意取得制度的适用空间

《公司法司法解释(三)》第二十五条、第二十七条是对名义股东处分股权以及"一股二卖"情形下,参照适用《中华人民共和国物权法》(以下简称《物权法》)第一百零六条善意取得制度的规定,该条自规定以来一直争议不断,争议主要集中于名义股东处分股权以及"一股多卖"是否适用善意取得制度。一方面,学者认为名义股东处分股权属于有权处分,不符合善意取得的适用条件,只有一股多

---

* 胡传清,女,山东泰安人,济南大学政法学院 2019 级法律硕士,研究方向民商法学。

卖在债权意思主义模式下有适用善意取得的可能;另一方面,学者认为对于上述条文所规定的情形,原有的登记对抗主义已经可以解决,不必另行适用善意取得制度;此外,还有学者从文义解释的角度上进行分析,《公司法司法解释(三)》对此两条的规定均为"参照",而非直接适用,因此认为司法解释对于名义股东处分股权以及"一股二卖"与善意取得并不一致,仅仅是参照适用相应规定而已。

(一)善意取得制度的理论基础

1.传统善意取得制度的基础

按照传统观点,善意取得制度的规定适用主要针对动产,由于对动产的占有具有权利推定的效力,为了维护交易的安全,提高交易效率,不苛求第三人的审查义务,运用善意取得制度在第三人与真正权利人之间进行利益衡量,进而保护第三人的合理信赖;我国的不动产以不动产登记公示为准,登记具有公示公信力,为了维护不动产登记的公示公信力,保护物权制度的根基,规定了不动产的善意取得制度,但其与传统的善意取得制度有所不同,不再是对交易安全的保护,而主要是为了维护物权制度的公示公信力,但是在效果上与善意取得并无二异。

虽然动产与不动产善意取得制度,在制度设计的目的上存在一定区别,但是二者在本质上都是利益衡量的结果,均是在真正权利人与受让人之间进行衡量,保护一方利益,考察动产与不动产善意取得制度的设计,主要在于是否具有应当进行保护的信赖外观。[1]

2.股权善意取得制度适用的矛盾

有限责任公司的人合性较强,具有一定的封闭性,有学者认为有限责任公司进行股东名册以及工商登记的主要目的是保证其人合性,这与不动产登记的目的有较大的差异,同时适用善意取得制度会引入新股东,对公司人合性造成一定冲击;从股东名册置备的角度上讲,股东名册存在于公司内部,公示性较弱,难以为外部人知晓;另外,与不动产登记相比,由于股权的复杂性,股权工商登记存在材料的真实性问题、程序性错误、错误登记等问题,单从这一角度上讲,股权的转让适用善意取得缺乏合理的可信赖外观,从根本少缺少适用善意取得制度的基础。

---

① 张双根:《股权善意取得之质疑——基于解释论的分析》,载《法学家》2016 年第 1 期。

（二）股权善意取得制度的可适用性

1. 存在合理的信赖利益

股权登记与不动产登记的确定性不同，由于有限责任公司进行股权工商登记过程中存在的问题，其公示性与不动产登记的公示力相去甚远。

但是，根据《中华人民共和国公司法》（以下简称《公司法》）的规定，股权工商登记具有对抗效力，由此在现行法上，股权登记具有合理的信赖基础，不应完全否定其效力。① 另外，从实践角度上看，由于工商登记的对抗效力，当事人进行股权交易，主要是依据工商登记，完全否定工商登记的效力，不利于股权的流通，影响资本的流转，从有利于交易的角度而言，工商登记有助于交易相对方的识别，因此，股权工商登记具有合理的外观信赖利益。

从善意取得制度在动产与不动产的发展历程考察，这一制度的起源与发展与利益衡量密不可分，具有相当外观价值的股东名册以及工商登记是否可以作为善意取得的信赖外观基础要通过利益衡量进行确定，而非仅仅因为其与不动产的公示力强度不同就直接进行否定其善意取得的外观要件不满足，因此在合理信赖利益方面，股权有适用善意取得的基础。

2. 可登记对抗主义共存

善意取得的适用前提是无权处分，传统的善意取得制度，为了维护交易的稳定，保护动态的交易过程，促进交易的发展，从而赋予不知情的善意受让人善意取得的权利以拒绝真正权利人的权利主张，保证受让人对外观的合理信赖。但是，我国《公司法》对股权采用的是登记对抗主义，登记权利人可以以登记主张所有权，因此登记薄所记载的为权利人，其对股权的处分为有权处分，所以善意取得在我国登记对抗的规则下，没有适用的空间。

但是，如前所述，目前我国有限责任公司工商登记制度存在较多的不完善之处，在此状况下，对于股权转让问题直接适用登记对抗主义存在极大的不合理性。另外在实践操作上，按照登记对抗主义，已经完成登记即意味着已经取得相应的股权，如果要否定该交易需借助受让人恶意等，在这种情况下，实际上即在承认善意的受让人可以取得股权，实际效果与善意取得无异。相比于在我国完善构建登记对抗这一制度，直接借助改造传统的善意取得制度对股权受让问题进行规定有

---

① 郭富青：《论股权善意取得的依据与法律适用》，载《甘肃政法学院学报》2013 年第 4 期。

其合理性,只是由于股权的特殊性,在进行利益衡量时需要考虑更多的因素。

3.善意认定的可能性

善意在股权转让中表现为,交易相对方对股权登记所表现的权利外观的合理信赖,对登记与实际权利人不一致的实际情况不知道且不应当知道。关于善意的内涵和善意的认定时点以及认定标准,在动产及不动产中存在差异,动产由于占有即所有的特性,主要以"不知道"为判断标准;不动产由于其公示性较强,牵涉到的利益更大,主要以"不知道且不应当知道"权利的真实状态为判断标准,由于对动产占有具有权利推定的效果,就不动产而言,不动产登记具有最强的公示效力,因此在认定相应的外观状态时具有可操作性。但是股权登记的情况复杂,在各个阶段均有出现真实权利人与登记不一致的情况,难以仅仅依靠登记确定是否存在善意。

但是,对于善意的认定并非完全不可行,在主观上可以结合当事人的主观认知可能性,客观上,可以结合合理对价问题进行判断。同时,对于登记不完善导致的善意标准难以认定,可以通过完善相应的技术手段提高工商登记对认定善意的作用,不应因为技术原因的不足直接对善意取得的适用进行否定。

4.公司人合性可以保障

有限责任公司与股份有限公司的区别之一就是,有限责任公司的股东人数较少、人合性较强,公司封闭性较强,保障公司的人合性是有限责任公司的特征,其股权不公开发行,亦不上市流转。基于上述特征,股东彼此之间熟知,对于股权的变动相互之间知情,大大减少了发生善意取得的可能,一般不会发生善意取得。同时,在公司内部,有限责任公司对外转让股权需要经过其他股东放弃优先购买权,并经过其他股东同意,因此几乎不可能发生善意取得的情形。

但是,这也只会限制股权适用善意取得的适用空间,不能影响股权适用善意取得的可能性,在本质上讲,善意取得是真正权利人与登记情况不一致时,对受让人对外观合理信赖的保护,只要存在登记不一致的情况就有适用善意取得的可能。

二、股权善意取得的路径分析

股权适用善意取得制度有其合理性以及可能性,对股权善意取得的制度的一般构建应当以传统的善意取得制度为根本,并根据股权特殊性和商事外观主义、公司人合性等因素对有关适用要件和适用情形进行改造,建立符合股权特征的善意取得构成要件。

（一）股权善意取得的基本理念

1. 商事外观主义

商事交易遵循外观主义,保证交易的效率与公平,从这一点上,对善意取得的适用进行否定,有商事活动中的合理性。但是,商事外观主义这一原则同样是利益衡量的结果,在利益衡量角度上,股权工商登记的确定性与不动产产权登记的公示性存在区别,存在适用善意取得的空间。在这种情况下,不能仅因单一原因就否定善意取得的适用,在利益衡量时结合商事外观主义这一要素进行综合考量,从而确定是否可以适用。在对股权进行善意取得制度的适用时,要遵循商事外观主义的基本原则,在当事人的信赖利益与真正权利人的可归责性之间进行衡量。

2. 保障公司的人合性

有限责任公司的人合性是其主要特征,维护有限责任公司的人合性是进行股权转让的前提。[①] 但是,作为受让人受让有限责任公司的股权,应当考虑到其人合性的特征,提高自身的注意义务,对于受让人注意义务的要求,影响到对其是否为善意的判定。

3. 与登记对抗主义进行结合

我国《公司法》规定,股权实行登记对抗主义,公示具有对抗的作用,有利于维护动态的交易安全。在登记错误的情况下,如果认定权利人的处分属于"有权处分"不利于对交易稳定以及第三人合理信赖的保护,反之,第三人凭借对公示的信赖进行交易,可以发生善意取得。在股权转让过程中,只有进行登记才能取得权利,而善意取得也就只能发生在,未变更登记之前这一阶段。

（二）股权善意取得一般构成要件的分析

1. 股权无权处分行为

无权处分是善意取得制度的出发点,也是股权可以善意取得的起点,无权处分是指具有享有处分权的外观,但是实际没有处分权的主体,以自己的名义处分了他人的财产。我国对于股权变动未形成统一的模式,目前主要存在意思主义与

---

① 张畅、吕凯:《有限责任公司股权善意取得制度刍议》,载《社科纵横》2020 年第 3 期。

债权形式主义两种不同的观点,主流观点是意思主义,意思主义下只要双方当事人合意真实一致签订了股权转让协议即可引起权利变动,此时股权转让合同的成立与生效不仅发生了股权变动的效果,而且其本身也是以对股权进行处分为目的,股权转让合同本身就构成了股权处分行为,股权变动意思主义下,股权发生变动乃是对股权最终归属的一种处分,若采用意思主义,在进行变更登记之前,实际上容易发生真正权利人与登记权利人相分离的情况,在这一阶段登记权利人对股权的处分为无权处分。在债权形式主义模式下,合同成立不直接产生权利转移的效果,仅仅对双方当事人产生进行股权变动的负担,不具有处分行为的效果,对股权的处分需要完成内部的名册变动以及外部的工商变更登记,在完成这一形式之后,股权才发生转移,因此,在这模式下登记权利人在这种情况下,若仅是"一股二卖"情形发生的是有权处分,不发生无权处分的情况。

在实质上,无权处分主要是真实权利人与登记权利人不一致的情况,由于当事人信赖登记所表现的外观利益而受让股权的情形,因此除了上述的"一股二卖",还包括登记错误、名义股东以及冒名登记等相关情形。

2.受让人善意的认定

"善意"是善意取得认定的核心要素。善意取得制度的本质是在真实权利人与权利受让人之间进行利益平衡,实际上是利益衡量的结果。在物权的善意取得中对善意的判断有动产的"不知道"和不动产的"不知道且不应当知道"两种标准,股权在适用标准上要做出选择,善意应当持续到何时也不是很明确。

善意的判断标准。善意取得中善意的判断标准十分复杂,在不同的权利外观类型下,善意的判断标准不同。在目前的司法裁判中,对于股权善意取得中的善意并未形成统一的做法。司法裁判中认定受让人"善意"的情形,在说理的时候,存在两种形式,一是通过解释在正面对受让人已经尽到了合理的注意义务、没有重大过失进行解释说明,例如,受让人基于对股东名册以及工商登记的信任、基于对官方文件的认可、基于对法院生效文书所表述的参考等[1],基于对上述文件的信赖而与当事人签订股权转让合同;另一种通过在凡面对"善意"进行说明,这一角度的论述主要是从真实权利人的角度进行判断论证,真正权利人负有证明受让人恶意的责任,只有真正权利人证明受让人存在非善意的情况下,才不能认定受

---

[1]　刘江伟:《有限公司股权善意取得规则的检讨与适用》,载《成都理工大学学报》(社科版)2017年第5期。

让人为善意,否则推定受让人为善意相对人。

善意的时点。对于股权的变动时点存在两种观点,分别是意思主义变动模式与债权形式主义。意思主义即为在合同成立时即发生股权变动,由于该种模式下,不存在时间段,股权的权利转移即发生在合同成立之时,因此该模式认为善意的时点为时间点,该观点主张股权转让意思表示达成一致的时点就是判断善意取得善意的时点,也就是判断善意取得的善意仅在成立合同时当事人为善意就可以认定当事人符合善意的要求。债权形式主义主张仅仅股权转让合同的成立生效不导致股权的变动,只有在完成工商变更登记时股权才发生变动,因此对于善意的判断应当从合同成立时一直持续到变更股东名册、工商变更登记时,在这一时间段内对真正权利人的存在不知道且不应当知道,只有这时候受让人才可以具有优先效力,对抗原权利人,同时这样也有利于认定善意的程度,也就是受让人的注意义务,有效平衡原权利人和受让人的利益。在当前的登记制度下,股权善意取得的"善意"认定,除对于法定的登记与公示事项的考察,仍要辅以其他多种因素,例如合理对价、是否尽到必要的调查义务、当事人之间的关系等,当事人主观心态的认定最终取决于个案具体情况的综合判断。

善意的证明。善意取得中的善意存在较多的考量因素,且有些因素较为主观,善意取得中受让人的善意也只能根据法律上的推定得出,证明受让人是否善意的举证责任分配,物权法对善意取得制度中对善意的举证责任分配问题的规定是受让人无需证明自己在交易中是否为善意,受让人的善意与否由提出主张的一方进行提供证据证明,从本质上来讲这就是受让人善意举证责任倒置原则,由对方提供证据证明受让人非善意。股权的权利外观就有对抗作用,因此受让人有充分的理由相信该权利为登记人所享有,由股权的权利外观可推定受让人对股权的真实情况不知情,若真正权利人主张受让人不存在善意,知道或者应当知道真正权利人的存在,有知道权利真实状态的可能性时,真正权利人负有举证证明受让人非善意的义务。一旦证明成立,受让人主观上就不构成善意,也就不能构成善意取得,如果所提证据无法证明或者没有证据证明受让人明知转让人对股权是无权处分,受让人应当认定为善意。

3. 以合理价格受让股权

善意取得的制度价值在于保护交易安全,保护动态的交易安全,这是对受让人利益的保护,但同时在公平角度善意取得制度也应该尽可能地平衡各方的利益,第三人在受让权利的同时应当给付相应对价,若受让人未给付将会造成利益的失衡,不利于交易安全与稳定的保护。

善意取得制度的判断较为主观,但是合理的价格是客观的状态,因此合理价格这一要件还经常被作为认定善意的客观标准。有的学者认为无偿转让财产本身就表明财产的来源可能是不正当的,一个正常理性的人应当察觉财产权利本身存在瑕疵,并查明财产的来源。如果未尽到应尽的注意义务,仍受让该财产,本身就说明受让人是非善意或有重大过失的。

另外对于合理的价格要求需要注意的是,只要对价格进行约定即可,不要求已经实际履行;对合理价格的判断应当以市场价格进行比较判断,不过分低于市场价值即为合理,属于正常的市场交易行为,不苛求与市场价值完全一致,更不要求以公司的注册资本为要件进行判断。

4. 真实权利人的可归责性

善意取得是在原权利人的权利保有与受让人的权利取得之间进行利益衡量,因此存在受让人与真正权利人两方的利益,对于受让人为言考虑其对外观的合理信赖对其利益进行保护,但是由于我国目前股权的公示存在一定的不足,存在较多错误的情形,其公示公信力较差,单纯依第三人的合理信赖进行判断忽略了对真实权利人的考虑,对真正权利人的权利有不公平的对待,因此在进行股权善意取得认定时需要对真实权利人的可归责性进行判断,从而保障对真正权利人的利益保护。① 股权在适用善意取得时需引入可归责性要件,以避免利益的天平向交易安全、第三人的利益过于倾斜,而忽略真正权利人的利益。

5. 股权完成股东名册变动

股权变动采用的两种模式,目前通说是意思主义变动模式,虽然目前学界对股权变动的模式存在多种质疑,但是本文旨在目前的制度模式下探讨善意取得制度的可适用性,固以意思主义作为构成要件讨论的要件。在股权变动意思主义模式下,合同成立即意味着股权发生了变动,但是只有进行工商变更登记才能对抗原权利人,因此必须完成股东名册才具有优先权,对权利为行使,完成名册变更才能成立善意取得。在意思主义模式下,在合同成立至变更登记之前的一段时间股

---

① 于焕超:《有限公司股权善意取得的再思考》,载《研究生法学》2017 年第 1 期。

权不能适用善意取得,在这段时间股权处于裸露状态,[①]无法进行对抗,这一问题不是本文讨论的重点,可以借助异议登记等技术手段或者对程序进行完善解决。

三、股权善意取得制度的具体类型回应

(一)名义股东处分股权适用善意取得的分析

《〈公司法〉司法解释(三)》第二十五条第一款是关于名义股东处分其名下股权的处理规则,该条规定名义股东处分股权法院可以参照《物权法》第一百零六条善意取得的规定进行处理。

1. 名义股东处分股权适用善意取得的质疑

在股权代持关系中,有三方法律关系,其中实际出资人与名义股东之间的法律关系是基于投资协议的一种相对性的合同关系,双方之间的合同基于意思自治形成,若没有合同无效的情形,双方之间的股权代持协议是有效的,双方约定实际出资人具有受益的权利,而名义股东不得以其实际上拥有股权来对抗实际出资人的权利,双方之间的法律关系由代持协议进行约束。在与公司的关系中,名义股东是股东名册以及工商登记记载的股东,其对公司负有出资义务,股东权利义务的履行均指向名义股东,实际股东与名义股东之间协议的目的即为隐藏实际出资的股东,实际出资人与公司之间没有直接关系。工商登记显示名义股东为股权权利人,受让人对于工商登记有合理的信赖,因此受让人可以基于合理信赖受让股权,同时结合《公司法司法解释三》第二十四条以及《公司法》第七条的规定,实际出资人成为公司的股东实质上是股权对外转让,需要经过公司股东过半数的同意,这是保证公司人合性的基础。[②] 综合看来,在现行法的框架下名义股东处分股权为有权处分,不构成善意取得的前提条件。即使其他股东同意实际出资人成为股东但是仍要以工商登记变更作为前提要件,如果尚未办理登记,此时公司股东仍未名义股东,对于受让人而言依旧缺乏善意取得构成要件。

2. 名义股东的处理规则

名义股东是否可以适用善意取得的问题,主要在于是否符合上述适用善意取

---

① 谭津龙:《中国有限公司善意取得的质疑—〈基于公司法解释三〉及其适用》,载《重庆大学学报(社会科学版)》(社会科学版)2019年第4期。

② 张钰涵:《代持股善意取得之界限——以法学方法论为视角》,载《甘肃政法学院学报》2019年第6期。

得的条件。首先,受让人善意的判断可以结合股权工商登记使当事人产生的合理信赖进行判断,名义股东为工商登记记载的权利人,足以使当事人产生合理信赖;实际出资人选择股权代持进行出资本身就具有一定的可归责性,应当承担因此产生的不利后果。因此是否可以确定名义股东处分股权适用善意取得的关键在于,名义股东处分股权是否构成无权处分。前述产生的质疑,仅把股权视为物权进行分析,但是目前学界主流认为股权是一种社员权,属于一种复合型的权利,不是单一的物权或债权的形式,认为股权包含共益权与私益权,应将二者进行区分对待,在共益权方面名义股东享有权利无疑,但是对于财产利益的私益权方面不妨碍实际出资人享有权利,因此对于名义股东而言,享有共益权不妨碍其不享有对财产权利的私益处分权,因此应该肯定司法实务观点认为名义股东处分股权是一种无权处分。总之,股权善意取得的关键在于真实权利人和实际权利人不一致问题,虽然二者主要是基于约定达成的财产归属,且属于合法有效的协议,应当得到保护,并有适用善意取得的空间,否则只能在恶意串通损害第三人利益情况下否定处分行为,对于股权受让人而言,无疑是不公平的。只是这里考虑到这种不一致状态是由实际出资人造成的,应当承担必要的风险,具有相当的可归责性,在此种情况下认定善意取得更为容易。

(二)"一股二卖"适用善意取得的分析

《〈公司法〉司法解释(三)》第二十七条第一款规定了股权的"一股二卖"是指股权转让后尚未向公司登记机关办理变更登记,原股东将仍登记于其名下的股权进行再次处分。"一股两卖"发生的原因在于股权转让协议生效与股权实际进行变更之间产生的时间差。

1."一股二卖"适用善意取得的质疑

我国对于股权转让模式并未形成统一的认识,在意思主义的变动模式下,在股权转让合同生效时就已经完成股权变动,在未进行变更登记时将股权再次转让,利用时间差进行"一股二卖",由于已经发生股权变动,此时股东名册或工商登记记载的权利人并非真正的权利人,第一受让人为股权的权利人,此时由于时间差,给登记股权人以进行无权处分的机会,后受让人在符合其他要件的情况下,若完成工商登记即产生善意取得的效果。而在债权形式主义中,双方当事人在签订股权转让协议后,并不会产生股权变动的法律效果,需要完成公司内部的股东名册变更登记以及在工商登记部门完成工商变更登记方能产生股权变动的效果,此时股权才会真正的归属于受让人。在"一股二卖"中,前后两个受让人都是签订了股权转让协议,但是没有进行工商变更登记,因此,前一个受让人并未实际取得股权,原股东对于其名下的股权依然享有处分权,对其为处分并不是无权处分,股权后受让人完成股权对外转让的所有程序后获取股权,成为股权的权利人,本质上不适用不属于善意取得,属于正常的交易行为,不属于该条所规定的情形。

2. "一股多卖"的司法认定

在"一股二卖"情形下是否能够适用善意取得,依然要回到善意取得的构成要件进行讨论。"一股二卖"情形下股权善意取得的构成要件应包含无权处分、受让人善意、以合理的价格受让、完成权利变更登记以及真实权利人存在可归责性五个要件。由于债权形式主义模式下在前受让人未进行登记时,未取得股权,真正权利人仍为登记权利人,其对股权的处分属于有权处分,此时对后受让人来讲,不发生善意取得,因此不在此进行讨论。

在目前的通说意思主义模式下,同时结合公司内部章程对股权转让问题的限制性规定确定的股权转让的时点,能够确定股权转让的具体时间,根据意思主义的相关规定,此时受让人已经完全地获得股权,但是由于双方之间尚未进行工商登记的变更,此时真正权利人与登记权利人之间存在登记不一致的情形,这种情况下,有无权处分发生的可能,对于后受让人而言可以发生善意取得。[①] 与一般非人动产的"一物二卖"规则不同,我国一般动产的权利转移采取债权形式主义的模式,在这一情况下,合同成立之后,尚需交付公示的行为方能转移物权,采取的是公示产生公示公信力,在未完成公示前,不需要善意取得制度的保护,前后两行为均是有权处分,不发生善意取得,先进行公示的一方取得该物的权利。而此处股权"一股多卖"情况下,根据意思主义的权利变动模式股东在股权合同转让时成立生效时已经取得股权只是没有进行变更登记,由于两者时间差的存在是有无权处分的情形和善意取得适用空间的。无权处分是善意取得制度适用的前提条件,认定股权转让人第二次转让股权的行为是否为无权处分,其本质在于认定此种情形下的股权转让人对于该股权是否享有所有权,判定出让人在进行股权转让时有权还是无权的关键在于确定所涉股权是何时进行的权利变动。就受让人善意来讲,需要将善意的判断时点明确为股权受让人取得股权权利时,也就是股

---

① 冯威:《有限公司股权善意取得的规范分析》,载《研究生法学》2015年第1期。

权权属发生变动之时。对于善意的判断标准问题应结合实际情况从主客观方面进行分析,主观上应表现为权利受让人在权利发生变动之前对登记权利人不是真正权利人这一状态是"不知情且无重大过失"的,但是对于主观的判断是不具体的,无法真正地对受让人的内心状态进行探究,所以需要借助客观的外在表现进行辅助判断,在客观上,可以以"以合理的价格转让"作为善意的标准进行衡量,价格不合理本身就是非善意的表现。另外,让受让人产生合理信赖的外观状态的呈现原因错综复杂,需要结合真正权利人的可归责性,对是否可以适用善意取得制度进行讨论,在"一股二卖"中真正权利人在合同生效取得股权后,应当及时或者及时敦促交易相对方进行工商登记变更,也可采用异议登记制度对自身权利进行维护,真正权利人不对自己的权利采取适当的维护行为,即满足了真正权利人可归责性的要求。

结　论

由于股权的特殊性,与传统的动产不动产存在较大的差异,在适用善意取得制度的过程中不能与传统的善意取得制度完全契合,善意取得制度能否在股权转让中适用学界争论不一。从利益衡量角度上讲,股权善意取得制度的建构有其必要性以及可能性,通过对善意取得制度的分析,善意取得制度的本质是在真正权利人的"权利保有"与股权受让人的"权利取得"之间进行利益衡量,在这一结论下,股权转让可以适用善意取得。但是由于股权所涉及权利较为复杂,在善意取得制度进行适用时要综合考量商事外观主义、登记对抗主义、公司人合性等问题,在对善意取得制度进行适用时需要进行变通,构建起股权善意取得的一般认定路径。

在"名义股东""一股二卖"等特殊情形适用过程中虽然有一定的差异性,但不影响无权处分这一善意取得前提要件的认定,严格对真正权利人与公示记载的权利人不一致的状态下,真正权利人的可归责性进行认定,并对受让人善意的认定应当提出比一般不动产登记提出更高的标准,关键在于比较一般构成要件基础上,针对不同的情况分别来进行利益衡量。

公司决议行为不成立的实践探究

摘　要:近几年公司决议纠纷数量非常多,而"决议不成立"一词在《公司法解释四》出台之前就已经存在并且运用。该《解释》出台回应了实践需求,但在实践中,"决议不成立"制度适用存在很多问题,比如"决议不成立"与"决议无效"和"决议可撤销"制度混同、"决议不成立"的认定说理不足等。特别是"决议不成立"的认定标准问题,《公司法解释四》的兜底条款基本没有适用的空间,"严重程序瑕疵"的考量过于抽象化,法院在裁判时难以把握。这些问题的产生,没有先行界定公司决议的性质是其重要原因。因此本文从司法实践出发,探究潜在问题,在此基础上以法律行为理论对决议不成立制度加以分析,以期为司法实践作一指引。

关键词:司法实践　公司决议行为　决议不成立　法律行为理论

一、引言

随着我国商业的不断进步与革新,大量的有关公司决议纠纷的相关案件进入法院,特别是公司决议效力确认之诉等案件成倍地增长。公司决议是公司意志表达和意思形成的重要形式。在《关于适用〈中华人民共和国公司法〉若干问题的规定(四)》(以下简称《公司法解释四》)正式确立"决议不成立"制度后,我国公司决议瑕疵制度体系得到了修复与补正,决议瑕疵制度由"二分法"变为"三分法",回应了实践需求。但"决议不成立"制度在具体运用上,还是存在较大问题,

---

[*]　杨纪红,女,山东济南人,济南大学政法学院 2020 级法律硕士,主要研究方向民商法。

特别是对"决议不成立"的认定,在实践中认定标准非常混乱,《公司法解释四》第5条第5款也形同虚设,学界对决议瑕疵制度的研究也逐渐由理论上制度引入转变为制度上的实证研究。

公司决议系一种法律行为基本得到学界认可,以一般法律行为理论为蓝本,构建公司决议不成立法律制度,有利于促进我国决议瑕疵纠纷体系建设,丰富决议瑕疵理论的内涵,对指导司法实践、维护当事人合法权益具有相当大的帮助作用。特别是对司法实践中法官裁判思路的影响,从以往的将决议瑕疵程度作为判决标准转变为以决议内容和决议形成程序作为标准,而主要通过公司法及司法解释解决主体间的商事纠纷,无需寻求其他救济手段,此种思路转变一方面有利于指导法官正确援引法律处理纠纷,另一方面也有利于回归公司法作为特别法的本质。

随着《中华人民共和国民法典》(以下简称《民法典》)的出台,决议行为也正式成为一项法律行为。但现有法律对决议行为不成立的规定过于抽象化,实践中决议不成立制度适用存在很多问题,特别是如何界定"决议不成立"。笔者在搜集相关资料时,发现决议瑕疵制度研究力度还是很小的。国内相关论文中,对决议瑕疵这部分的研究比较多,但是单独对"决议不成立"制度的研究的文章、期刊屈指可数。国内相关学者对"决议不成立"也仅仅是在公司内部治理章节中,谈及公司决议瑕疵时对其有所涉及,但目前尚未有一本专门的理论图书。而国外大多数学者在介绍本国公司法基本内容时,也仅仅时略有涉及,虽然一些德国学者认为除了无效的决议和可撤销的决议外,公司决议还有一种"悬而未决的不生效力",但是德国公司法并没有明确规定决议不成立制度。

故本文搜集大量司法案例,运用实践分析法对该制度进行了分析,探讨实务界存在的标准不一、说理不足等问题,最后以法律行为理论出发,对"决议不成立"的认定问题给出了建议。本文主要是对相关案例进行梳理和汇总,分析规律背后反映的基本问题,但是囿于案例搜集的偶然性、样本的不全面性,加上理论知识的不足,笔者对问题分析的深度和广度都远远难以企及,甚至不够非常准确,但仍然希望自己的研究结果能够有助于制度的构建和完善,以期能够为司法实践提供指引。

笔者通过中国裁判文书网,检索"公司决议纠纷"相关案件,截至2021年3月,共计查找到4928起涉诉案件,其中民事案件共4706起。笔者截取了2010年至2020年的数据,对其进一步分析。另外,考虑到公司类型的典型性和代表性,本文基本上是以股东(大)会决议为主要的研究对象。

二、宏观上对决议行为不成立的实践分析

(一)公司决议纠纷案件数量增多

如图1所示,对于公司决议纠纷案件,总体上呈现逐年递增的趋势,特别是2017年、2018年增幅非常大,近两年有饱和之势。笔者认为,这与2017年9月1日出台的《公司法解释四》,第一次明确规定"决议不成立"规则有很大渊源。与此相对应,我们在图1中可以非常清楚地看到在2017年之前,只有零星几起案件运用了"决议不成立"这一表述,而在2017年之后"决议不成立"案件在《公司法解释四》出台后势头猛增。2020年,"决议不成立"所涉案件已经超过公司决议纠纷案件总数的三分之一。

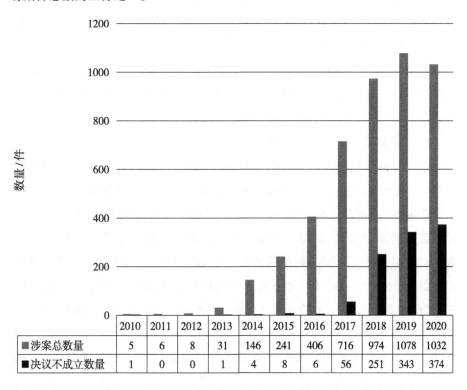

	2010	2011	2012	2013	2014	2015	2016	2017	2018	2019	2020
■涉案总数量	5	6	8	31	146	241	406	716	974	1078	1032
■决议不成立数量	1	0	0	1	4	8	6	56	251	343	374

图1　公司决议纠纷案件数量

（二）"决议不成立"一词产生较早

如图 1 所示，2017 年以前，虽然法院罕见运用"决议不成立"这一表述，但事实上也不乏"决议不成立"的情形。很少部分法院认可了"决议不成立"的效力，比如毛成荣与杭州中哲投资管理有限公司公司决议效力确认纠纷一案①。不过，鉴于法律没有明确规定该制度，在更多的情况下，法院以不符合"决议无效"或者"决议可撤销"的要件而驳回。比如在楼某、楼某为与被告浙江某汽车贸易有限公司与浙江某汽车贸易有限公司公司决议纠纷一审中，一审法院法官以杭州某某司法鉴定所作出的杭州明某（2009）文检鉴字第 149 号司法鉴定意见书为依据，认定所送检材中"楼某"的签名不是楼某本人书写，并且，根据掌握的证据显示，决议中"楼某"的签名不能排除是由王某代书的。因此，法院认为，该案股东会决议书中的股东签名是伪造的，在该股东不认可的情况下，股东会会议表决结果没有达到二分之一的要求，这属于严重程序瑕疵，应当属于决议不成立范畴②。但法院最终以不符合决议无效要件（即没有充分证明决议内容违反法律、行政法规）没有支持原告请求确认决议不成立的诉请求。

由此可见，在实践中已经存在某种严重程序瑕疵的情形，介于"决议无效"和"决议可撤销"之间，需要法律对此进行规制，而《公司法解释四》的出台恰好回应了实践需求。

（三）决议不成立制度与其他制度混同

在 2017 年之后的法院判决中，虽然规定了决议不成立制度，但该制度并没有得到恰当运用，而是与决议无效和决议可撤销制度混合。比如在陈泽宇与薛毅、宁夏铁通物流有限公司确认合同效力纠纷一案中③，虽然原告在一审中是请求法院认定"股东转让协议"和"股东会决议"无效，但是法院认为，鉴于"股东转让协议"及"股东会决议"不成立时的后果或许与"决议无效"并没有实质上的差别，所以考虑到司法实践，在本案中直接作出了"股东转让协议"及"股东会决议"不成立的判决。除此之外，还存在很多法院在裁判相关案件时，混淆了"决议不成立"

---

① 毛成荣与杭州中哲投资管理有限公司公司决议效力确认纠纷案，浙江省杭州市江干区人民法院民事判决书（2015）杭江商初字第 271 号。

② 楼××、楼××为与被告浙江××××汽车贸易有限公司与浙江××××汽车贸易有限公司公司决议纠纷案，杭州市拱墅区人民法院民事判决书（2009）杭拱商初字第 78 号。

③ 陈泽宇与薛毅、宁夏铁通物流有限公司确认合同效力纠纷案，银川市兴庆区人民法院民事判决书（2020）宁 0104 民初 1252 号。

和"决议可撤销"两种情形。

"决议不成立""决议无效"和"决议可撤销"的混同,一方面法院或许是出于降低原被告双方的诉累、提高法院审理案件的效率等等的顾忌,这对于司法资源的节约来讲是有利的。但另一方面也在某种程度上侵犯了股东的权益。如钱玉林教授所言,决议瑕疵的三种形态显然是不同的,决议无效的"无效要件"是决议内容违反相关规定,此时,审查的对象是决议的实质内容,而审查的标准则依据法律或行政法规,这里的法律、行政法规仅仅指的是强制性规定①。与之对应,决议不成立的"不成立要件"则是在决议形成过程中,发生了严重的瑕疵,与决议内容完全无关,"决议无效"和"决议不成立"存在"质"的区别。而决议是否构成"可撤销",则是在满足决议的"成立要件"和"生效要件"前提下进行认定的,程序正义是法律所要求的,那当程序存在足以影响因决议所建立起来的法律关系的公正性或正当性时,可以撤销该程序下作出的决议。决议不成立制度与其他瑕疵制度的混同,一方面体现法官专业能力和专业素质的欠缺,另一方面也体现了决议不成立制度的不完善。

(四)认定"决议不成立"的说理不足

当事人申请确定决议的效力的,法院一般按照"谁主张谁举证"的原则,仅对原告主张"决议不成立"的理由进行审查,确定证据是否确实充分。笔者通过无讼案例网,检索"决议不成立""公司法",决议效力确认纠纷、决议纠纷,按照不同年份,随机选取了50个有效样本案件,对法院判决的法律援引进行了分析,如表1所述。

表1 "决议不成立"判决法律援引统计

援引法律的情况	案件数量
驳回"决议不成立"主张	8
笼统援引《公司法解释四》第5条	15
援引《公司法解释四》第5条第1项	10
援引《公司法解释四》第5条第2项	4
援引《公司法解释四》第5条第3项	3

---

① 钱玉林:《股东大会决议瑕疵的救济》,载《现代法学》2005年第6期。

援引法律的情况	案件数量
援引《公司法解释四》第 5 条第 4 项	5
援引《公司法解释四》第 5 条第 5 项	1
援引公司法其他规定	4

分析各法院的判决,发现法院在涉及"决议不成立"的法律援引方面,主要有三种方式:第一种是直接援引《公司法解释四》第 5 条哪一项;第二张是依据《公司法》和《公司法解释四》的相关规定,但并未指出《公司法解释四》第 5 条哪一项;第三种则是不涉及该解释,仅对《公司法》关于召集程序、表决方式等程序性规定进行说明和援引。先界定公司决议的性质,接着依据决议性质选择不同的法律适用,这种方式运用的较少。有学者在做实证调研的时候,发现"在 147 个样本案件中,仅有 32 个案件中的法院对公司决议的性质进行了认定,而余下案件中的法院都没有提及公司决议的性质"。而笔者在随机抽取的案例中,没有发现任何一个法院提及公司决议的性质。然而正确适用法律应当首先明晰争议焦点的性质,即属于何种法律关系,然后再去选择援引哪些法律规范。在这些样本案件中,法院在没有先界定公司决议的性质,就直接援引法律,这样的判决势必会导致结果的不合理性。

还需要指出的是,法院在认定"决议不成立"时,主要是依据《公司法解释四》第 5 条前 4 项的内容,比如在汉唐艺术品交易所有限公司与北京东方文化资产经营公司公司决议效力确认纠纷一案中①。《公司法解释四》虽然采取了兜底条款的方式,将"其他情形"进行了兜底,但是在实践中很少有法院运用这一条。笔者在分析样本案件时,发现在 40 起法院援引《公司法解释四》案件时,仅有 1 起的案件援引了第 5 条第 5 项"其他情形"的规定②。这或许与该条款规定不够明确有关,没有给出决议不成立的一般原理,很可能会在实践中产生自由裁量权过大或者过小的问题。

---

① 汉唐艺术品交易所有限公司与北京东方文化资产经营公司公司决议效力确认纠纷案,北京市高级人民法院民事裁定书(2019)京民申 917 号。

② 最高人民法院《公司法司法解释(四)》第 5 条。

三、微观上对决议行为不成立的实践分析

通过无讼案例网,笔者重新选取了 40 起涉及决议行为不成立的典型案例,具体样本选取方法是随机选取 2017 年 9 月前和 2021 年各 5 个有效案例,然后又从 2018 年、2019 年和 2020 年随机各选取了 10 个有效案例。通过对 40 起案例的分析,整理出司法实践中认定公司"决议不成立"的四种主要情形,与前文检索结果一致,虽然"决议不成立"案件涉及决议产生、形成、生效的各个阶段,从该顺序看,包括召集主体不适格、没有召集权限、伪造签名、未依法履行召集通知义务、违反召集顺位、没召开股东(大)会、出席会议人数不符合规定、持有表决权股东的股东比例不够或者人数不足、未表决决议、表决事项与通知事项不符、表决结果未达规定等。但在实践中,"决议不成立"的情况依然主要是《公司法解释四》中的第一至四项所列举的内容,如图 2 所示。

案件数量

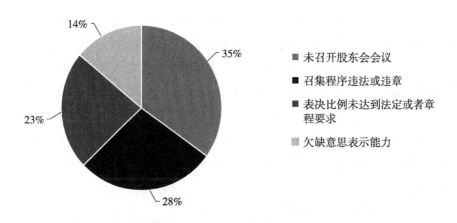

图 2 "决议不成立"的四种情形统计

（一）未召开股东会会议

在关于"决议不成立"相关案件中,法院认定"决议不成立"的情形主要发生在"未召开"或者"未实质召开"股东会决议这种情况中,未召开股东会会议的占比最大,达到 35%。法院认定该类决议"不成立"一般分两步,首先是看该决议是否是公司章程所确定的"可以不召开"的决议类型,然后再确定是否未召开或者未实质召开。确定决议"未召开"或者"未实质召开",认定标准主要是考虑是否

有会议记录、股东是否知晓、会议记录上签名是否是本人签署以及是否有授权署名。比如在汉唐艺术品交易所有限公司与北京东方文化资产经营公司公司决议效力确认纠纷一案中①,在 2016 年 6 月 15 日的董事会决议上,李桦的签字并非其本人签署,且无证据表明李桦曾委托或授权他人参加本次董事会并代其表决、签字。因此法院认为,"汉唐公司的证据不足以证明召开过涉案董事会,其作出的涉案董事会决议欠缺决议成立要件,根据《公司法解释四》第五条规定,原审法院认定该董事会决议不成立并无不当。"郜强与南召县恒兴架工工程有限公司公司决议纠纷一案也体现了这些考量标准②。

　　需要注意的是,关于未召开的情形在《公司法解释四》规定出台之前就已经大量存在,很多法院依据"未召开决议"认定"决议不成立."比如在刘同明与青岛沈源水务科技有限公司公司决议撤销纠纷一案③,法院对《公司法》对股东会议的召集、会议通知等规定得比较完善,对会议记录的记载和署名,以及议事方式和表决程序等也都作了明确的指令。原告作为被告方认可的股东并未接到开会通知,也未参加该次会议,更未在决议上签名,决议上系他人冒名签字"。"被告无证据证实召集、召开过该次修改公司章程的股东会。亦无证据证实全体股东书面同意修改章程的意见。"因此该次股东会是"虚构",该股东会决议从根本上来说是不成立的。该法院并没有僵硬的认定因为欠缺决议无效或者可撤销要件就认可决议的效力,而是充分发挥其自由自由裁量权,如该院所言,"股东会是有限责任公司的最高权力机构和意志机关,体现全体股东的共同意志,行使职权一般是涉及公司经营发展的重大事项。""因不存在该次股东会决议,所以不存在原告所主张的无效或可撤销问题。"蔡海玉与湖北北新港务有限公司、郭戍一案也是作了类似判决④。

　　(二)召集程序违法或违章

　　"决议不成立"情形按数量上来讲,居次的是召集程序上的瑕疵,主要表现为

---

① 汉唐艺术品交易所有限公司与北京东方文化资产经营公司公司决议效力确认纠纷案,北京市高级人民法院民事裁定书(2019)京民申 917 号。

② 郜强与河南永安水泥有限责任公司、南召县恒兴架工工程有限公司案外人执行异议之诉,河南省巩义市人民法院民事判决书(2020)豫 0181 民初 3662 号。

③ 刘同明与青岛沈源水务科技有限公司公司决议撤销纠纷案,山东省青岛市即墨区人民法院民事判决书(2014)即商初字第 1600 号。

④ 蔡海玉与湖北北新港务有限公司、郭戍案,湖北省团风县人民法院民事裁定书(2016)鄂 1121 民初 573 号。

未履行通知或公告程序。在杜正尧与李小雄公司决议纠纷一案中,李小雄未履行通知股东参会的义务,法院认定其"决议不成立"①。在新疆建中建筑工程有限责任公司、宋爱珍与宋珊珊、王金华一案中②,法院也做了相同的判定,即"没有证据证明建中建筑公司可以在不直接通知股东的情况下径行以在报纸上发布公告的方式通知股东召开股东会会议的事宜。同时,建中建筑公司于 2017 年 2 月 12 日召开股东会形成的决议也并不符合建中建筑公司的公司章程第十一条第二款的规定。"所以涉案股东会决议不成立符合法律规定。在此类召集程序违法的案件中,法院主要是分两步进行考量。首先考虑是否存在召集程序不符合《公司法》和公司章程的规定,主要是分析是否有充分的证据证明履行了通知或者公告的义务,如果没有,则属于"召集程序瑕疵"。第二步,在存在某种召集程序瑕疵的情形下,再来考虑该瑕疵是否足够"重大",以至于对该决议造成了实质性的影响,若瑕疵不足以对决议造成实质性影响,仍然不能认定"决议不成立"。比如在广东舜会网络科技股份有限公司、周涛公司证照返还纠纷二审中,法院就作出了不符合"决议不成立"的认定③。

(三)表决比例未达到法定或者章程要求

表决比例没有符合《公司法》要求或没有符合公司章程的内容,这种情形在"决议不成立"案件中比重也是很大的。这里未达到法定表决比例的案件数量明显少于不符合公司章程的规定的案件。公司章程系当事人意思自治的范畴,具有法律效力,只要公司章程不存在违反法律,不显然违背公平正义,法院不应该对此过多干涉。王素兰、司玉珍公司决议纠纷一案中④,曲阜设计公司章程规定了全体股东表决通过的公司决议情形,其中包括修改公司章程。而该公司 2016 年 9 月 24 日召开股东会,修改公司章程关于股东表决方式的规定。法院依据"实际上并未形成规范的股东会决议,只是以决议事项代替决议","并且上述章程的修改,并未经该公司全体股东表决通过,未达到公司章程约定的表决比例。"故该决

---

① 李小雄与杜正尧、梁普公司决议纠纷案,四川省南部县人民法院民事判决书(2017)川 1321 民初 4349 号。

② 新疆建中建筑工程有限责任公司、宋爱珍与宋珊珊、王金华第三人撤销之诉案新疆维吾尔自治区高级人民法院民事裁定书(2019)新民申 518 号。

③ 广东舜会网络科技股份有限公司、周涛公司证照返还纠纷案,广州市中级人民法院民事判决书(2018)粤 01 终 22223 号。

④ 曲阜市建筑设计有限公司、王素兰公司决议纠纷案,山东省高级人民法院民事裁定书(2020)鲁民申 824 号。

议行为不成立。

（四）欠缺意思表示能力

欠缺意思表示能力在样本案件中比重最小,占比达 14%。北京海淀区人民法院对"决议不成立"认定标准运用逐渐体系化,并且注重对股东意思表示能力的考察,在中国优生优育协会等与北京东方中青投资发展有限公司公司决议纠纷一案①,以及徐某等与北京光耀东方羊坊店购物中心有限公司公司决议纠纷一案中都有所体现②。山东省的法院对此也有借鉴,比如山东东华医疗科技有限公司、徐秀芳公司决议撤销纠纷一案中③。该意思表示能力欠缺情形下的法院认为,"参与会议的股东必须具有相应的民事行为能力才能作出决议,限制民事行为能力人作出的表决行为需要得到法定代理人同意或追认,否则无效。"表决无效进而影响到表决比例是否达到法定要求或者符合公司章程规定,从而影响了决议是否成立。可见法律行为理念中的"意思表示能力"在认定决议行为是否成立时也是有重要的考量。

四、决议行为不成立的实践反思

《公司法解释四》确立的"决议不成立"制度带来的实践问题尚未顺利解决。检索并分析相关案件后,笔者发现,一些法院在处理决议不成立纠纷时,说理明显不足,未指出不成立决议符合哪一种情形,而是直接笼统地援引《公司法解释四》第五款规定,实则是以决议瑕疵程度的大小作为判断标准。一些法院更多地追求办案效率,背离法条之原意,大量判决于法无据,同时也造成了损害相关主体权益的不良后果,因此亟待厘定决议行为不成立之要件,避免错判乱罚。"相对简单的规定——只涉及被告和不成立的原因——不仅为解释提供了广阔的空间,也要求解释的介入"④,决议不成立的微观情形、法律效果以及"导致决议不成立的其他情形"的范围等问题都需要进行解决。援引法律行为一般理论可以作为妥善处理

---

①　山东圣鑫键合胶凝材料有限公司等与北京东方中青投资发展有限公司公司决议纠纷案北京市高级人民法院民事裁定书(2019)京民申 2181 号。

②　徐某等与北京光耀东方羊坊店购物中心有限公司公司决议纠纷案,北京市海淀区人民法院民事判决书(2017)京 0108 民初 28442 号。

③　山东东华医疗科技有限公司、徐秀芳公司决议撤销纠纷案,山东省高级人民法院民事裁定书(2020)鲁民申 4653 号。

④　殷秋实:《法律行为视角下的决议不成立》,载《中外法学》2019 年第 1 期。

前述问题的有效途径。

（一）法律行为理论下的决议行为

关于决议行为性质，主要有以下几种争论。

1. 共同行为说

此种学说的划分依据有二：一是意思表示的数量，二是意思表示作出的对向。以此为依据，法律行为包括三种类型，即单方行为、双方行为与共同行为。该说认为，这种共同行为下的决议系不同的适格主体基于成员内部意思表示而产生的，这种意思表示应当是平等的并且是一致的，但是这里的一致性不仅仅是"全部的一致"，也包括"大部分的一致"，故共同行为相应的也有两种类型，一种是意思表示全体一致的，另一种类型是意思表示多数一致的。这是因为决议行为对意思表示一致性的要求是各异的，有的无需意思表示一致，仅需多数人合意，只要意思表示方向是一致的。日本学者多持该观点，如我妻荣、山本敬三等学者，都表述到决议是方向相同的两个以上意思表示合致成立的共同行为。我国台湾民法学家王泽鉴教授也认为，决议是社员平行意思表示趋于一致而成立的共同行为。我国王利明、韩长印、许中缘等学者亦认为，决议是基于两个以上共同意思表示一致而成立的共同法律行为，意思表示的同向性令决议行为纳入共同行为的范畴。

2. 特殊多方法律行为说

该说认为决议行为属于特殊多方法律行为，立论点主要是批判共同行为说。其依据在于，首先，共同行为在本质上要求意思表示的一致性和同向性，但是决议行为在进行过程中，却有同意和不同意这样相反的观点，两者是相冲突的。其次，共同行为贯彻民法中的意思自治理念，只有在行为人自愿表示接受该约束时，才能对其产生效力，而采用多数决的决议对那些没有表示自愿接受约束，恰恰作出反对意见的成员也存在效力。最后，共同行为注重考察每个行为人有无存在一个共同的意思表示的结果，而不对如何形成共同意思的过程加以干预，而"决议"。核心在于程序正义，"决议"的效力如何与于行为人单个意思表示的内容无关，关键在于认定"决议"产生过程是否合法。我国大陆学者大都赞成第二种学说。

3. 意思形成说

该说认为"决议"系基于社团意思而产生的一种行为，具体又有两种不同观点。弗卢梅认为，法律行为包括单方法律行为、合同、共同行为和决议。"决议并不调整参与制定决议的人们个人之间的关系，而旨在构筑他们共同的权利领域或者他们所代表的法人的权利领域","在重大问题上,在对外从事行为之前,还必须先在内部形成社团的意思"。我国部分学者认可"决议"是基于社团意思而产生的一种行为,但并不能成为一种法律行为。因为在法律行为的规则本质上要求意思自治,"决议"中存在的更多的是表意冲突,这正是为何"精英判断"管理模式不能替代"决议"的原因所在,内部决议的成员间存在的是"合作性博弈","决议"正是重在通过程序来确定其正当性。

　　笔者认为,"决议"系一种民事法律行为,但是是独立于单方、双方、多方法律行为之外的特殊的法律行为。首先,共同行为说实际上是将作出决议的主体和参与表决的主体混同了,如前所述,多方法律行为的多个成员的意思表示并没有丧失独立性,而"决议"产生后,使得个体的意思表示丧失了独立性,变成了"全体意思表示"。如李宜琛所谈及的,"决议"作为一种集合行为,是以集合多数当事人的意思表示而产生的,集合行为的多数意思表示被融合,从而丢掉了本身的独立性,剩下的只是"结合的意思表示"。其次,将"决议"归属于一种特殊多方法律行为在逻辑上是很混乱的。一方面,多方法律行为以多方主体的名义作出,如果产生纠纷,第三人应以全部的成员作为被告,而公司决议发生纠纷时,第三人提起诉讼则是以公司作为被告。另一方面,法律行为是民事法律主体旨在构建法律关系而作出的意思表示,所以涉及数个主体时,法律行为会在多主体内建立一种相互的权利义务群,但是"决议"作出后,成员之间并没有出现权利义务,不需要对彼此承担责任,除非违反法律规定侵犯到其他成员的权益,因此,两者也产生了的冲突①。

　　法律行为主要包括民事主体、意思表示、权利义务关系三个特征,因此,对于公司决议行为性质的确定也应该如此考察,将这三个特征与决议行为作出过程一一对应,分析决议行为所涉及的内容是否与其特征相统一,从而对"决议"是否归属于法律行为做出判断。"决议"属于法律行为在学界基本达成一致,基本点在于意思自治。《民法典》继续沿用《民法总则》第 134 条第 2 款之规定,在法律行为分类中使用了"决议"一词②,在法律层面明晰了决议行为民事法律行为之地位。第 134 条第 1 款是对法律行为类别的通常之规定,第 2 款则是关于决议行为的特殊之规定,由此看来,立法机关也赞同决议行为是一种特殊的法律行为。"决

---

① 徐霞晖:《论决议行为的效力瑕疵》,中国政法大学 2020 年硕士论文,第 14 页。
② 《民法典》第 134 条第 2 款。

议"与相近法律行为类型最大的不同是当事人意思"多数决",当然在某些情形下决议行为是"一致决"或"一票决"成立。"决议"具有不同于相近法律行为的意思"多数决",正体现了《民法典》第 134 条第 2 款特别的立法安排。

（二）公司决议行为与合同、共同行为的区别

公司作为法人,享有独立的民事主体资格和独立的法人人格,并享有意思表示的能力。决议是公司表达意思表示的一般表现形式,公司决议是公司意志的载体。但公司人格体现着拟制性和抽象性,需要凭借股东（大）会、董事会作出决议。决议行为作为一种特殊的法律行为,不同于合同和共同行为,差异主要体现在以下几个方面。

1. 适用领域不同

决议行为的适用领域不仅仅是在法人和非法人组织之间,除公司决议外,也适用于农民集体决议、业主大会或业主委员会决议、按份共有人决议、合伙企业决议等等。梁慧星教授认为,"决议,一般亦由多个意思表示构成。决议多见于团体法之中,如股东会决议、业主大会决议等"[1]。合同则主要体现在合同法领域,注重当事人之间的要约和承诺。从根本上将,共同行为体现的是多数团体成员就内容相同和平行并列的意思堆积,其实仍属于单方法律行为,调整成员个体自身的权利与义务,适用于密切联系的个人联合体。

2. 成立要件不同

决议行为的构成要件则体现了程序性,程序性又集中体现为在决议行为的多数决或者一致决。合同行为突出当事人合意性特点。共同行为则仅要求当事人追求的利益方向一致性。决议无效或者决议可撤销都是在决议已经成立的基础上讨论的,如果决议压根尚未成立,何谈决议是可撤销的,何谈决议效力与否?

3. 意思形成过程不同

德国学者汉斯·布鲁克斯认为,"决议是人的团体（如公司、社团）中的多人所作出的指向一致的意思表示。他们被平行地向团体负责人作出,其目的是规定团体的内部法律关系"[2]。决议行为是组织中个体共同地作出意思表示,且该意思表示具有内容上一致性,社团成员虽然做出的决议具有同向性,但根据多数决

---

① 梁慧星:《民法总论》,法律出版社 2017 年版,第 173 页。

② ［德］汉斯·布鲁克斯、［德］沃尔夫·迪特里希·瓦尔克:《德国民法总论》,邵建东译,中国政法大学出版社 2000 年版,第 76 页。

作出意思表示后,个体的意思表示就不再具有独立的形态。合同主要表现为一方要约一方承诺,合同双方意思表示的行为是相互且独立的。共同行为在每个人意思集合后并没有排除个人意思的独立性,这与决议行为是不同的。

4.法律效力不同

决议行为与合同行为在法律效力方面存在本质区别,一般来说,当瑕疵存在于参与决议的团体成员个体上时,并不会改变决议行为的效力,除非这种瑕疵特别重大,根本不可能满足法律或者章程上的召集程序或者表决方式。对于前者而言,假如决议主体不适格、股东未表示同意决议内容,但如果这种轻微瑕疵不会对公司实体决议造成实质性的作用,那将不会对决议行为的法律效力产生任何影响。而对于后者,当瑕疵存在任何一方当事人的意思表示之上时,都直接影响合同效力上的瑕疵。

(三)决议行为不成立要素具体化

《公司法解释四》确立决议不成立适用的事由虽然采用了列举式规定,但该事由过于抽象,再加上第5项的兜底规定,一方面使得在实践中不可避免地发生这种情形:原告股东以抽象化事由为根据,向法院提起"确认决议不成立"的诉讼。另一方面,也会存在相当多的诉讼,因瑕疵事项是否含有这些抽象化事由尚不明确,必须由立法者或者司法者作出解释。若不能归纳此类抽象化事由,那将给审判人员援引法律带来很大的难度。

"决议不成立"这一制度存在的土壤,源于决议的独特性质,即决议行为系特殊的、注重程序的法律行为。首先,在本质上,决议行为属于法律行为,这种定性使得决议可以适用法律行为的一般理论,进而分离了决议的成立和生效。其次,还需要注意决议的特殊性,即决议的程序正义,如前所述,这也是决议行为与其他制度的本质区别。"决议不成立"的原因源自程序瑕疵,绝不是源于单个股东的个人意思瑕疵。

法律行为理论下,"决议不成立"应当在包含两种模式,一种是决议不满足最低要件,另一种是最低要件有重大的瑕疵。最低要件应当是法律行为的基本成立要件,即适格主体、意思表示和行为目的。首先,主体不适格的情况包括三种,一是未召开股东会做出的决议,二是非股东会作出的决议,三是超越职权作出的决议,主体是否适格可以以是否存在召集、股东表决和会议记录为证明。其次,决议形成也需具备意思表示,而决议行为的成立也是基于意思表示,在公司等人合组织中,这体现为股东的"多数决",但该意思表示难以掌控,所以必须依靠一套严密地程序进行规制,详细地说,应首先遵守组织召开会议程序、限定与会人员的最低数量、某件事情必须通过投票、投票要达到"多数决"。再次,决议须以发生一定的法律效果为目的而作出,一项行为属于民事法律行为,那这项行为必须以设立、变更、终止民事法律关系为目的。

　　决议行为的形成与存在都离不开三项原则:私法自治、正当程序与民主决策。正当程序本身含有鲜明的顺序性特征,如果不具备前置程序,那将会使得后置程序合法性的根基动摇①。因此,在具体操作上,我们可以分两步走,首先确立决议最低要件是否存在,如果存在适格的召集主体、适格的参会人员和适格的表决主体,并就同一明确的事项达成"一致"或者"多数一致"的表决,即可以认定存在决议成立的最低要件。然后在此基础上,再讨论可能导致"决议不成立"的严重瑕疵,比如召集程序是否符合《公司法》和公司章程规定、出席人数和表决比例是否达到法定或章定要求等等。

---

① 李建伟、王力一:《公司决议不成立之诉实证研究——〈公司法解释四〉出台前审判创新实践的价值发现》,载《经贸法律评论》2020 年第 3 期。

浅析对赌协议的法律适用

路维政[*]

摘　要:2019 年 11 月 14 日,《全国法院民商事审判工作会议纪要》发布,首次对于对赌协议做出了具体的处理意见,明确了股份回购条款并非一律无效。虽在实务的对赌协议操作中仍存在着股东抽逃出资、减资程序、利润的分配标准等问题,但是对于鼓励投资方对于实体企业的投资、缓解企业融资困难、平衡投资人和公司之间的利益具有巨大的促进作用。因此,本文针对对赌协议在实务中引发的问题,从学理的角度出发,根据对赌协议的概念和产生的价值,浅析《九民纪要》中对赌协议在当前的风险和适用的方法,提高投资者的风险意识、解决司法实务中的困扰,保证投资人的利益和推动市场经济的发展。

关键词:对赌协议　股份回购　法律适用

一、对赌协议的释义与价值

(一)对赌协议的释义

对赌协议,又称估值调整机制,是指投资人与融资方在达成股权性融资协议时,因为投资人与目标公司信息不对称、对公司估值不准确、发展预期未固定而适用的包括股权回购、金钱补偿等方式来进行调整投资风险的协议。[①]

对赌协议中的双方主体主要分为:投资人与公司股东、投资人与目标公司和

---

　　[*]　路维政,男,山东济宁人,济南大学政法学院 2020 级法律硕士,研究方向民商法学和劳动与社会保障法学。

　　[①]　彭斌:《对赌协议第一案分析》,载《北京仲裁》2012 年第 3 期。

投资人与目标公司的股东、目标公司签署对赌协议。对赌协议之所以逐渐受到中国市场的青睐,很重要的因素在于其自身结构带来的价值调整机制。在一个完整的对赌协议中,股权投资者将资金投入目标公司从而获得股权,另一方为目标公司、公司的股东或者公司＋股东的模式。目标公司通过与投资者进行约定,在特定的经营期限要进行上市或完成经营的目标,如果未完成目标公司要向投资者回购股权或者进行赔偿。对赌协议由于所产生的法律后果的不确定性和偶然性,表面上类似于赌博的行为,但和赌博存在本质上的区别。对赌协议本质上是投资方进行价值评估后做出的投资选择,而投资方之所以做出赌博式的投资策略的背后原因是信息差的存在。在投资市场中,投资人对目标公司的盈利和资产状况无法做到足够的了解,投资方和目标公司的信息差不断被扩大,为了化解投资的风险增加收益,在信息不对称的情况下投资人势必会先进行一系列的价值评估和风险预测。在进行价值评估,了解目标公司真实经营状况和经营风险后,投资者再据调整其投资的方案。投资方在信息不对称的情况下经过价值评估,做出的投资方案虽然大大降低了投资的风险,虽不同于真正的赌博行为,但是对于结果还是具有一定的不确定性,因此投资方和目标公司的融资协议被称为对赌协议。

对赌协议的法律性质问题,我国的相关法律始终没有做出一个明确的解释,学术界对于这个问题也有不同的观点。笔者采取多数说的观点,认为对赌协议属于射幸合同从而对对赌协议的法律性质问题进行阐述。射幸合同最鲜明的特点是结果发生的偶然性和双方利益的不对等,多数学者认为对赌协议属于射幸合同主要从两个特点出发认定。一方面,对赌协议往往约定的是目标公司未来的盈利状况或者是未来某一时间能否上市,在签署对赌协议之时约定的事项还未发生,当事人无法确定实现既定的目标和结果的必然。因此,对赌协议符合射幸合同结果发生偶然性的特点。另一方面,在对赌协议中双方当事人不符合等价有偿的民事合同原则,如果完成了对赌协议中的约定,目标公司应当对投资人进行分配股权或者其他奖励。相反,若是未能完成对赌协议的约定,目标公司要进行赔偿甚至有失去公司的可能性,从这点来看,对赌协议也满足射幸合同双方利益不对等的要求。因为对赌协议具有结果发生偶然性和双方利益的不对等性,为了维护市场秩序和社会公序良俗,我国法律对射幸合同的规定非常严苛。例如,最为典型的射幸行为赌博,就被大多数国家认为是非法的,在我国也不被认可。对赌协议作为射幸合同,其合法性并未被我国法律所规定,因此在讨论对赌协议的合法性问题时,要严格依照合同法的规定,从合同的主体、意思表示、合同内容、公序良俗这四个方面出发。其中争议最大的就是对赌协议的内容是否合法,是否体现等价有偿。对赌协议从其内容上来看,是双方意思自治的结果,原则上并不违反我国法律的强制性效力规定。对赌协议中双方的风险并存,在签署协议之时,双方对未来能否实现目标均不确定。但是投资人在投资过程之同样是具有成本的,不能将这样的投资成本忽视,这并非是一种空手套白狼行为,因此对赌协议应当合法有效。

(二)对赌协议的价值

对赌协议自引进中国以来,随着经济和社会的发展适用的愈加频繁,作为私募股权融资的重要工具,对于大大小小的公司都具有非常重要的意义。对赌协议本质上是投资人或收购方根据对目标公司未来经营预期能力的判断和风险的估计,并基于预期判断做出的有关自身及目标公司对预期的共同接受能力的约定,这也是投资方或收购方为实现投资预期并回避风险的约定。投资方或收购方应当对目标公司的经营管理团队、经营管理能力、业务发展潜力、经营预期和目标公司或其股东履行对赌协议的能力具有比较完整的认知、了解和判断,这样对投资方或收购方约定有利的对赌协议的内容、实现较为客观的可实现的预期利益、有效预防或适当控制投资风险提供很大的帮助。2019 年 11 月,最高人民法院发布《全国法院民商事审判工作会议纪要》(以下简称《九民纪要》),将对赌协议方面的法律法规进行完善,不仅是促进了市场经济新形式的发展,也将是法学领域的重大突破。《九民纪要》中关于对赌协议的相关规定,是我国在对赌协议这个问题上迈出的第一步,在此基础上对赌协议的实务中的具体问题和对赌协议的法律规制等方面都将是我们以后关注的主要问题。《九民纪要》对于对赌协议所引发的争议纠纷案件给出了相对统一的裁判规则,这一点值得肯定。但对赌协议仍有许多值得关注的问题,比如对赌协议涉及的税费承担问题、触发对赌条件后执行问题等。今后关于对赌协议的探讨与研究仍会继续,相关的法律和处理规则也将更加的完善。

我国对于对赌协议的规定尚未足够完善,在实务过程中的引用也出现了同案不同判等问题,因此对于对赌协议的法律适用这个问题显得尤为重要。关于对赌协议的具体实施,学术界也存在不同的观点和看法,分为积极影响和消极影响。少数认为对赌协议具有消极影响的学者认为,虽然对赌协议在理论上促进目标公司的有效融资、减少信息不对称、减低投资人和股东的风险等效果,但是投资人的合法权益往往难以得到有效的保护,对赌协议的实际操作往往具有一定的难度,而且对赌协议的积极作用往往伴随着一定的风险。在实践过程中,对赌协议的承诺期限往往不会太长,目标公司为了短期的融资和实现对赌协议的承诺,容易仅仅把焦点聚集在短期的快速收益内,这样做往往能为公司带来快速的经济增长和效益,但是公司必然会因此放弃一些更具有投资效益的长期规划。而且若公司在经营过程中发现对赌协议的目标难以实现和完成时,目标公司甚至通过盈余管理等手段进行调节。盈余管理虽不是违法的行为,但盈余管理往往会歪曲公司真实的经营状况,给投资者造成公司利润每年都在正向增长的假象,对投资者进行误导,影响投资人的客观决策,长此以往会损害投资者的利益。而且相对于普通的企业,签订对赌协议的公司更倾向于进行盈余管理的操作。盈余管理会对目标公司的商业信誉造成巨大的侵害,若目标公司的商誉信誉无法得到认可,会对公司的效益造成更大的影响,中小股东往往会成为最大的受害者。在这种情况下,对赌协议的优势无法发挥出来,反而带来了更多的负面的影响,严重扰乱了市场的秩序。在公司本可以平稳运行的基础上,为了完成对赌协议的内容,盲目地进行扩张,放弃相对稳妥的投资策略进行盈余操作,对于目标公司的长远发展不是一个合适的选择。认为对赌协议产生积极影响的学者主要观点有:对赌协议可以最大限度地降低投资的风险,通过市场的自我调节能力来保护投资人和股东的利益。投资者可以获得更多的投资信息,通过对赌协议来考量目标公司的发展前景。对赌协议可以增加目标公司的并购效率,避免因交易时间过长而无法达成公司战略目标。对赌协议是否适用主要根据企业的经营状况来决定的,通过对我国的实务案例进行调查可以发现对赌协议由于价值评估所形成的估值溢价会给股东带来相对可观的收益,会产生一定的价值投资激励。而且对赌协议在公司生产经营方面表现得上升趋势越来越明显。在实际生活当中,因为公司的外部治理体系的不健全,对赌协议很可能会引发大股东对中小股东利益的损害行为,通过研究不难发现,股东利益的损害方式大多是借助资本市场的信息不对称,恶意抬高资产,虚化公司的收益,从而实现推动股价提高的目的。大股东利用自己的信息优先取得的优势抽逃出资,从而损害中小股东的利益。面对这种情形,我们必须对公司的外部治理采取严格的规定来保护中小股东的利益,从而促进整个经济市场的健康平稳运行。

二、对赌协议在实务中的问题

（一）对赌第一案

2007 年 10 月甘肃世恒有色资源再利用有限公司、香港迪亚有限公司及其他有关方与苏州工业园区海富投资有限公司共同签订了合约，约定海富公司对世恒公司增资 2000 万元人民币，并在协议书规定在协议签订后，世恒第一时间准备上市的前期工作，并且世恒公司在 2008 年的净利润要大于 3000 万元。如果实际利润低于该金额，则需要给予海富公司的相应补偿。若世恒公司未能补偿，则海富公司有权要求迪亚公司补偿。最终，世恒公司未能达到双方约定的标准，因世恒公司没有履行增资的约定，海富公司诉至法院。

一审法院认为争议的焦点在于增资协议中的对赌条款的效力问题，并认定该对赌协议违反了法律行政法规的强制性规定，对于海富公司依据对赌协议要求世恒公司承担补偿责任的诉讼请求不予支持。笔者认为一审法院以违反了法律行政法规的强制性规定为由来认定对赌条款，是对对赌条款的性质的错误认定。① 二审诉至甘肃省高级人民法院，针对本案的对赌协议的效力问题，二审法院以对赌条款违反了风险负担的原则仍然认为对赌协议无效，对赌协议作为一种双向激励机制，双方共担风险，这种模式在国外也早已适用多年。而二审法院以此作为合同无效的理由，也是不成立的。最高人民法院认为，二审法院对于"名为联营，实为借贷"②的法律关系的认识也是错误的，本案认定对赌协议的无效，应适用的是《中华人民共和国公司法》（以下简称《公司法》）第二十条的规定。同时最高人民法院的判决指出，与公司股东的对赌协议有效，与目标公司的对赌无效，确立了二分法的裁判规制。这个案件也因此被称为对赌第一案。

二分法的裁判规制的出现，是由于我国公司法制度的不同，面对投资的风险问题，投资者只能在投资合同中增加自己的权利。但是目标公司参与对赌往往会对公司带来更大的风险，触动更多人的利益。海富案判决指出对赌协议的约定给公司和债权人带来了较大的风险，公司的经营收益已经脱离了目标公司的管理范围，这也说明最高人民法院认识到了对赌协议背后的风险控制问题。最高人民对

---

① 潘林:《对赌协议第一案的法律经济学分析》，载《法制与社会发展》2014 年第 4 期。
② 熊智、杨泽:《私募股权投资中对赌协议的定性及效力的司法认定——以"对赌协议无效第一案"立论》，载《北京仲裁》2013 年第 2 期。

海富案判决的争议比较大是因为法院一方面控制了市场的风险另一方面却过度干预了市场。海富案后,国内有仲裁机构认可了对赌协议的效力,主要的理由有两点:一方面是因为对赌协议是协议的双方当事人自愿签订的,双方均是真实的意思表示,具有平等的权利和义务关系,应当根据诚信原则遵循契约精神予以履行;二是双方当事人签订的对赌协议没有对股东的利益造成损害,无论是投资人要求回购股权或补偿现金并未对股东的利益产生风险,没有触动更多人的利益,并未造成风险的外溢。因此笔者认为,仲裁裁决的观点也就是解决对赌协议案件的核心问题,即投资方收回投资会不会侵犯股东的根本利益,造成风险的扩大化和不可控,是否会触及更多人的利益,造成更大的经济风险。海富案后,理论界与实务界关于对赌协议中的对赌条款是否有效始终没有达成统一的观点。对赌协议有效则投资人可要求回购股权或者获得赔偿,将有可能损害债权人的利益;对赌协议无效,目标公司回购股权或现金补偿也不是公司法明文禁止的情形,不能简单地认定为股东抽逃出资。而且并未违反法律行政法规的强制性规定和公序良俗。因此在这种情况下,法院无论支持哪一方的观点,其裁判理由都无法让另一方认可。

(二)江苏华工案

2012 年,最高人民法院针对海富案确立了"投资人和股东对赌有效,和公司对赌无效"后,司法裁判始终按照这个标准来进行审判工作。直到 2019 年,江苏省高级人民法院对于公司参与对赌做出了新判决,再次对对赌协议的案件产生了新的规范作用。2011 年 7 月,华工公司作为投资人与扬州锻压机床集团有限公司(以下简称目标公司)和潘云虎等股东签订《增资协议》及《补充协议》约定,约定华工公司向目标公司进行投资,其中目标公司及其所有原股东均在协议书签字。《增资协议》约定:华工公司对扬州锻压机床集团有限公司出资 2200 万元人民币,其中 200 万元作为注册资本,2000 万元列为公司资本公积金。《补充协议》约定:扬州锻压机床集团有限公司要在 2014 年 12 月 31 日前完成上市,如未完成出资人有权要求目标公司回购股权;如目标公司违约拒不履行,目标公司有权向法院起诉要求目标公司和所有原股东承担连带责任。2014 年,扬州锻压机床集团有限公司未能完成上市目标,出资人要求目标公司回购其所持有的全部股份,原股东承担连带责任,但双方当事人未协商一致,后投资人向法院提起诉讼。本案的一二审法院与海富案的一二审法院一样,把争议都放在了对赌协议是否有效的焦点上。判决中,一、二审法院也依旧采用了最高人民法院在海富案中确立的"投资者与目标公司原股东对赌有效,与目标公司本身对赌无效"的裁判规则。但是,江苏省高级人民法院并未采取最高人民法院的裁判规制,对华工公司与目标公司及其原股东签订的对赌协议做出了有效的判决。

在江苏省高级人民法院做出裁判后,许多观点认为华工案是打破了我国司法实践中与公司对赌的条款会被认定为无效的惯例。对于本案的一审和二审法院确实采取了海富案关于对赌协议的认定标准,但是在本案中江苏省高级人民法院在分析与对赌公司的对赌协议时着重考量了公司对赌条款中关于股权回购的效力问题。股权回购是指当发生法定的或公司章程、协议约定的情形时,公司支付一定对价给股东,股东将其持有的股权全部转让给公司的行为。股权回购问题从某种意义上讲也是股权转让的一种特殊情况,股权转让是将股权转让给股东,而股权回购是将股权转让回公司。《公司法》对股权回购做出限制,是因为股权回购势必会造成公司的总资产的减少,这与《公司法》中的资本维持原则相冲突,公司股东和债权人的合法权益也无法得到有效的保障。建立完善的股权回购制度从某种程度上可以解决前述中小股东退出公司两种方式的矛盾和不足,成为保护中小股东的有力救济途径,股权回购后通过重新配置公司股权,优化股权结构,有效地平衡了大股东和中小股东之间的利益,在保护中小股东利益的同时也优化了公司的股权结构。但我国《公司法》和最高人民法院司法解释以及地方高级人民法院关于有限责任公司股权回购的条款基本都仅限于异议股东回购请求权的内容。随着市场经济的发展以及公司与股东之间实际需求的不断变化,出现了越来越多超越法律规定的有限责任公司回购股权的情形,而《公司法》自 2005 年设立有限责任公司异议股东回购请求权后,也一直未进行修改和推出新的司法解释,显然已经无法满足市场经济的快速发展。现行法律规定的不完善以及法律规定严重滞后于市场实际需求,司法实践中出现了大量的相同案例不同判决的情形。从 2005 年《公司法》中的"股东不得抽逃出资"到 2013 年《公司法》中"采用认缴制并取消最低注册资本以及货币出资最低限额"的要求,这些变化从某种程度上反映出我国立法对公司资本三原则制度的一定弱化,这也为合意股权回购效力性的认可提供了理论支撑。

本案中以对赌协议这种方式约定的股权回购方式当时在我国公司法制度下没有直接的规定。笔者认为,第一,根据股份回购制度可知,各国逐渐增加股份回购的情况,放宽股份回购的条件,目的在于股份回购制度可用于公司调解自身经济状况与发展;而禁止是因为股份回购对公司资本的影响,进而损害公司债权人利益。因此,在现行《公司法》的减资程序进行股份回购可以使股份回购制度的损益得以平衡,即股份回购并不必然损害公司及债权人利益。第二,《公司法》关于有限公司仅于第七十四条规定了异议股东股权收购请求权,关于股份公司于一百四十二条规定例外可用于回购公司股份的情形及程序,本案中的股份回购请权来自协议约定,①在法律没有明确禁止的规定下以上述两条规定为强制性规定认定该回购条款,体现出法院对上述条款之立法目之混淆。

综上,笔者认为,海富案中法院认可与公司的对赌约定,但是对于海富公司在对赌协议中约定的收益,该收益造成的风险不可控且已经造成了风险的外溢,损害了公司的利益和公司中小股东的利益,因此认定为无效。然后我们看华工案,法院支持对赌协议有效的理由也是因为目标公司履行股权回购义务不会对目标公司、目标公司其他股东或债权人产生不利影响,而且回购具备履行的可能性。由此可见,无论是在海富案还是华工案中,法院在认定公司回购股权约定的效力时都重点审查该约定是否损害了其他股东、公司债权人的利益,着重保护中小股东的合法权益,这是法院在认定过程中始终秉承的原则。

三、对赌协议的法律适用

(一)目前存在的问题

其一,由于缺乏对目标公司的经营能力、经营战略的了解,投资方意图通过对赌协议降低投资风险,但在签订对赌协议时,目标公司为了追求短期的利益,往往会忽视经营的风险,对于企业和未来的业绩过高的估计。而投资方重点关注的是对赌协议的规定以及对赌失败后的补偿机制,过度相信了对赌协议后期调整机制的力量,未对事先的估值方式进行全方面的考量,只是以目前的财务状况、市场状况推断融资公司未来的盈利情况,没有进行合理的价值评估和判断。没有认识到目标公司会采取盈余管理的手段,以及投资风险的不确定性。

其二,对赌协议这个概念已经在我国采用了多年,在此期间随着经济的发展,对赌协议适用地更加频繁,理论界和实务界关于对赌协议的相关争论也是愈加的

---

① 张勇健:《股份回购制度的完善与司法应对》,载《法律适用》2019 年第 1 期。

激烈。对赌协议虽然在我国适用越来越广泛和频繁,但我国关于对赌协议的法律规制还需要更加的完善,无论从数量上还是从规制的效果上来看,都远远不能满足投资和审判需要。现实中,关于对赌协议的成文立法性文件非常少,不成体系,且仅有的规则效力层级也很低。大对数关于对赌协议的规制是通过案例的形式来呈现,其中各高级人民法院和最高人民法院的案例起到了重要的指导作用,不仅指导了下级法院关于对赌协议案件的审理工作,也透过案件判决的结果指导了投资实践。但是,这种方式弊端也非常明显,与成文法相比具有不全面、不系统、不统一的缺陷。

最后,《九民纪要》第 5 条规定,目标公司未完成减资程序的,人民法院应当驳回其诉讼请求,依据为《公司法》第 35 条关于有限公司禁止抽逃出资的规定。有限公司虽可以约定进行股权回购,但前提是完成减资程序。而股份公司对赌协议相关的回购履行仅能在《公司法》142 条规定的股份公司减资的情况下才能实现,因此,同样认为减资是股权回购的前提。① 同时,在最高人民法院出版的《〈全国法院民商事审判工作会议纪要〉理解与适用》一书中,当问及能否就请求目标公司减资提起诉讼时,最高人民法院明确表示减资属于公司自治事项,司法不宜介入,即使介入也不能强制执行。按照此观点,投资方股份回购的请求若得到实现,唯一可能的情况就是目标公司自觉履行减资程序后进行回购。根据《公司法》第37 条和第 103 条的规定,有限公司和股份公司的注册资本的增加或者减少必须经过股东会或者股东大会的决议方能通过。在对赌失败后,不论目标公司是否有能力清偿债务,面对投资方补偿的请求,没有法律的强制约束,目标公司的股东会或股东大会大概率不会"愿赌服输"主动履行减资程序。而且,为了保护债权人的利益,在减资程序中,目标公司的债务要提前到期或者是为债权人提供担保。在现在的经济发展中,大多公司经营过程中都会有大量的负债,甚至是高于自身注册资本数倍的负债,如果这些债务同时到期或者是提供担保如何能够实现? 答案是否定的。依照现有的规范,减资程序作为股权回购的前置条件必须履行,但目标公司减资的履行没有强制力的约束,因而投资者的利益很难实现。

(二)《九民纪要》下对赌协议的适用建议

其一,对赌协议自从引进国内后备受资本市场主体的青睐,但是对赌协议作

---

① 季境:《"对赌协议"的认识误区修正与法律适用》,载《人民司法》2014 年第 10 期。

为外来制度在实务中难免有误用滥用的乱象发生,所以需要对对赌协议进行合理的监管,然而对于对赌协议的监管不能完全依赖于国家公权力的介入,这就需要一定的行业自治。就股权投资整个领域而言,国内历来没有行业自治的相关传统,相对于发达国家的域外经验而言,国内的行业自治尚处于初始阶段。随着经济的快速发展、政府职能的转变,行业协会作为政府与单一经济个体之间的纽带应运而生。当前对赌协议在我国私募投资中运用尚不成熟,对赌协议在实务应用中产生颇多问题,行业协会成为除政府监管部门之外不可或缺的角色。行业协会充分发挥作用需要借鉴域外经验:以美国为例,行业协会负责起草修订行业的规定、解读政府的文件、起草标准合同等。行业协会是投融双方利益的维护者、是资本市场的平衡者,行业协会肩负着管理服务的责任,可以向企业提供咨询服务,审核对赌的条款,保证符合法律法规和政策的要求,也可以就企业所面对的问题向监管者反映以获得政策层面的理解和支持。

其二,对赌协议的相关问题无论在理论界还是实务界都备受争议,主要原因还是相关法律法规的不完善。对赌协议受到合同和公司相关法律的制约,但是相关的法律并没有对对赌协议作出明确具体的规定,导致的结果是各级法院在有关对赌条款的诉讼中不能得出一致的结论,尤其是关于对赌协议的效力认定问题,不同级别的法院对对赌协议效力认定不一,甚至同一类型的对赌案件在不同法院得出不同的裁判结果,同案不同判容易打击投资者的积极性,不利于私募股权投资市场的繁荣发展,更为重要的是有损司法的权威性。最高人民法院在印发的《关于进一步加强金融审判工作的若干意见》中指出,要高度关注私募股权投资等新类型的金融交易案件,通过发布指导性案例予以指导。最高人民法院在"海富案"确定了"与公司对赌无效、与股东对赌有效"的规则,虽然对于对赌案件起到一定的指导作用,但是商事活动有着变幻莫测的复杂性,仅仅依靠"海富案"确定的裁判规则远远不能解决实践中遇到的各类对赌案件,况且"海富案"并不是指导案例,不具有指导案例的作用。① 因此最高人民法院可通过发布指导案例,对对赌协议的效力进行详细论证,统一各级法院的认识,另外我国作为成文法国家,判例不能作为裁判依据,但是可以通过指导性案例的方式弥补成文法的不足。

最后,出台关于对赌协议的专项司法解释,经过十多年的发展,对赌协议的相

---

① 吴多强:《"对赌协议"的法律效力问题研究:实证考察与法理分析》,载《研究生法学》2016 年第 6 期。

关理论问题已比较深入,《公司法》的修订也为对赌协议的专门立法奠定了基础。因而,制定一部关于我国对赌协议法律规制的专门立法性文件应该提上日程。根据对赌协议所涉及的范围和复杂程度,本文建议由最高人民法院出台关于对赌协议的专门司法解释较为适宜。通过一部关于对赌协议的司法解释,吸收以往通过案例所确定的规则,将对赌协议相关的效力认定、履行规则、履行标准等内容有机地统一起来,指导审判实践,也指引投资实践,能够更好地发挥对赌协议的价值。

结　论

对赌协议在过去十几年的发展中,始终未得到实务界的肯定与认可,但市场对于对赌协议的热情并没有因此而衰减,反而随着市场经济的发展愈受欢迎。一方面,对赌协议迎合了投资市场的需要,另一方面也反映了对赌协议的价值调整机制的价值所在。本文十分认同对赌协议的价值并且支持这种投资工具的发展。以对赌协议为代表的新兴金融工具,是典型的商主体之间意思自治的产物,是商事交易创新的重要来源,法律应该给予足够的尊重和支持。即使经过十多年的发展,我国关于对赌协议的法律规制仍然不能满足实践的需要。本文立足于《公司法》的资本制度的变革,剖析了传统法定资本制下相关规则对对赌协议的限制,提倡在资产信用下重构公司、股东和债权人的关系,减少制度束缚,激发企业活力。同时,借鉴国内外相关规则的基础上提出了建议,希望在《九民纪要》的基础上能够加快我国关于对赌协议法律规制的完善,发挥对赌协议自身的价值,在保障投资人、股东的利益的基础上缓解现阶段企业融资困难的问题,达到促进投资、推动经济的发展的目的。

我国个人破产制度发展前景探究

王 康[*]

摘 要：市场化背景下，自然人参与市场交易的数量和频率高速增长，个人破产已经愈发成为社会大众关注的焦点。自从温州市平阳县人民法院审结"蔡某个人债务清理一案"后，对于个人破产制度的研究及关注迅速活跃在理论与实务界。目前，我国个人破产制度运行所需土壤已经基本具备，需要立足于我国基本国情，基于各种基础性要素出发，与我国其他基本制度做好接洽，该制度运行势必会促进我国市场经济的良性发展。

关键词：个人破产 可行性 发展动向

一、个人破产制度的历史沿革

个人破产制度的核心要义在于如何保障债权人债权的实现，从时间纵向角度来看，个人破产制度的发展与社会文明发展程度呈正相关关系。因此，关于个人破产制度的历史沿革，以时间进程和社会文明程度两个要素为基准，从域外和国内这两个视角出发，大致可以梳理出一条个人破产制度发展脉络。

（一）域外

个人破产制度的探索最早可以追溯到古罗马时期，古罗马的《十二铜表法》规定，如果债务人不能偿还债务，债务人将沦为债奴，要以自己的人身权利来偿还债务。如发生债务纠纷，债权人可以拘押债务人。如在固定期限内，债务人未偿还债务，债权人有权将债务人卖到国外为奴，甚至杀死。如果同时存在多个债权

---

* 王康，男，山东日照人，济南大学 2019 级硕士研究生，主要研究方向为破产法。

人,则多个债权人共享所得金钱,或者分割债务人尸体。① 因受社会发展等基础性要素的水平制约,《十二铜表法》将适用对象限制在自然人范畴内,还未扩展至"商个人"的层次。

随着古罗马商品经济的发展,社会水平也相应提高,民众对于《十二铜表法》中关于从债务人人身出发的买卖以及处死等条款产生大量反对意见,引起大量不满。公元前 326 年,罗马颁布了《帕特利亚·帕披利亚法》,该法废除了买卖、处死债务人的条款,使债务人的人格与财产得以分离,一定程度上缓和了社会矛盾。此外,该法还创设了财产委付和财产零卖制度,财产委付制度是在债务人无法清偿债务时,债权人可以作为申请主体,或者由债务人自己做出决定将现有财产进行委付,大法官可以接管其全部财产。在法院选举出管财人之后,通过债权人会议等途径对其财产进行拍卖,债权人最终得到部分清偿。财产零卖制度可以理解为财产委付制度的延伸,其核心并不是拍卖债务人的全部财产,而是在保留其必要生活需要的前提下进行拍卖,但其适用范围在最初局限于未成年人和元老阶层。综合《十二铜表法》和《帕特利亚·帕披利亚法》来看,从某种程度上说,现代破产制度的产生与发展,其实都是从个人破产制度开始的。

1244 年至 1425 年,意大利先后制定了《威尼斯条例》《米兰条例》和《佛罗伦萨条例》,这三个条例将"商人破产主义"引入到具体化的法律之中,在后世研究中被认为是最早规定破产制度的法规,基本构建起了现代破产制度的框架。② 意大利破产制度自创设以来,迅速在欧洲大陆传播。法国在 1673 年颁布《商事敕令》、1807 年颁布《法国商法典》,在这一系列法律中规定了比意大利破产制度更加完备的破产法律体系。1877 年,《德意志帝国破产法》公布,该法典采取了"一般破产主义",突破了法国"商人破产主义"传统,其有关破产救济以及债务人经过破产程序后可以免责的规定,对后世产生了深远影响。1978 年,美国颁布了《破产改革法》,该部法律已具备了多数现代破产法理念。

(二)国内

由于我国小农经济长期贯穿于社会生活,农耕文明一直占据主流地位。因此,在我国悠久的历史中,破产法在我国缺乏必要的生长土壤。直到清末时期,闭

---

① 文秀峰:《个人破产法律制度研究——兼论我国个人破产制度的构建》,中国政法大学博士论文,《社会科学 I 辑》2004 年 4 月。

② 徐佳:《我国个人破产立法问题研究》,大连理工大学硕士论文,2010 年 5 月。

关锁国的大门打开,在西方经济与文明的冲击之下,当时的学者开始探索与研究破产法的立法问题。1906年,清政府起草了《破产律》,该法是我国历史上第一部破产法,虽然在我国浩瀚的历史中没有掀起太大的波澜,但对于中国的破产法探索却是开天辟地的事情。该法采用的是商人破产主义①,由于社会体制以及经济水平的制约,在实行过程中遭受了各种各样的阻碍与变形,总体来看,并没有在当时社会真正应用、实践。1908年,这部法律正式退出历史舞台。1915年,北洋政府颁布《破产法草案》,但在当时的社会条件下并没有获得正式的推行,没有产生其应有的影响力。1935年,国民政府颁布《中华民国破产法》,该法采用一般破产主义,适用对象中包括自然人。该法与之前的探索相比,相对来说属于比较先进与稳定的立法,目前我国台湾地区现行的破产法就是据此而来。

新中国成立以后,1986年颁布了《中华人民共和国企业破产法(试行)》,2007年正式颁布《中华人民共和国企业破产法》(以下简称《企业破产法》),但其中均未规定有关个人破产的内容。

二、我国推行个人破产制度的可行性条件

(一)国民消费与借贷

近年来,我国消费水平持续提高,截至2019年,消费已经连续五年成为我国经济增长的第一拉动力,对国民经济的发展发挥了基础性的作用。国内消费水平的现状,侧面体现我国经济水平较过去已经有了长足发展,经济结构现代化水平较高。但随着我国消费水平持续增长,衍生而来的过度消费问题正不断凸显出来。这是由多方面因素造成的,其中,不断被消费者接纳的"超前消费理念"与进入门槛极低的网络借贷平台的不断兴起是两个相对主要因素,这两个因素从主客观两个方面共同催化着过度消费这一社会现象的发展。

2018年底,我国P2P网络行业累计平台数量达到6000多家,其中,P2P网贷行业中个人信贷业务类型贷款余额占比达到84.49%。② 以支付宝2017年发布的《年轻人消费生活报告》来看,在1.7亿的90后人群中,有超过4500万人开通了蚂蚁花呗,并有接近四成的90后用户将花呗设为支付首选。大部分网络借贷

---

① 乔铭瑞:《论我国个人破产制度的建立》,兰州大学硕士论文,2017年4月。
② 吴宁芬:《2018年中国网络借贷行业市场概况与发展趋势》,网址:https://www.qianzhan.com/analyst/detail/220/190828 - faf08c27.html。

平台门槛设定极低,仅仅需要上传个人身份信息与填写紧急联系人,超前的消费理念加上可供操作的简易平台,大大刺激了个人消费者的消费欲望,消费水平自然也会急速上升。综合来看,基础性进入门槛较低的借贷平台吸引了大量个人消费者进入,但由于网络监管的尚不完善,不能在先对个人消费者的偿还能力进行科学的评估,导致其相对轻松地获得资金。① 在进行个人借贷的群体中,有相当一部分消费者无确定的还款来源,无法在预期内偿还债务,因此,在债务延期过程中,债务人必定需要承担因无法清偿而附随的增长利息。当个人消费者无法在规定时间偿还债务时,网络借贷平台会对其进行催收,在多次催收无果后,借贷平台会将消费者诉至法院处理,但因为个人消费者不科学的消费规划与借贷,其中大多已经无偿还能力或者偿还能力极低,相当一部分案件会演化为执行不能而积压于法院。

另一方面,除新兴的网络借贷以外,传统住房贷款、购车贷款的用户基数依旧数量庞多。从这部分借贷群体的家庭财产状况分析,其家庭主要收入为工资收入,主要财产为房、车,家庭主要消费的产品也是房、车。家庭财产结构的抗风险能力与收入的稳定性具有非常密切的关系,工资收入与家庭财产的稳定性处于同一条链条上,一旦工资收入环节出现断裂情况,整个家庭面临失控风险极大。② 面对此种情况,我们应当在现状中积极探索某种制度,来应对这种潜在的危机与风险。而良性适用个人破产制度,既可以有效处理此类问题,也可以有效避免因为此类问题激增后可能引发的大量社会问题。

此外,大量的民间借贷、企业债务之间出现的自然人担保因最终无法清偿债务所导致的衍生社会问题也相当明显。"于欢案"就是起于民间借贷,由于经济形势的变化以及借款人自身原因,债务人后期已经无力偿还债权人的债务。"于欢案"的出现,在社会舆论中掀起轩然大波,此案虽最终作为刑事案件处理,但追本溯源还是由于民间借贷问题引发。债权人与债务人在处理此类问题时,仍停留在"欠债还钱、天经地义"的传统观念上,没有良好的制度与理念在其中予以调控。如果当时存在个人破产制度,整个案件的处理结果可能会更加良性,案中所涉人员的悲剧或许也会得以缓解。另外,在企业进行商事活动签订合同时,其主要负责人员大多都会被要求作为无限连带责任担保人列入其中。但因为我国《企

① 李豪:《移动时代第三方支付对消费者行为的影响》,山东大学硕士论文,2018 年 5 月。
② 刘静:《个人破产制度研究:以中国的制度构建为中心》,北京:中国检察出版社,2010 年版。

业破产法》规定进入破产的主体只能是企业,这就会造成相对矛盾的处理模式,在企业无法清偿债务时,企业根据《企业破产法》的规定进入破产程序,或重整得以重生,或清算退出市场。但是自然人在这一过程中因为个人破产制度的缺失,无法进入与企业相同的路径,其仍然需要面临处理自身所承担的大量债务问题。简言之,同样的契约与行为,同样是由于契约与行为导致的结果,但是在处理问题时却应用了具有不同理念的路径,其中的公平性显然存在疑问。

(二)法院案件执行现状

根据最高人民法院《2018年关于人民法院解决执行难工作情况报告》[①]中的数据显示,在我国每年600多万的执行案件中,民商事案件约18%执行不能。通过数据可知,存在部分生效裁判因为得不到及时执行而积压在法院系统内,案件执行不能不仅加深了当事人的焦虑,也不断加深着法院的执行压力。此情况的持续存在也从侧面显示:我国应当积极探究一种新的制度,用以解决当前制度所不能解决或者解决不好的问题,用来弥补先前制度的缺陷。个人破产制度如能应用其中,能够为执行程序转向个人破产搭建起桥梁,为解决执行不能问题提供并探索出可行的法律路径,缓解与改善当前情况。

我国现行《中华人民共和国民事诉讼法》中规定的参与分配制度与个人破产制度具有相似性,在一定程度上充当着个人破产替代制度的角色。该制度虽然能够解决一部分的执行不能问题,但仍存在一定局限性。[②] 比如,该制度的启动主体为:在执行程序开始后,已经取得执行依据的或者已经起诉的债权人。但参与到债务人执行程序中的债权人往往是有限的,这一部分债权人在整个债权人群体中占比可能相对较低,如果仅仅按照此制度规定而形成的方案进行清偿,实现债权人权利平等的目的将难以达成。另外,在该制度启动时,已经获得参与分配权的债权人必定会为获得更多的清偿而选择封闭信息的传播,此时的债务人也会因为无完全的出清机制而丧失公开信息的积极性。因此,该制度在实际操作过程中的受众范围相对有限,很难达到让所有债权人公平受偿的效果。引入个人破产制度,既可以突破参与分配制度的局限性,更好解决执行不能的问题,又可以为个人

① 《最高人民法院关于人民法院解决"执行难"工作情况的报告——2018年10月24日在第十三届全国人民代表大会常务委员会第六次会议上》,网址:http://www.sdcourt.gov.cn/nwglpt/2349373/2525901/2985338/index.html。

② 晏城:《我国个人破产制度的构建研究—以解决执行难为视角》,南昌大学硕士论文,2018年12月。

债务人提供合理的市场退出机制;既能解决执行案件积压的问题,又可以提高债务人参与程序的积极性,提高案件推进的效率。

(三)信用体系

互联网技术的发展为我国信用体系的构建搭建了一个良好的平台,大数据、云计算等越来越多的先进技术应用在征信行业,目前,我国已经基本形成了以中国人民银行征信为主,78家企业征信机构和8家个人征信机构为辅的传统征信体系。个人信用报告已经在经济生活中逐渐充当起身份证明的作用,在日常经济活动中逐渐将信用理念传输给社会大众。综合来看,我国的信用体系虽然已有了飞速的发展以及重大的突破,①但是仍然还处于正在完善的过程中,存在一定的缺陷与局限。

但是,个人信用体系的相对不健全、不完善不能成为我国建立个人破产制度的障碍,相反,推行个人破产制度有助于我国建立健全个人信用体系,为市场经济的诚信机制建设作出贡献。② 相对来说,信用体系建设与个人破产制度并不是在前与在后的链条关系,二者是互为条件、互相促进与成就的关系。一方面,信用体系的不断发展与完善可以为个人破产制度提供可实施性以及进入程序的相对便利性;另一方面,信用体系的不断完善也需要个人破产制度在运行过程中予以促进。个人破产制度可以作为一股原始动力,在处理大量个案的过程中不断充实个人信用体系的内容。通过个人破产制度的不断推进,可以更加有条理、有规制地对个人债务进行全面而细致的清理,能够在更加全面的探索过程中发现在理论研究中无法发现的方面,将其充实于信用体系的建设,建立更加全面、更加实用的信用体系。

(四)社会保障体系

从个人破产制度的视角来看,社会保障制度在实质上能够给个人破产制度兜底建立保障。在实行个人破产过程中,虽然有破产免责等制度使债务人在程序结束之后能得以获得保障其生存的必要生活资料,但是应当注意到,该制度所带来的生活保障毕竟是有限的。如果在债务人经历个人破产程序之后,仅依靠其自我发展进行再生,由于其事业失败、生活条件断崖式下跌等因素,债务人可能会陷入相对困难的境地。在个人发展无法给个人生活带来保障的情况下,完备的社会保

---

① 赵万一,高达:《论我国个人破产制度的构建》,载《法商研究》,2014年第3期。
② [英]费奥娜·托米:《英国公司和个人破产法》,汤维建、刘静译,北京大学出版社2010年版,第91页。

障制度就会作为一种有力调控手段缓解债务人的生活压力,缓解社会矛盾。

随着我国经济水平以及社会生活水平的不断发展,社会保障法律体系也相应得到高速发展。截至目前,《中华人民共和国社会保险法》《中华人民共和国慈善法》等相关社会保障法律已经推行多年,在实践中均取得了较好的社会效果,根据人力资源和社会保障部发布的《2018 年度人力资源和社会保障事业发展统计公报》①显示,2018 年年末全国参加基本养老保险人数为 94293 万人,比 2017 年末增加 2745 万人;全国参加失业保险人数为 19643 万人,比 2017 年末增加 859 万人。综合这些数据可以看出,我国社会保障制度相对来说已经比较健全,虽然还存在诸多不足之处,但是正处于一个高速发展的上升期,已经基本具备为个人破产制度提供配套设施的条件。

(五)大众法律意识增强

新中国成立以来至今,总体来看,我国法律体系建设已经取得重大进步,各类部门法律体系都处于不断完善的过程中。特别是改革开放以来,我国的社会主义法制建设开始走上正轨,各种法律法规相继出台,社会生活各方面基本都有具体法律加以规范。在依法治国的大背景下,我国的普法教育也在不断进步中。从破产法视角来说,距离 1986 年《企业破产法》(试行)发布至今已经将近三十六年的时间,距离 2007 年《企业破产法》发布至今也经将近十三年的时间。可以得知,破产法的法律思想在我国的法律实践中已经具备一定稳定性,在大众的法律意识中也已经具有稳定的概念。从历史角度来看,在当今社会背景下,我国民众的法制意识、法律观念都已经呈现出了在历史进程中前所未有的高度。

现有基础条件下,推进个人破产法的探索,大众在应对此问题时应当会呈现相对开放的心态,在推行过程中不会遇到过强的大众阻力。即使在推进过程中,或许会遇到一些问题与矛盾,但绝不会触及原则性问题的碰撞,只要根据实际情况对相应立法加以完善,即可呈现良性发展的进展趋势,服务于社会大众的生活发展。

三、推行个人破产制度的意义

(一)对债权人的意义

个人破产制度的有序运转,对债权人的意义主要可以分为在宏观和微观两个

---

① 人力资源和社会保障部:《2018 年度人力资源和社会保障事业发展统计公报》,网址:http://www. mohrss. gov. cn/SYrlzyhshbzb/zwgk/szrs/tjgb/201906/W020190611539807339450. pdf.

层面。宏观方面,管理人在全面考量债务人的综合情况之后,根据规定调整债务人的清偿比例,可以最大限度地保证债权人在程序中得到相对公平的清偿。这不仅仅是清偿债务数额的最合理化,而且在时间方面也给了债权人相对明确的债务清偿时间线。微观方面,在事前债务关系引导上,根据个人破产制度的引导,债权人不至于陷入无序、混乱的求偿过程,其可以根据相关法律的规定处理债务人个人破产的问题,制度的存在可以为债权人提供更加客观、明确的处理路径,充分提高债权人回收债权的效率与可能性。

（二）对债务人的意义

对于债务人来说,适用个人破产制度的过程其实就是个人生存权与发展权的救赎的过程。① 所谓生存权,根据该制度指引,债务人在完成程序后可以保留必要的生活资料与基础生产资料,使之在完成整个程序之后依然具有能够维持其生存的费用,保障其正常生存及生活的权利。所谓发展权,债务人可以通过该制度,在完成一系列限制条件之后,进行从退出市场到再入市场的转变,在经济上得以复原,拥有重新进入正轨的机会。

推行个人破产制度,可以帮助符合制度适用条件的债务人获得救济,债务人既可以通过该制度使自己的个人信用、执行等信息从瑕疵状态得以复原,而且也可以通过个人债务的集中清理,所涉债务得以出清,无需再面对债权人的追偿。

（三）对社会的意义

无论是在我国还是其他域外国家,个人破产制度的立法目的都并非是单纯的针对债权人与债务人双方的债务处理,而是基于更上位层次的社会效果。有序在我国推进个人破产制度,不仅可以使债务人在之后的市场活动中更加审慎且合规,也可以促使涉及程序的债权人在此后进行出借等市场活动过程中,更加注重对于相对方信用能力与综合偿债能力的关注与分析,促进整个市场环境的良性循环。

随着制度的深入推进,个人破产制度也会为社会大众引入更加全面的破产理念,促进社会大众从企业破产理念向"企业 + 个人"这一大破产理念的转变。使社会大众在个人债务清理的问题上不再陷入选择混乱的局面,理顺社会日常债务关系,有序进行个人债务的清理,衡平保护社会的整体利益。

---

① 刘冰:《论我国个人破产制度的构建》,载《中国法学》,2019 年第 4 期。

四、个人破产中主要制度分析

（一）破产免责制度

破产免责制度是指债务人在进行个人破产程序后，无不予免责情形，在法定范围内债务人可以免除继续清偿其他债务。[①] 在破产法律出现初期，大多立法都过于倾斜保护债权人利益，而忽视债务人基于基本人权所应享有的权利。该制度最先起源于英美法，随着社会观念的不断变化以及破产法立法技术的发展，破产法律的视角也开始向债务人倾斜，因此该制度得以发展，并应用于多国的破产法中。但免责并非绝对的免责，而是相对免责的状态。具体"相对"的范围，各国会根据其不同的社会情况，制定不同的规定。笔者经过总结之后，发现共性之处大抵分为以下几个方面。第一，采用欺诈等手段隐匿、销毁、转移财产的；第二，债务人存在严重过错导致个人破产的；第三，债务人自动放弃免责的。可以发现，在免责限制的主要情形中，债务人自身是否存在故意阻碍债权实现的情形是最重要因素。

实质来讲，破产免责制度的核心是保护"诚实而不幸的人"，这部分群体，他们大多因"投资失误""决策失误"等非故意因素使自己身陷囹圄，通过该制度，这部分群体在适用个人破产程序后基本能够以全新的状态重新参与市场生活。目前，我国经济持续发展，市场化水平不断提升，如缺失该制度调控，那么"诚实而不幸的债务人"在经历个人破产后，将会面临巨大社会压力，几无翻身可能。因此，在我国推行个人破产制度时，应当考虑引进该制度。只要在限制情形中进行严格把控，保证"诚实而不幸"的债务人适用该制度，将恶意破产人避之门外，那么该制度的良性发展不仅会缓解潜在的社会风险，也会通过企业家的二次入市促进社会经济的发展。

（二）失权与复权制度

从失权到复权，是属于个人破产程序中一个动态的过程。破产失权制度的意义在于，当债务人选择个人破产程序时，就意味着其必定会给债权人的债权造成一定程度的损害，无论导致此结果的原因是无意还是恶意，但是对债权人造成的客观存在的损害结果不能改变，因此，债务人必定需要为其行为负责，在个人破产

---

① 傅宏杰：《论中国个人破产制度的建立》，浙江大学硕士论文，2019年6月。

制度的框架下,其部分权利必须受到限制。总体来看,在对于债务人权利限制范围中,各国大多是进行资格限制,即通过此限制避免其在破产程序进行的过程中强行进入市场,参与经济生活,以避免对债权人的二次伤害。

复权与失权相对应,是指债务人在经过破产程序,按照法律规定对债权人的债权进行比例清偿,满足其他限制条件后,可以恢复其在前已经被限制的权利。法院作为居中的裁判机关,在判断债务人是否符合复权条件中,享有最终决定权。失权与复权的适用对象虽然均为债务人,但二者所倾向的主体利益是不同的。失权主要是基于债权人的利益,复权则主要是基于债务人的利益,将其联系在一起的桥梁即是个人破产程序这一过程。

五、现行相关探索文件梳理(2019.1－2021.3)

近些年来,各法律实务部门围绕"个人破产制度"这一研究主题进行了各种各样的探索工作,因为考虑到时间的关系,笔者将时间限定在 2019 年 1 月－2020年 3 月,于全国范围内共检索到 7 份典型的具有个人破产制度性质的相关文件,下面针对各文件予以分析。

(一)指导性文件

2019 年 2 月 27 日,最高人民法院出台《关于深化人民法院司法体制综合配套改革的意见——人民法院第五个五年改革纲要(2019—2023)》(法发〔2019〕8号)(以下简称五五纲要),其中在第 46 条规定:研究推动建立个人破产制度及相关配套机制,着力解决针对个人的执行不能案件。在出台该政策之后,紧接着对整个进程进行了总体规划与细致分工,明确进度和工作成果要求为:2019 年开展调研,2020 年提出建立个人破产制度的意见,2021 年推动个人破产制度立法。最高人民法院此举释放了在全国范围内鼓励进行个人破产制度研究与探索的信号,有力地为推动个人破产制度的实践探索提供了方向性的支持。在探索过程中,各地会基于实际情况建立起适合各地的模式,但模式的不同不代表整个程序的混乱,相反,各地适用模式的不同均是限定于"个人破产制度"这一大框架,只要处于此框架内的探索均属于制度调研的范畴,只有勇于尝试与探索不同的模式,并将其应用于实践运转,不断积累实践经验,才能充分地高效、高质量完成为新制度调研的任务,推动整个人破产制度的构建。

2019 年 7 月 16 日,国家发展改革委、最高人民法院等十三部门联合发布《加快完善市场主体退出制度改革方案》（发改财金〔2019〕1104号），文件中明确提出：要分步推进建立自然人破产制度。此文件是经由十三个部门联合发布，这是在五五纲要之后的又一大政策创举，各部门联合发布该文件，也表明了国家整体对于探索并构建该制度的信心与决心。该文件的出台，明确了探索构建个人破产制度不仅仅是立法部门、司法部门的工作，而是需要各单位、各机关相互配合、通力合作。如此一来，在地方的制度实践探索过程中，将此文件的基础理念从上而下贯彻，使制度探索不再仅仅局限于法院系统内。联合发文的方式能够有效增强各部门在研究该制度时的主人翁意识，推动各部门在工作过程中相互配合、相互沟通，共同为推动该制度的进展助力。

2019年10月26日，山东省人民政府出台《关于深化"放管服"改革优化营商环境重点任务的分工方案》（鲁政办发〔2019〕29号）（以下简称山东方案），其中提到：由省法院牵头，省政府有关部门、各市政府负责开展个人破产制度试点，探索推进个人债务清理程序。山东省政府推出的该文件虽然也是属于指导性文件，但其与以上两文件的不同之处在于，该文件的发布主体为省一级的政府，这是继国家部委、最高人民法院发布相关原则性文件以来第一个省级政府发布的此类文件。其重要意义在于：在该文件的指导下，整个山东省的个人破产制度研究与探索工作必然遵循统一的方向与基调。在贯彻该文件理念的过程中，能够有效避免研究力量的分散，可以更大限度集中有效资源，从上而下加速提高研究效率，更深层次突破研究价值。这既是对于国家层面政策与规定的贯彻，也是开启了由省级政府牵头进行指导并协调构建个人破产制度的探索。换言之，如果在该文件出台后一段时间内，山东省在全省范围内有序建立起相应个人债务清理模式，并且取得较好的社会效果，各省必定会纷纷效仿并出台相应文件，借鉴"山东经验"推动制度的构建。如此来看，这对于在国家层面构建个人破产制度的价值是巨大的，因为各省所做的探索提供的不仅仅是数量庞大的案例库、调研库，更是将个人破产的理念以省为单位深层次地往下贯彻，使社会大众慢慢接受并积极参与到该制度的建设中。

2019年12月7日，济南市人民政府办公厅发布《济南市人民政府办公厅关于加快"僵尸企业"处置工作的意见》（济政办发〔2019〕27号）（以下简称济南意见），其中提到："探索个人债务清理机制，落实企业家保护政策。支持法院争取个人破产试点，借鉴外地司法实践经验，探索个人债务清理机制，重点解决因企业破产产生的企业家个人连带责任担保债务问题,明确企业家及相关自然人因担保等原因而承担的与生产经营活动相关的负债,可依法合理免责。"该意见发布距离山东方案出台仅一个多月时间,高效率贯彻了山东省政府推进个人破产制度探索的基本理念,短期之内省内文件的纵向出台也充分证明了山东省在推进探索个人破产制度过程的决心以及执行力。济南意见的另一大重要意义在于,其鲜明指出在推进个人破产试点的过程中的重点是解决因企业破产产生的企业家个人连带责任担保债务问题,这是在之前各法律实务部门发布的文件中所没有提到的,该重点的提出,充分协调了企业破产与个人破产的关系,用相对成熟的企业破产理念逐步引导个人破产程序运行到正确轨道。前瞻性来看,在该意见推行一段时间后,理想状态下将会形成"企业破产融合带动个人破产"这一立体案件模型,高效助力各地在企业破产的现有基础上实现个人破产制度探索的突破。①

（二）具体化文件

2019 年 5 月 17 日,浙江省台州市中级人民法院发布《执行程序转个人债务清理程序审理规程（暂行）》（以下简称台州文件）,旨在解决个人债务执行难问题。该流程尚属国内首个"个人债务清理审理规程",其重要意义在于:创造性地将个人债务的执行通过台州文件将其与具有个人破产理念的"个人债务清理程序"联系起来,使之具有个人破产的色彩。从本质来看,台州文件中所规定的个人债务清理已经具有个人破产制度的部分基本理念,其构建起了个人债务与破产之间一道小小的桥梁,桥梁虽小,但在整个制度的构建过程中,该探索也属于重要的基石。虽然该文件仍然具有一定局限性,但此局限性也是受制于我国还未有成文现行的《个人破产法》的法治环境,综合来看,在执行框架内台州文件作出的有益探索应当予以肯定。

2019 年 9 月 12 日,温州市中级人民法院发布《温州市中级人民法院关于个人债务集中清理的实施意见（试行）》（温中法〔2019〕45 号）（以下简称温州意见）。该意见在第一条明确规定:本意见所称个人债务集中清理程序,是执行中的特别程序。笔者认为,该意见的特别之处在于,其已经具有个人破产法的雏形意味。与台州文件相比,该文件基本囊括并规范了个人破产的整个流程,虽然在执行程序这一框架中处理问题,将主体范围限定在被执行人,但是仍然有其突出先进性。

---

① 王康:《我国个人破产制度发展动向探究》,网址:https://victory. itslaw. com/victory/api/v1/articles/article/6e4cd75f－5420－4b32－9539－7ec23e7dee4c？downloadLink＝2&source＝article。

比如,该文件在小范围的限定中采用列举式与开放式相结合的方法,将适用主体划分为五个不同的方面,精细化地将更适合的个人债务人适用于该程序,充分提高个人债务人适用该程序的积极性,大大增加该程序的运转成功几率。2019年10月9日,温州市平阳县人民法院随即发布了根据该意见办结的第一例案件,该案件是严格按照温州意见而审结的。从小方面来看,这是对于温州意见出台后的实践探索,从大方面来看,这是在国家各部委、最高人民法院、各级政府在纷纷出台推进个人破产制度的相关文件之后,理论从高空真正落到实地的一次最完整检验,是一次最直观的成果展示。虽然该案的标的额不大,但其新颖的处理模式以及背后超前的理论支撑使其在我国探索个人破产制度的构建上具有里程碑的意义,相对来看,温州意见也势必将成为我国进行个人破产立法的重要参考。

2020年3月15日,山东省淄博市高青县人民法院发布《关于企业破产中对有关个人债务一并集中清理的意见(试行)》(高法发〔2020〕8号)(以下简称:高青意见),此文件一经发布即引起实务界的广泛关注。这是山东省自山东省高级人民法院、济南市政府发布关于个人破产制度文件之后的第三份相关文件,但与前两份文件不同之处在于,此文件属于山东省内第一份具体化、具有实操性的指导文件。高青意见从适用范围、启动主体等多方面,共二十二条相对完整地将个人债务清理程序予以规定。其适用对象的侧重点是针对"在企业法人已进入破产程序情况下,与破产企业有关联的自然人",并且采用列举式的立法技术对关联自然人的范畴进行了明确规定。而且,高青意见对于可以适用此文件清理的债务范围也在第一条进行了明确规定,即"破产企业生产经营活动中对企业债务承担清偿责任的有关个人债务"。综合山东地区在先发布的两份文件整体来看,也就可以理解高青意见为何在可适用清理程序债务范围、可适用主体方面等这样规定,因其都是基于山东省"优化营商环境、重点解决企业破产产生的自然人连带责任担保债务问题"这一大社会背景之下。从全国范围内来看,山东地区是继浙江地区之后第二个发布具体性文件的省份,也成为第一个同时在省内具有指导性文件、具体性文件的省份,从该方面看,山东已经走在个人破产制度探索的前列,也必定会给未来的个人破产立法带来重大影响。

2021年3月1日,《深圳经济特区个人破产条例》正式施行,这是推动深圳构建高质量发展体制机制,率先建设体现高质量发展要求的现代化经济体系的需要,也是深圳率先垂范,走在构建我国个人破产制度之路最前列的象征。在《深圳经济特区个人破产条例》中,积极引导市场主体有序退出,激励个人市场主体创业创新,救济诚实而不幸的债务人,防止恶意逃债。学习借鉴市场经济发展比较成熟的国家和地区的破产立法经验,开展制度创新,立足特区实际,充分体现了深圳特色。

结 语

当下,推进个人破产制度的构建,推动个人破产法的立法工作,是各地、各部门都在不断努力的方向。根据我国目前的基础情况来看,个人破产制度所运行的土壤已经基本成型,只需要立足于我国的基本国情,跟我国其他的基本制度做好接洽,个人破产制度的运行势必会给社会发展带来极大益处。

但是不可避免的是,随着个人破产制度的不断推进,实际运行的过程中肯定会出现大量新问题,只要在此基础上进行不断反思,制度建设必定会不断完善。在现今情况下,基于我国国情出发,积极构建并稳步推进个人破产法律制度有其必要性与可行性,这也是我国在下一阶段立法探索过程中应当予以重点关注的方向。

公司决议瑕疵的法律问题探究

党晨阳[*]

摘　要:公司决议是公司处理日常事务的重要形式,有效的决议是确保公司正常运行的基础,因此决议的产生必须严格遵守法律规定的程序要件和实质要件。但在实践当中由于各种各样的原因,时常会导致公司决议瑕疵,对瑕疵决议进行补救要求就公司决议的性质、瑕疵协议的产生事由以及瑕疵决议的补救措施展开研究。《民法典》和《公司法司法解释(四)》的出台基本确立了公司决议作为民事法律行为的性质,以及决议不成立的引入对决议瑕疵"二分法"分类的补充完善。在厘清瑕疵决议的相关法律概念后,最终的目的是解决其引起的民事纠纷。公司决议瑕疵诉讼是瑕疵决议司法救济的主要途径,但是显然不能满足公司作为商事主体追求高效的利益需求,因此在诉讼途径之外,应当引入仲裁和公司内部治愈的手段,更为全面的保障公司内部结构稳定和正常发展经营。

关键词:公司决议　决议瑕疵　决议瑕疵诉讼

一、公司决议瑕疵的法律概念界定

公司决议是公司在市场经济活动中产生的,是公司内部成员遵循一定的程序达成合意而形成的一项意思结果。对于决议的性质学界素有争论,有观点认为其只是公司意志的外在体现,也有观点认为其是产生法律效果的民事法律行为。厘清决议的性质对理解瑕疵决议效力具有重要的作用,在《最高人民法院关于适用

＊　党晨阳,男,河南平顶山人,济南大学政法学院2020级法律硕士,研究方向民商法学。

〈中华人民共和国公司法〉若干问题的规定(四)》(以下简称《公司法司法解释(四)》)出台后,公司决议和瑕疵决议的区分得到了更权威的解答。

(一)公司决议的性质

市场经济活动中公司作为独立的法人主体,以自身的意思表示对外发生法律关系并独立承担法律责任。公司决议是股东会、股东大会、董事会或监事会通过合法的程序,遵循公司章程而制定的能够指导公司内部经营管理和外部交易活动的一种产物。从原则上讲,公司决议是大股东和小股东之间资本对决产生的公司内部意思表示达成一致的展现,程序正当、内容合法的公司决议一经作出即可生效,公司应当遵循。公司决议是公司内部集体讨论研究得出的意思结果,而且这种意思结果直接对其外部活动和内部经营产生法律意义。因此探讨公司决议的性质,是研究公司决议效力的重要依据。

学界对于公司决议性质的观点,大体分为"意志说"和"行为说"两种。意志说认为公司决议的过程只不过是公司意志形成的过程,究其本质是一项拟制的公司意志,通过公司运行程序的运转,对公司内部成员的意志进行修正从而形成公司的独立意志,其与公司代表机关将公司意志对外表现的表示行为有明确的区分。[1] "行为说"认为《中华人民共和国民法典》(以下简称《民法典》)已经明确地将公司决议定位于民事法律行为的章节中,[2]据此可以将公司决议的性质定位为股东(董事)之间对于公司事务的经营管理所做出的一种特殊的民事法律行为。[3]虽然公司决议在性质上是民事法律行为,但是公司的意思表示毕竟与自然人的意思表示是不一样的,其是一种依据特定的决定程序作出的特殊民事法律行为。

两种学说分别从宏观和微观的角度对公司决议进行了定性,通常来说,公司决议只对公司内部具有约束力,而对公司外部不具有约束力,即使公司与外部发生民事法律关系,也不是直接以决议作为意思表示,而是另外作出法律行为与外部人员形成合意,决议只是对外发生民事法律关系的依据。所以,研究公司决议的性质,应当从公司内部这样的微观角度出发,将其视为公司内部的一种意思表示,是全体会议成员经过法定程序做出的法律行为。公司决议需要考虑交易的安

---

① 秦慧慧:《公司决议性质与效力瑕疵若干思考》,载《上海法学研究》2020 年第 7 期。

② 《民法典》第一百三十四条:法人、非法人组织依照法律或者章程规定的议事方式和表决程序作出决议的,该决议行为成立。

③ 王雷:《〈民法总则〉中决议行为法律制度的力量与弱点》,载《当代法学》2018 年第 5 期。

定性,以及对股东意思表示和利益的保护,同时还需要兼顾公司利益而最大限度地保持公司决议有效性以免除公司成本的浪费,因此作为民事法律行为来调整更能体现其稳定性。此外《民法典》已将包括公司在内的法人决议行为纳入民事法律行为制度当中,那么就应当严格贯彻。

（二）公司决议瑕疵的分类

有效的公司决议是股东会、股东大会或董事会经过正当的程序,遵循公司章程而制定出的内容符合法律、行政法规和公司章程的法律行为。反言之,有瑕疵的公司决议要么是在程序上不符合正当性,要么是在内容上违反法律、行政法规和公司章程的规定。对公司决议瑕疵分类的争论一直存在,最为主要的两种观点为"二分法"与"三分法"。

在《公司法司法解释（四）》出台之前,国内采用的是以"二分法"结构为基础,将公司瑕疵决议效力分为决议无效和决议可撤销。这种学说是在默认公司决议符合法律行为成立要件的条件上,认为公司决议业已存在,然后再对公司的决议行为效力进行价值判断。"二分法"认为公司决议不成立和决议无效两者具有相同的法律行为后果即自始不产生效力,对于公司决议不成立的情形适用决议无效的法律依据进行处理即可,不必做出单独的区分,因此遵循此种观点一开始公司法没有将"公司决议不成立"纳入公司决议瑕疵效力类型的范畴。二分结构对应民事法律行为制度中的法律行为无效、效力待定和可撤销,由于效力待定具有不稳定和多变性,为了维护交易秩序安全,故在商事领域中只规定了法律行为无效和可撤销。① 但在司法实践的适用过程中,二分结构逐渐显现出法律逻辑的不足:决议成立要件和决议效力判断分属于不同的层面,决议成立与否是进行效力判断的前提条件,如果前提条件无法成立,那么会必然影响到后续对于效力的价值判断;此外不成立的公司决议事由和决议无效适用不完全等同,如公司未召开决议会议,此时就不涉及决议无效的情形,也就不能适用《中华人民共和国公司法》（以下简称《公司法》）第二十二条第一款②决议无效的规定。股东没有合适的法律依据寻求救济,而法院在面对此类案件时也只能适用无效决议的规定进行处理。

---

① 邱悦:《关于〈公司法司法解释（四）〉中不成立之诉浅析》,载《法制博览》2018 年第 12 期。

② 《公司法》第二十二条第一款:公司股东会或者股东大会、董事会的决议内容违反法律、行政法规的无效。

　　"三分说"在"二分说"的基础上添加了公司决议不成立的法律效力类型,包含公司决议无效、公司决议可撤销、公司决议不成立三种类型。三分体系的视角下公司的决议行为从成立要件和效力判断依次划分,决议不满足成立要件则决议不成立,无需进行决议的效力判断。当决议满足成立要件时则要对决议形成的程序和内容进行审查,按照瑕疵程度将其划分为无效决议和可撤销决议。在司法实践中存在着大量决议不成立的事由,譬如伪造会议记录和签名、缺失召开股东会等情形,如果将其归于无效公司决议则缺少法律依据,将其归于可撤销的公司决议则在撤销之前具有法律效力,这就可能给公司带来不必要的损失和隐患。因此《公司法司法解释(四)》增添了公司决议不成立的效力瑕疵类型,[①]作为对司法实践的回应填补了这一法律漏洞,使得现实情况中决议不成立的类型有法可依,不仅为受到损害的当事人提供了新的救济渠道,也保障了公司的平稳运行和股东的财产权利。

　　(三)公司决议瑕疵的区分

　　根据一般的民法法律行为理论,行为成立需要有行为人、意思表示和明确的目的三个要件。决议作为公司这一拟制法人的特殊民事法律行为,需要经过多个主体对决议内容进行表决,多种意思表示经过召集与表决等程序,根据资本多数决原则,最终形成公司决议。[②] 因此如果决议没有经过召集和表决等程序,或者虽然经过了召集和表决的程序,但是违反资本多数决的原则,存在严重的程序性瑕疵,导致该决议因欠缺意思表示而不成立。此种情形属于成立要件的缺失,仅涉及法律事实层面的判断,当决议不成立时则不会涉及决议无效与决议可撤销的问题。

　　倘若决议成立的各个要件完备,表明其经过了法律事实层面的认定,进入到法律价值层面的评价。此时需要对决议的内容进行实质性审查,所谓决议内容是

---

　　① 《公司法司法解释(四)》第五条:股东会或者股东大会、董事会决议存在下列情形之一,当事人主张决议不成立的,人民法院应当予以支持:

　　(一)公司未召开会议的,但依据公司法第三十七条第二款或者公司章程规定可以不召开股东会或者股东大会而直接作出决定,并由全体股东在决定文件上签名、盖章的除外;

　　(二)会议未对决议事项进行表决的;

　　(三)出席会议的人数或者股东所持表决权不符合公司法或者公司章程规定的;

　　(四)会议的表决结果未达到公司法或者公司章程规定的通过比例的;

　　(五)导致决议不成立的其他情形。

　　② 成亮辉:《论股东大会决议之瑕疵》,载《经济学研究导刊》2012 年第 5 期。

见著于决议文件上需要表决的事项。当决议内容违反法律、行政法规时,则得到法律的负面性评价,即决议无效。当然法律、行政法规包含的内容甚多,可以分为程序性规定与实体性规定,也可以分为强制性和任意性规定。从商事效率的角度出发,并且为了维护决议的稳定性,对于作为评价标准的法律、行政法规应当做限缩解释,此处仅指法律、行政法规中的实体性、强制性规定,如决议内容违反私法中的公序良俗、决议挪用公司资金违背了诚实信用等基本原则的。对于该种法律行为产生的法律关系不受法律保护,而决议自身也自始、当然、确定地不发生效力。

决议可撤销也是以决议的成立为前提,属于法律价值判断问题。[①] 倘若决议成立的各个要件完备,并且决议内容不违背法律、行政法规的,仅在决议产生的程序方面存在轻微瑕疵的,属于可撤销决议。决议不成立和决议可撤销都是由于决议的程序瑕疵所导致,它们的主要区别在于决议瑕疵的严重程度。严重的程序性瑕疵不能形成有效的意思表示,如未召开会议、会议未对决议事项进行表决、会议进行了表决但违反资本多数决原则等都会使得决议无法成立。轻微的程序瑕疵是已经形成意思表示,只是由于召集程序、表决方式违法违章,决议内容违章而导致决议可撤销。

二、公司决议瑕疵的法律类型

决议的成立需要两方以上的当事人采用约定或者法律规定的形式达成意思表示一致,合意达成并采用多数决的意思形成机制。公司的特殊组织性要求决议的合法性不仅要体现私法自治原则,而且要遵循正当程序和民主决策,因此公司决议的成立要围绕资本多数决的意思形成机制在整个会议过程中展开。按照公司法规定,可将会议程序分为召集、召开、表决三个阶段,在不同的阶段如果缺失了某个程序要件或者违反了法律的规定,都会导致公司决议的瑕疵。[②]

（一）召集阶段

会议召集是召开会议的前置性程序,也是确保每一个成员与会权和表决权实现的重要保障。为了保障会议的有效性和所做决议的合法性,召集形成公司决议

---

① 钱玉林:《股东大会决议瑕疵的救济》,载《现代法学》2005 年第 3 期。

② 李建伟:《公司决议效力瑕疵类型及其救济体系再构建——以股东大会决议可撤销为中心》,载《商事法论集》2008 年第 15 期。

的会议需要合法的召集权人依法做出召集决定并且履行通知义务,目的是能够让与会者实际参与。实践中会议召集程序的瑕疵一般包括三类:无召集权人召集;召集权人未依法做出召集决定;未依法履行通知义务。

《公司法》第四十条和第一百零一条规定了召集权人的范围与召集权人的顺位,顾名思义无召集权人就是召集权范围之外的人和违反召集权顺位的后位召集人。理论上认为无召集权人召集会议属于严重的程序瑕疵,不涉及决议内容,当属于决议的不成立。但在审判实践中各个法院的认定不一而同,如在黑龙江省牡丹江市中级人民法院一例判决中①董事会未履行召集和主持义务,法院判决程序合法,监事会、监事有权直接召集和主持股东会会议。而在北京市第二中级人民法院的另一例判决②中股东未向董事会、监事会要求履行职责,自行召集临时股东会,法院判决股东会决议不成立。前者认为实际召集人可以自证其有合法召集权,否则将承担不利后果;后者法院认为严格的召集程序是股东的财产权与经营权分离的体现,因此没有经过法定召集程序而自行集会不属于股东会议。

根据前款公司法的规定,召集股东会需要董事会的决议,这表明个别董事并无召集权,董事会作出决议后才能召集股东会,否则将导致召集瑕疵。审判实践中此类情况又可分为未经决议由董事长实际召集和未经决议由董事长之外的人实际召集,后者属于绝对无召集权的行为不再赘述,对于前者一般认为不属于程序瑕疵,即便认定为程序瑕疵也仅属于轻微瑕疵,决议效力也当从可撤销判决。

对于会议召集的通知,公司法仅提供大体的框架,具体事项交由公司章程自治。未依法履行通知义务是指未在指定期间发信至召集对象,使其无法知悉会议召开的事实,只要履行了通知义务,召集对象是否实际知悉不在通知义务范围之内。实践中对于未履行通知义务的(如吉林市长春市绿园区人民法院判例)③自然会衍生出会议未召开或会议召开、伪造股东签名、待决事项未经表决等一系列其他瑕疵,因此对于未履行通知义务的,法院一般认为构成严重程序瑕疵,判决决议不成立或无效。

(二)召开阶段

召集程序履行完毕的逻辑结果是会议的实际召开,为了确保决议的实现必须

---

① 参见黑龙江省牡丹江市中级人民法院(2016)黑 10 民终 421 号民事判决书。
② 参见北京市第二中级人民法院(2016)京 02 民终 2737 号民事判决书。
③ 参见吉林省长春市绿园区人民法院(2016)吉 0106 民初 909 号民事判决书。

要有做出决议的场和参与决议的定足人数,对应在会议召开阶段的主要瑕疵是未召开会议和会议出席人数不符合规定,其他瑕疵为主持人瑕疵和会议记录瑕疵。无会议则无决议,除有限责任公司全体股东以书面形式一致同意直接作出免开决定外,实际召开会议是做出决议的基本构成要件,虽然公司法未就股东会的实际召开做出规定,但在案例中法院都认定未实际召开会议的属于严重程序瑕疵,不能形成有效决议,所以认定决议不成立或未形成。除此之外,公司法还规定会了议召开主持人的推选以及召开过程中的会议记录规范,但此两项一般不会单独影响公司决议的效力,需要结合其他瑕疵认定。

(三)表决阶段

表决是为了确保多数意思的实现,将需要付诸表决的议案提交与会者审议,而后赞成议案的意思满足多数决比例,这是作为团体意思的决议的形成机制。按照逻辑的先后顺序,实践中表决阶段的瑕疵可划分为:无表决权人表决、未经表决、表决未达多数比和表决行为意思表示不真实。

表决是表决者的应有权利,在公司决议中不具有表决权的情形有如下两种:一是不具有表决身份且无有身份者的合法授权;二是在特定情形下所持的表决权不得行使。无表决权者参与的决议并非绝对不成立,应当在去除该表决数后,看出席人数是否满足定足数并且决议是否形成多数比。如果结论是肯定的则决议有效,相反则决议不成立。公司决议作为团体法律行为以"人数多数决"或"资本多数决"来形成意思表示,①即使团体中存在着反对的意思表示,也无碍团体意思表示的成立。表决形成是决议的必经阶段,如果跳过这一阶段就违反了决议的民主决策原则,当然也就无从形成决议,实践判例中对此基本以决议不成立处理。表决未达多数比是指决议的赞成票未达到规定的表决权数,这是在与会者满足定足数的基础上形成的表决瑕疵。公司法对赞成票比例在股份制公司中规范其详,而在有限公司中多交其自治,章程可以在法定框架之内进一步细化或者提出更严格的要求。在无其他瑕疵的情况下赞成决议票数未达到多数比,导致决议不成立的结果不言自明;如涉及其他瑕疵则同上文在排除瑕疵者的表决权后进一步判断。

表决行为不真实的情形在实践中较为复杂,主要情形有无权代理和伪造签名

---

① 许中缘:《论意思表示瑕疵的共同法律行为——以社团决议撤销为研究视角》,载《中国法学》2013 年第 6 期。

两种。决议作为非人身性质的法律行为自然适用代理制度,但囿于公司决议这一法律行为的特殊性,其代理制度也不同于一般的民事代理。为了维护决议的稳定性,决议行为的代理只要存在代理权外观即可认定为表决行为意思表示真实,并且公司的组织程序机制基本过滤了表决代理场合下发生无权代理的可能,故在实践中的代理行为一般不会影响表决的效力;至于决议代理的具体授权范围,依照商事代理的规则,即便为概括性授权也不存在意思表示不真实而允许被代理者有事后否认的空间。① 对于伪造签名事项,经鉴定证明确认后法院会扣除该签名项下的表决权,如果无其他程序瑕疵且不影响通过比例的则决议有效。

三、公司决议瑕疵的救济

司法救济是解决公司决议瑕疵纠纷的主要手段,《公司法司法解释(四)》完善了决议瑕疵诉讼制度,进一步明确了诉讼主体的范围和诉讼事由,有效填补了实践中常见高发的法律漏洞。但是公司作为私法领域的主体,仅有公权力的介入不符合市场经济所提倡私法自治的要求。因此为了保障公平的交易环境和公司的稳定运营,还需要诉讼之外的制度进行补充。

（一）公司决议瑕疵之诉

公司决议瑕疵诉讼根据公司法的规定分为三种类型,分别为瑕疵决议无效之诉、瑕疵决议不成立之诉和瑕疵决议撤销之诉。对于请求确认决议无效和不成立的,《公司法司法解释(四)》规定其原告范围为股东、董事、监事等人,由于无效决议和不成立决议的违法性更高,因此司法解释原文在列明原告范围后添加了"等"字,方便为实践中出现的特殊情形提供包容空间。对于请求撤销决议的原告范围,公司法仅将其限制为股东,并且必须是在起诉时具有股东资格。该项权利付随在股权之上,只要股权存在,股东的原告资格也就存在。公司决议瑕疵诉讼的被告为公司。公司作为独立的法人主体可以单独实施法律行为并承担法律责任,决议代表着公司的整体意思表示,其产生的法律效果及于公司内部的全体成员,因此在产生瑕疵决议时应将公司列为被告。

提起公司决议瑕疵之诉的事由通过上文对决议瑕疵类型的列明可归纳如下:决议不成立在召集阶段表现为无召集权人召集、未履行通知义务;在召开阶段表

① 参见吉林省长春市中级人民法院(2016)吉 01 民终 1631 号民事判决书。

现为未实际召开会议、出席人数不足定足数;在表决阶段体现为未经表决、表决未达多数比以及作为兜底条款的其他情形。决议可撤销在召集阶段体现为召集权人未依法作出召集决定、召集通知未载明决议事项;在召开阶段体现为主持人瑕疵与无会议记录;在表决阶段为股东或委托代理"股东"缺席表决会议、代理股东的代理资格违反法律规定等。决议无效则是违反了法律法规,具有严重的内容瑕疵。当然立法不能穷尽实践中的所有情形,对具体情况导致决议效力的瑕疵要结合不同瑕疵决议的本质来判断。

(二)公司决议瑕疵之诉的完善

《公司法司法解释(四)》建立三分法的瑕疵决议体系后,决议瑕疵诉讼也更加具体化,但在司法实践中仍然存在着模糊之处。首先,为了防止股东滥诉对公司造成不利影响,对于召集程序和表决方式违反法律行政法规即可撤销的决议,《公司法司法解释(四)》①规定股东可以请求人民法院撤销,如果会议程序和表决方式仅有轻微瑕疵的且对决议没有实质性影响的,人民法院不予支持,这是决议可撤销的裁量驳回制度的请求法律基础。在此情形之上法律并没有进一步细化对"轻微瑕疵"及"实质性影响"的解释,因此在实务中各个审判机关的判断标准并不统一,会造成相同情形不同判决的裁判乱象。其次,为了保证公司的正常经营,《公司法》还规定了决议瑕疵诉讼的担保制度,②即股东提起决议瑕疵诉讼的,人民法院可以根据公司的请求要求股东提供一定的担保,但这种担保制度仅及于二分法之下的无效决议和可撤销决议,对《公司法司法解释(四)》新增加的不成立决议并未做出回应,并且对股东承担担保责任的范围和数额也没有做出规定。再者,股东资格是提起决议瑕疵诉讼的必要条件,然而实务当中股东资格的认定却十分复杂,往往会出现隐名股东、代持股、股东出资瑕疵和诉讼过程中股权转移等一系列疑难问题,在股东资格模糊不清的状况下,就需要法官依据实际情况和

① 《公司法司法解释(四)》第4条:股东请求撤销股东会或者股东大会、董事会决议,符合公司法第22条第2款规定的,人民法院应当予以支持,但会议召集程序或者表决方式仅有轻微瑕疵,且对决议未产生实质影响的,人民法院不予支持。

② 《公司法》第22条:公司股东会或者股东大会、董事会的决议内容违反法律、行政法规的无效。股东会或者股东大会、董事会的会议召集程序、表决方式违反法律、行政法规或者公司章程,或者决议内容违反公司章程的,股东可以自决议作出之日起六十日内,请求人民法院撤销。股东依照前款规定提起诉讼的,人民法院可以应公司的请求,要求股东提供相应担保。公司根据股东会或者股东大会、董事会决议已办理变更登记的,人民法院宣告该决议无效或者撤销该决议后,公司应当向公司登记机关申请撤销变更登记。

法律规定去判断原告是否适格,此时对法律明确界定股东资格也就提出了更高的要求。最后,对于可撤销的决议《公司法》仅规定股东为适格被告,对原告范围的限制可能影响到董事、监事的勤勉义务并且不利于有利害关系的第三人直接救济,此外股东并非公司的直接经营者,对于有瑕疵的决议可能存在发现不及时的情况,这也会导致股东的利益受损,因此笔者认为《公司法》对可撤销决议诉讼的原告范围设定过窄。

针对以上问题,笔者建议:第一是细化决议可撤销的裁量驳回制度。决议可撤销的裁量驳回制度的设立是对股东利益的保护和维护商事交易稳定的平衡,如果公司决议瑕疵的损害程度小于瑕疵决议执行的损害程度,法院可以驳回股东撤销瑕疵决议的请求;具体来说,如部分股东缺席公司会议,但即使缺席股东参加会议也不会对最终决议产生影响;决议产生的会议召集召开或表决程序不符合公司章程,但决议的结果是公司内部集体的真实意思表示;股东未列席公司会议,但在规定期限内即使追认的。以上类似情况可在司法解释中阐明,以便实务裁判有迹可循。第二是增加决议瑕疵诉讼担保制度的范围,将决议不成立也纳入到决议瑕疵诉讼担保之中。即股东主张决议不成立的,人民法院同样可以依据公司请求要求股东提供相应的担保,这样可以保持法律和司法解释的体系性和连贯性。除此之外还应当明确提供担保的数额和必须提供担保的情形,一般来说股东提供担保的数额和预期执行瑕疵决议对股东所造成的损失相当,对于决议瑕疵诉讼必然或大概率会对公司产生损害时,法院应当要求股东提供担保,防止为了个人的利益而损害公司整体的利益。第三是明确决议瑕疵诉讼中原告对股东资格的认定。具体来说实务中对股东资格的认定是看股东信息是否记载于股东名册或公司备案登记部门并且股东是否实际认缴出资额,对于特殊情形如隐名股东和代持股,应首先提起股东资格确认之诉,在法院判决其获取股东资格后方可提起决议瑕疵诉讼;对于出资瑕疵的股东,其股东权利会受到瑕疵出资的影响,但瑕疵出资人可以取得股东资格,因此也可以提起决议瑕疵诉讼;对于在诉讼中转让股权的,出让人转让股权后丧失股东资格后,也就丧失了原告资格,因此法院会驳回其起诉,但是受让人在确认股东资格后再提起决议瑕疵诉讼,理论上属于重复诉讼,司法机关也不会支持其诉讼请求,针对这种困境实践中可以依据"当事人恒定主义"或"诉讼继承主义"来解决。即在诉讼过程中当事人主体资格的改变不会影响到其诉讼权利,如果股权受让人担心出让人怠于行使权利,可以申请以第三人的身份加入诉讼,或者直接依"诉讼继承主义"替代原告参加诉讼并承担裁判结果。

(三)公司决议瑕疵之诉的补充

尽管诉讼程序是解决商事纠纷最公平严谨的手段,但这也意味着时间成本的牺牲,要提高市场交易的效率追求更多的经济效益,就需要在诉讼程序之外设置配套的救济方法,允许公司在法律框架内行使自由意志,自主选择更为高效的非诉途径。

仲裁具有时间流程短、自主选择性高的优点。根据《中华人民共和国民事诉讼法》的规定,仲裁机构、仲裁员、仲裁规则都可由当事人自由选择,十分符合市场经济高度自治准则。《民法典》也明确规定仲裁机构可以作为民事法律行为效力认定的评判机构,那么只要股东和公司协商一致,当事人双方也可以选择仲裁方式解决公司瑕疵决议引起的纠纷,①因此引入仲裁程序解决公司瑕疵决议问题可以节约大量的时间成本,降低股东解决纠纷的成本。此外,对于程序上有轻微瑕疵的公司决议,存在着公司内部治愈的可能,应当允许股东通过内部协商解决,而这种解决的方式主要为对瑕疵决议的撤回或追认。这种理论来源于《德国股份法》和《日本公司法典》,公司作为私法领域的主体,通过意思自治对其瑕疵民事行为进行规则自愈,不仅可以减少公权力的干预,而且可以提高公司内部面对经营危机时的管理水平。应当注意的是,允许公司内部治愈需要严格的条件限制。首先,瑕疵决议的决议撤回或追认仅适用可撤销的公司决议,不成立或无效的决议由于存在严重的瑕疵而不允许公司自由意志的干涉;其次,撤回或追认的期限,应当秉承将公司和交易相对人的损失降低到最少的原则,一般限定在决议未被实际执行之前;最后,撤回或追认的方式,因为决议体现了公司内部的整体意志,公司如要撤销或追认该决议就必须重新作出一个新决议,并且该瑕疵决议是由哪个决策机构做出的,就由哪个决策机构作出撤回或追认决议的新决议。

---

① 陈开梓:《论公司决议瑕疵司法救济制度的完善》,载《行政与法》2018 年第 10 期。

有限公司股东优先购买权相关问题研究

李 宁[*]

摘 要:由有限公司股东的优先购买权而引发的股权转让纠纷在司法实践中并不少见,更是理论界经常讨论的重要问题。我国优先购买权的制度设计从1993年创制到现在,经过几次补充修正,也具备较强的实用性和可操作性。本文根据《公司法》和《公司法司法解释(四)》的有关规定,来分析与有限公司股东优先购买权相关的问题。本文先从优先购买权的发展演进过程谈起,简述优先购买权的立法背景,并对学理界争议的优先购买权的性质进行阐释,同时,对于《公司法司法解释(四)》中增加的股东反悔权进行简要分析。对侵害股东优先购买权的常见类型进行列举,进一步分析相关合同效力,并对优先购买权应当如何救济进行阐释。

关键词:优先购买权 反悔权 合同效力 权利救济

一、股东优先购买权的发展演进

我国最早在正式法律文件中提到股东的优先购买权是在1993年《中华人民共和国公司法》(以下简称《公司法》)第35条第3款,该款规定,"经股东同意转让的出资,在同等条件下,其他股东对该出资有优先购买权。"

而后在2005年,我国对1993年《公司法》进行了大规模的修订,此次修订共计修改了九十一个条文,其中增加四十四条,删除了十三条,本次修订中新增加了当多个股东同时请求行使优先购买权情形下的分配原则,以及赋予了公司章程可

---

* 李宁,女,山东荷泽人,济南大学政法学院2020级硕士研究生,主要研究方向行政法。

以对公司股权转让作出其他规定的变通条款。

为了应对司法实践中出现的日益复杂的股东优先购买权案件纠纷,2017 年最高人民法院发布了《关于适用〈中华人民共和国公司法〉若干问题的规定(四)》(以下简称《公司法司法解释(四)》),于该司法解释第 16 条到第 22 条中进一步细化了股东优先购买权的行使程序和规则。本文主要围绕《公司法司法解释(四)》第 17 条和 20 条进行展开,此两条司法解释主要规定了股权对外转让的程序,股东优先购买权的规定以及转让股东的反悔权。

二、股东优先购买权的立法目的及背后法理

(一)保障有限公司的人合性[①]

股东优先购买权规定的是有限责任公司的股东准备转让其公司股份时,在同等条件下,公司其他的股东所享有的优先受让该转让的股份的权利。

股东优先购买权的提出是基于有限责任公司的人合与资合的特点,目的是维护有限公司的人合性,进而保证公司各项工作能够有序进行,维护有限公司经营稳定。另一方面,有限责任公司内部股东通常不会发生改变,具有相对封闭性,股权的流动性也比较稳定。这种情况下,公司股东之间对彼此信赖利益更强,更注重股东之间的诚信问题,这也是有限公司能够保持其稳定性的必要条件。如果股权可以轻易转让给公司股东以外的第三人,有限公司的人合性就会发生改变,相应的,股东之间的信任度也会降低,不利于有限公司的运营。因此需要对股权转让予以合理限制,进而引入了其他股东的优先购买权。

所以,从本制度的立法目的来看,其欲保护的首要对象应是公司内部的其他股东,而非转让人与受让人,所欲维护的是公司内部的人合性和稳定性,该制度初衷也意在授予公司其他股东在特定条件发生时凭借自己的单方行为即可受让该股权的权利,一方面允许非出让股权的股东以单方意思表示决定是否要受让该股权,维护公司的稳定性;另一方面,由于法律给股东优先购买权设置了"同等条件"的要求和限制,使得出让股权股东的经济利益也能够获得有效保障。[②]

---

① 赵磊:《股东优先购买权的性质与效力——兼评〈公司法司法解释四〉第 20 条》,载《法学家》2021 年第 1 期。

② 葛伟军:《股东优先购买权的新近发展与规则解析:兼议〈公司法司法解释四〉》,载《中国政法大学学报》2018 年第 4 期。

（二）降低交易成本

虽然股东优先购买权的设立确实在客观上限制了股东自由转让其股权的权利，但从长远意义上来说，股东优先购买权制度的设立，能够极大地降低交易成本。主要表现为：

一方面，作为公司成立后通过转让股权获得股份的股东，其经营管理理念可能大概率不同于公司的原始股东，因此双方之间容易对公司的日常经营和发展规划产生意见分歧，从而增加股东经营活动的不稳定性，增加交易成本。

另一方面，获得股权的外部第三人进入公司后，对于原股东之间的协议，可能并不能做到完成认同，因此可能造成第三人与原内部股东一起重新签订新协议的情形。新协议的签订，可能会使原股东与其他人合作受阻。另外，还应考虑到，原内部股东如果对受让股权的外部人不完全信任，那么该内部股东会有撤出资金的可能，因而给公司造成不利影响，增加交易成本，不利于公司的稳定和良好市场环境的维护。

（三）原股东可以掌握公司大部分股权，防止股权外流

公司的经营存续期间，任何一方股东都希望能够获得对公司的绝对控股，以此获得在公司内更大的话语权和对公司的绝对控制。而优先购买权制度的存在，就给予了公司股东得以不断扩大其股权的可能性。

股东优先购买权制度虽然限制了原有股东转让股权的权利，但是，该制度却赋予原有股东获得该股权的更大机会，通过这一机会，原有股东有很有可能获得该公司的控制权。公司成立之初便是由原来的股东发展起来的，保护原股东权利本应是合理的，其中就包括股东的控制权。

（四）平衡各方当事人利益

《公司法》制定之初，其主要目的就是使《公司法》上的各种利益主体受到平等保护，当不同主题的合法权益可能产生冲突时，尽可能平衡各方当事人的合法权益。作为《公司法》中最重要的制度之一，股东优先购买权制度的设计就完美体现了这一价值追求。股东优先购买权制度主要解决转让股东、其他股东和第三人这三者之间的关系，在其中起到一个平衡作用，进而减少三者之间的利益冲突。按照《公司法》中意思自治的原则，股东自由依据合法的形式与他人投资成立公司，随后，该股东当然具有自由转让股权的自由，但是由于有限责任公司所固有的特殊性，也就是有限责任公司成立之初原有股东建立起来的人合性，可能随原有

股东的退出造成破坏,从而导致有限责任公司利益受损,为了保护这种利益,因此,该制度不仅在原有股东之间通过各种形式予以约定成立,同时,立法者也通过立法使该制度得以在法律上得以确立,成为一项原有股东的法定权利。表面上看,该制度从一定程度上确实限制了原有股东的自由转让股份的权利,是对公司法意思自治的侵犯,损害了介入人之间的利益,但是从长远来看,该制度维护了有限责任公司的稳定性,有利于原有股东团结一致,共同出力,经营公司,从而使股东利益最大化。

三、股东优先购买权的权利性质

关于股东优先购买权的权利性质,学界一直以来存在着很大的争议。本文仅主要论述三种目前比较主流的观点,包括请求权说、形成权说和特殊权利说。[①]

（一）请求权说

根据《公司法司法解释（四）》第 20 条的规定,转让股权的股东,在其他股东行使优先购买权之后,又不同意转让其股权的,在没有公司章程约定和全体股东另有约定的情况下,人民法院是支持转让股东的请求的。

请求权是指权利人可以请求他人为或不为一定行为的民事权利。根据上述司法解释的规定,公司内部股东优先购买权的行使要分为两个阶段进行:首先是股东在获知"股权转让的同等条件"后,向转让的股东主张其优先购买权。然后是转让股东接受内部股东提供的同等条件,与内部股东签订股权转让合同。这时,双方进行的股权转让才成立。请求权说认为,在满足同等条件之后,主张优先购买权的股东向转让股东主张优先购买权,并向转让股东发出要约,意图订立转让协议合同。转让后的股东同意其请求,向其承诺,合同才成立。也就是说,股东优先购买权的行使受到欲转让之股东意思的限制。

结合请求权的定义,欲受让股权的股东并无法以自己单方的意思表示获得股权的转让,而只能经转让股东同意后方可行权,因此,股东优先购买权的法律性质属于请求权不无道理。请求权说的主张从权利行使的具体程序出发,从这一点上来看,优先购买权确实十分符合请求权的主要特征。但是,同时也应当看到,这种制度设计对于公司内部其他股东来说是一种相对比较消极的救济方式,以此维护

---

① 李建伟:《有限公司股东优先购买权侵害救济研究——兼评〈九民纪要〉的相关裁判规则》,载《社会科学研究》2020 年第 4 期。

公司在股份转让时的稳定运行。从这一点出发来说,请求权说与立法目的不太吻合。

（二）形成权说

形成权说主张从股东优先购买权制度的立法原意和维护有限责任公司的人合性特点出发,认为将股东优先购买权视为形成权更符合相应的价值判断。

股权不具有绝对权的性质,不可以由权利人自由处分。根据法律规定,股权的行使受其他股东意愿以及公司章程的限制。其他股东在特定条件下以自己的单方行为取得受让该股权的权利是防止股东任意对外转让股权的有效方法。

从维护公司人合性的角度出发,允许其他股东自行决定是否要受让该股权,同时,为了维护转让股东的利益,设置了其他股东必须是以"同等条件"受让该股权的门槛,以此平衡双方的利益诉求。

按照《公司法》第71条的规定,欲行使优先购买权的股东必须经过两道程序方能行权,首先是出让股权的股东若欲向本公司股东以外的人转让股权,必须经其他股东过半数同意。只有在所有其他股东超过半数同意转让该股权的情况下,其他股东才可以遵循同等出让条件的规则下,行使其优先购买权。另外,如果对于股权转让,公司章程或全体股东另有规定的,应当按照相关规定处理。

在第一阶段中,只要股东主张购买股权,就意味着其行使了优先购买的权利,无需征得任何人同意。第二阶段中的权利,就是我们要研究的优先购买权,虽然和第一阶段权利的行使具有适用前提不一样,但是在性质上是一致的,是股东优先购买的权利的不同表现形式,其性质属于形成权。

形成权说从立法目的出发对优先购买权进行解释,具有一定的合理性。但是,《公司法司法解释（四）》新增了出让股权股东的反悔权制度,也就是说,先前内部股东可以自己的单方意思表示而受让该出让股权的情形已不能成立,而必须要获得出让人的许可,这也就意味着司法机关给股东优先购买权附加了请求权的权能,从此角度来看,这一做法使得公司内部股东与内部股东以外的第三人相比,在受让内部股东股权转让时,丧失了其优先性,违背了股东优先购买权这一制度设计的立法初衷,不利于维护公司的人合性和股东合法权益的保障。①

---

① 何涛:《有限责任公司股东优先购买权的性质研究》,载《东南大学学报（哲学社会科学版）》2019年第21期。

（三）特殊权利说

《公司法司法解释（四）》的出台，使得特殊权利说这一主张在学界逐渐崭露头角。特殊权利说认为，《公司法司法解释（四）》中新增加的股东反悔权，使得之前的请求权说和形成权说等已经难以完美解释这一权利的法律性质，因此学界应试图突破传统民事权利的固有框架，而立足于制度本身对其进行理解。

该说持有的观点是，股东的优先购买权具有很强的程序性，其无法与现有的任何一项具体的民事权利完全吻合。反悔权制度的设立对维护有限公司的相对封闭性、稳定性和保护股东自由转让股份的权利进行了平衡，以避免法律对私权过度的干涉。而前述请求权说和形成权说两个观点认为公司内部其他股东得基于优先权要求欲转让股权的股东强制缔约甚至交付，这样就损害了转让股东转让股权的自由，进行增加了转让股东不履行通知义务的可能性。将股东优先权定位为公司组织法上的特殊权利，其所体现的是内部股东同外部受让股权人相比所具有的顺位优势，而非要求股东强制缔约或交付的权利。这种观点冲破了传统民事权利类型的桎梏，侧重于强调优先购买权制度本身的功能和目的的实现，避开了学理的争论，具有一定的合理性。

四、反悔权对股东优先购买权的影响

（一）反悔权的概念

一般认为，我国股东股权转让之反悔权规定在《公司法司法解释（四）》第 20 条，该条法律规定：欲让渡股权之股东，在其他股东行使优先购买权之后，又不同意转让其股权的，若公司章程没有特别约定或者全体股东另有约定的情况下，人民法院应当允许转让股东拒绝转让之请求。《公司法司法解释（四）》这一条文，首次赋予了转让股东在内部其他股东向其主张优先购买权后，可以反悔，从而拒绝转让其股权的权利。

（二）反悔权存在的合理性分析

1. 对有限公司的人合性未产生不利影响①

股权转让合同是典型的一种商事合同，而意思自治则是合同行为的重要原则。因此，股东有权决定是否要订立股权转让合同以及与谁订立该合同，转让股

---

① 于莹：《股权转让自由与信赖保护的角力——以股东优先购买权中转让股东反悔为视角》，载《法制与社会发展》2020 年第 2 期。

东行使反悔权并不会导致公司人合性的破坏。在满足公司人合性和相对稳定性的大前提下,法律不应过多干涉股东对其股份进行处分的自由。

同时,在优先购买权的背景下,当受让的第三人无法达到合同目的时,会要求出让股东承担相应责任,出让股东承担相应的民事责任后,会对自身权益造成不利影响。赋予转让股东后悔权后,虽然出让股东会对内部和外部股份购买人都承担民事责任,但其可以根据本次转让过程中的损失的评估,对下次股权转让中股权价值及转让股权的风险预先筹划,以弥补和减小损失。

2. 保障出让股东以自己意思转让股权①

无论是房屋承租人的优先购买权还是按份共有人对共有财产份额的优先购买权等,都是以一个特定的关系为基础。因此,可以看出,法律对优先购买权的规定,也是从保障这一关系的稳定性出发,来保护特定关系的稳定。

有观点认为,反悔权制度的设立,使非出让股权人的股东之优先购买权的行使受到了限制,因此不符合股东优先购买权制度的立法初衷,使得该规定形同虚设,不再具有存在的价值。笔者认为,该观点没有很好地区分立法目的与权利实现途径之间的区别。设立股东优先购买权制度的目的是为了维护股东之间的稳定关系,防止其他第三人随意进入股东关系影响股东之间的信任与合作的关系,保持有限公司的人合性。换言之,股东优先购买权制度是保障公司人合性的一种法律手段。

如果要判断股东反悔权制度的设计是否合理,就看其是否违反了股东优先购买权的立法目的,即是否保护了公司的人合性,而非是否保障了公司内部其他股东取得该出让股权。如满足这一点,那么股东反悔权制度的设立与股东优先购买权制度之间就不发生冲突。

按照法律规定,股东反悔权的行使必须是在公司内部其他股东主张优先购买权之后。此时,外部受让人已经失去了获得股权的资格。因此,该权利的行使,也只是使公司股权又恢复到原股东所持有的状态,公司的人员组成和股权结构构成并未发生任何改变。

因此,股东反悔权制度与股东优先购买权制度之间并无矛盾关系,对股东反悔权不应过分限制,股东反悔权制度本身具有其存在的合理性。

①　于莹、刘赫男:《转让股东"反悔"中的规范秩序》,载《社会科学战线》2020 年第 7 期。

（三）"反悔权"的限制

股东优先购买权制度的立法目的,是为了保护有限公司的人合性,而不是确保其他股东必然获得股权,这是最高人民法院为转让股东增加"反悔权"这一有利的条件的抓手。

但是,司法解释并不是毫无节制地盲目支持出让股东后悔权的行使,事实上,任何权利的行使都需要适当地进行规制。因此,《公司法司法解释(四)》中同样留下了一个弹性条款,即若公司章程另有规定或者全体股东另有约定的则可以排除股东反悔权的适用。这一弹性条款无疑给股东反悔权的行使加上了一道保险杠。如果公司想要限制其内部股东反悔权的行使,则可以在其共同签订的协议或者公司章程中增加相应的限制性规定。

五、对股东优先购买权侵害的情形

（一）违反通知义务进而侵害其他股东同意权

《公司法司法解释(四)》第17条设置了两次通知程序,其他股东在接到这两次的通知以后,可以分别行使同意权和优先权。在第一次通知中,股权转让人将"股权转让事项"进行告知,如果得到过半数人的支持,则可以转让。如果此时未履行通知义务,会剥夺内部股东表达是否同意及购买的机会,进而造成权益的损害。侵害方式主要包括未履行通知义务与未适当履行通知义务两种情况。[1]

接下来从通知的方式、通知等待期等内容,来讨论侵害行为的具体情形。

1. 通知的方式

《公司法》第71条第2款规定,书面通知的方式是履行该义务的主要方式。又根据《中华人民共和国民法典》(以下简称《民法典》)相关规定,书面形式是指以有形形式表现出来,例如合同书、信件和数据电文等。同时《公司法司法解释(四)》也认可其他合理方式,只要能够保证对方能够了解相关内容。同时也有学者指出,如果转让股东可以证明其口头通知其他股东,且已被其他股东认可,口头通知也应允许。因此,该通知应以其他股东确能获知为要件。[2]

---

① 孙宏涛、赵齐:《有限公司股权强制执行中股东优先购买权的行使》,载《民主与法制时报》2019年7月4日第7版。

② 衣小慧:《论股东优先购买权"同等条件"的认定规则》,载《法大研究生》2019年第1期。

2. 通知等待期

关于通知之等待期,《公司法司法解释(四)》第 17 条有较为详细的规定。首先,为了充分尊重公司自治,应当首先以公司章程为准;其次,如果公司没有以章程的形式作出明确规定,则应允许转让股东之意思自治,根据其在通知里确定的期间为准,谨防其他股东恶意延误,导致股权转让的无法实现。当然,正如前文所述,任何权利的行使都不是不受限制的,转让股东在其通知中确定的公司其他股东的答复期间也应合理,以保护公司其他股东有充分的时间考虑和做出决定,我国现行法律规定的行使权利的期限最少为 30 日,以防止转让股东恶意设置过短的期限,侵害其他股东的优先购买权。这一规定,充分考虑到转让股东和其他内部股东双方权利的充分行使,具有重要的意义。

(二)以欺诈、恶意串通手段损害股东的优先权

欺诈是指在转让股东履行通知义务时,未如实告知公司内部其他股东转让合同的真实内容,或者告知公司内部其他股东的交易条件与实际交易条件不一致,如,虚报股权交易价款,附加股权转让条件,从而使其他股东难以行使其优先购买权。恶意串通是指,转让股东与外部第三人串通一气,阻止公司内部其他股东优先购买权的行使。恶意串通的主要形式表现为阴阳合同。

(三)转让股东恶意反悔

《公司法司法解释(四)》为充分保障股东对其股权的自由处分权,为出让股权的股东设立了后悔权制度。然而,转让股东不能滥用此权利,恶意行使“反悔权”。所谓“恶意反悔”,是指在权利人行使优先购买权后,转让人为实现外部转让的目的,反复多次行使其“反悔权”,从而导致其他股东无法取得股权。之所以要限制股东的“反悔权”,是因为股东转让股权的自由与公司内部其他股东的优先购买权存在天然的冲突,如果对滥用“反悔权”的行为不加以约束,优先购买权制度就违背了其立法目的,权利保障也无从谈起。

六、侵害股东优先购买权合同的效力

侵害股东优先购买权的股权转让合同之效力在理论界一直以来都存在较大的分歧,其中比较有代表性的观点包括有效说、效力待定说、无效说、可撤销说和附条件生效说等等。

效力待定说认为,侵犯其他股东优先购买权的股权转让合同的效力可以参照

共有人未经达到法定要求的共有财产份额的共有人同意而擅自处分共有财产的合同效力,在此种情况下,公司股权被当作是一种全体股东所共有的财产,因此该股权转让合同应认定为效力待定。

无效说认为,我国《公司法》有关满足公司内部其他股东优先购买权的规定属于效力性强制性规定,侵害股东优先购买权的股权转让合同无疑违背了这一效力性强制性规定,因此按照《民法典》有关合同效力的规定,此种合同应当然无效。

可撤销说认为,此种侵害股东优先购买权的股权转让合同确实违背了《公司法》有关维护公司内部其他股东优先购买权的规定,可是,公司内部其他股东是否有受让该股份的意愿以及是否有足够的财力受让该股份尚不能确定,因此将此类合同认定为可撤销合同更为合理。

附条件生效说认为,转让股东在取得公司内部其他股东过半数同意的条件下即可与外部第三人签订股权转让合同,但是该合同的生效应以公司内部其他股东明确表示放弃其优先购买权为生效要件。合同签订后,若公司内部其他股东未超过法定期限主张其优先购买权,则前述向外部第三人转让股权的合同不能生效;若公司内部其他股东超过法定期限未主张其优先购买权或者法定期限内明确表示放弃其优先购买权,则前述股权转让合同自优先购买权法定行权期间结束之日或股东明确表示放弃之日即开始生效。

有效说则认为,侵害股东优先购买权的股权转让合同之效力应根据《民法典》第502条的规定,依法成立的合同,自成立时生效。在不存在法律规定的无效和其他效力瑕疵的情形之外,如当事人无特殊约定,合同应当成立且有效。股东优先权只是产生阻碍股权发生变动的效果,而不是否定转让合同的效力,如果因为转让股权股东一方侵害公司其他内部股东的优先购买权而直接导致转让合同无效,那么外部的善意第三人就只能向转让股东主张缔约过失责任,而不能基于原有合同主张合同违约的救济。这两种救济权无论在归责要件还是追责力度上都存在很大差异,对外部人来说其利益并不能得到有效保障。对内部股东来说,合同有效并不会影响其实现优先权。对于转让股东,合同有效也符合意思自治原则。

综合分析前述几种学说,可以看出有效说算是相对更为合理的一种理论解释,该说的观点也在2019《全国法院民商事审判工作会议纪要》中得到了最高人民法院的认可。①

（一）违反转让股东通知义务的合同

转让股东违反通知义务与外部第三人签订股权转让合同，属于程序瑕疵，在不存在恶意串通、欺诈等行为的情况下，不存在合同无效的法定事由，因此该合同有效。②

如在段某强因与被上诉人段某刚、董某霞、董某莉及原审第三人邱某股权转让纠纷民事判决中，梧泰公司成立于1999年4月9日，公司注册资本为200万元，出资股东分别为罗某辉、段某强、江门贸易公司，其中罗某辉出资额为160万元，占公司注册资本的80%，段某强、江门贸易公司各出资20万元，各占公司注册资本的10%，公司法定代表人为罗某辉。2003年1月15日，江门贸易公司将其持有的梧泰公司10%的股权转让给了段某强。同年3月4日，梧泰公司向工商行政管理部门提出变更登记申请，将公司注册资本由200万元增资到1000万元，段某强之兄段某刚以公司债权800万元出资入股，成为公司股东，占新增后注册资本金的80%。2006年10月10日，段某刚分别与罗某辉、第三人邱某及董某霞、董某莉签订了《转让公司注册资本金协议书》，罗某辉将其持有的梧泰公司16%的股权转让给段某刚，段某刚则将其持有的梧泰公司10%、5%和65%的股权分别转让给了被告董某霞、董某莉和第三人邱某，但未通知公司另一位股东段某强。后梧泰公司以股东会决议的方式变更段某刚为法定代表人，公司设立董事会，董事会成员为邱某、段某刚、董某莉，董某霞为公司监事，新增经营范围为房屋租赁，但该股东会决议及梧泰公司同日出具的《公司法定代表人任职证明》《董事、监事成员任职证明》以及2006年10月18日形成的《吉林市梧泰房地产开发经营有限责任公司章程样本》上面股东段某强的签名均非其本人所签。至2006年10月9日，公司共五位股东：邱某、段某刚、董某霞、董某莉、段某强，出资额分别为650万元、160万元、100万元、50万元及40万元。

后，段某强得知段某刚于2006年10月10日与董某霞、董某莉分别签订了《转让公司注册资本金协议书》，段某刚将其持有的梧泰公司的部分股权转让给

---

① 朱晓娟：《股东优先购买权之可侵害性探析》，载《暨南学报（哲学社会科学版）》2019年第4期。

② 曹兴权：《股东优先购买权对股权转让合同效力的影响》，载《国家检察官学院学报》2012年第5期。

了董某霞、董某莉,却未向段某强履行书面通知义务,也未经段某强同意,侵犯了段某强作为股东的优先购买权为由起诉来院,要求确认段某刚与董某霞、董某莉签订的《转让注册资本金协议书》无效。

二审法院认为,虽然段某刚向董某霞、董某莉转让股权时没有通知段某强,违反了《公司法》第 71 条规定,但该条款不属于效力性的强制规定,不能依次认定合同无效。段某强请求确认段某刚与董某霞、董某莉股权转让协议无效没有法律依据。因此,驳回段某强诉讼请求的判决正确。

（二）存在欺诈情形的合同

欺诈是指转让股东采用欺骗等手段侵害其他股东优先购买权,而外部第三人并未参与其中,因此股权转让合同不因此而无效。由于欺诈本身仅发生在转让股东和内部其他股东之间,并未有外部第三人参与,所以该股权转让合同并不会因转让股东的欺诈行为而被认定为无效。如果内部其他股东因转让股东的欺诈行为而与转让股东签订了股权转让合同,那么该股东可以请求人民法院撤销该合同并要求对方承担缔约过失责任,但欺诈事实本身并不影响对外转让股权合同的效力。①

（三）恶意串通的合同

在司法实践中,转让股东与外部股权受让人通过以合法形式的掩盖非法的目的等方法来侵害优先购买权的情况也时有发生。

按照《民法典》第 154 条的有关规定,可知转让股东与外部第三人恶意串通,损害公司其他内部股东优先购买权的民事法律行为应属无效。

七、权利的救济

（一）实现优先购买权

当欲出让股权之股东违反其法定义务将股权转让给其他股东之外的人,且已完成了必要的变更登记,那么其他股东所拥有的优先购买权是否可以对抗该登记,也即是否能够阻却其他股东之外的外部第三人取得股权? 针对此问题,我国《公司法司法解释(四)》第 21 条给出了肯定的回答。

可以看出,我国《公司法司法解释(四)》第 21 条未对外部第三人善意与否进

---

① 王纯强:《侵害股东优先购买权的合同效力》,载《人民司法》2020 年第 8 期。

行区分,而是一概赋予了股东优先权有对抗外部人的效力,只是该权利的行使应受法定期间的限制。这一规定为股东优先权的实现提供了坚实的法律依据。根据此规定,即使欲出让股份之股东与内部其他股东之外的人之间的股权转让合同有效,也无法得到实际履行。基于该合同的股权变动被宣告无效,争议的股权的权属状态恢复原状,权利回归于原来的转让股东,行权的其他股东继而以同等条件实现股权内部转让。

(二)损害赔偿

根据《公司法司法解释(四)》第20条规定,若行使优先购买权的股东因自身以外的其他原因导致其权利无法实现,那么该股东可以向转让股东请求损害赔偿。但该司法解释的适用需要满足两个条件:一、公司内部其他股东无法行使优先权。因为实现优先权和损害赔偿有顺序的限制,实现优先权是首要的救济方式,当这一救济方式无法实现时,损害赔偿方可适用。二、不是因为行使优先购买权股东的自己的原因。若权利无法实现应归因于权利人自身原因,比如未在规定时限内行使优先购买权或自股权变更登记之日起超过一年未行使权利,则后果应由其自行承担,而无权向转让股东请求损害赔偿。

因外部原因行使优先购买权未果的股东除可以向转让股东提出损害赔偿请求外,还可以向其他共同侵权人请求损害赔偿。例如,在恶意串通的侵害其他股东优先权合同中,公司股东以外的欲受让股权人即为共同侵权人,该共同侵权人应当承担连带责任。另外,公司也可能构成共同侵权,例如,公司在股权变更登记过程中未尽形式审查的注意义务的,提供虚假的股东会决议来配合办理股权的变更登记等,应当与转让股东等承担连带责任。

公司清算义务人侵权责任研究

摘　要:《民法典》有关公司清算义务人侵权责任的规定与先前的司法解释表述上存在差异,如何妥善处理二者之间的衔接和适用成为一个值得思考的问题。出于公平考虑,有限责任公司清算义务人主体中应排除不参与公司日常经营管理且对公司无控制力的中小股东;清算义务人侵权行为仅包括《公司法司法解释(二)》第 18 条和第 20 条所规定的几种行为,而不包括第 19 条所规定的内容;非清算义务人股东的利益也能够成为清算义务人侵权责任的客体;在公司清算义务人承担侵权责任情形中,适用举证责任倒置的证明责任分配规则更加合理;清算义务人对清算义务的不履行即推定为过错,清算义务人侵权责任中其过错仅限于对清算义务的不履行。

公司清算是指公司开始解散后,在解散过程中,终结公司各项业务,在股东之间分配剩余资产,以结束本公司的所有法律关系,最终消灭公司法人资格的一种法律行为。① 在我国市场经济运行体制中,妥善解决公司的清算问题,是维护经济秩序、完善市场退出机制的客观要求。公司清算制度既是我国公司法领域中维护各方当事人权益尤其是债权人利益最关键的法律制度之一,却也是目前我国司法实践中发生违法侵权和欺诈行为最为集中、严重的环节之一。许多公司在解散

---

* 薛旭,男,山东泰安人,济南大学政法学院 2020 级硕士研究生,主要研究方向为法理学。
① 王欣新:《公司法》(第二版),中国人民大学出版社 2012 年版,第 239 页。

后,其清算义务人怠于履行清算职责,甚至未经清算即办理注销登记,这种情形在实践中大量存在且极大地损害了债权人和广大中小股东的利益,不利于社会经济秩序的和谐稳定。

为妥善处理上述问题,保护投资者合法权益,最高人民法院于 2008 年发布了《最高人民法院关于适用〈中华人民共和国公司法〉若干问题的规定(二)》(以下简称《公司法司法解释(二)》),该司法解释规定了有限责任公司的股东、实际控制人和股份有限公司的董事、控股股东、实际控制人不履行或怠于履行清算义务的,应当承担相应的责任。这一规定被认为是我国对清算义务人法律制度的首次明确,将清算义务人的范围界定为有限责任公司的股东、实际控制人和股份有限公司的董事、控股股东、实际控制人。2017 年通过的《中华人民共和国民法典》(以下简称《民法典》)总则部分第 70 条,第一次在法律条文中使用了"清算义务人"一词,明确了法人的董事、理事等执行机构和决策机构的成员为清算义务人,这是我国第一次以人大立法的形式明确了清算义务人这一主体,填补了我国商事立法的一块空白,却也形成了与《公司法司法解释(二)》中关于清算义务主体范围及其侵权责任构成等有关规定表述的差异。因此,如何妥善处理好这两个法条之间的衔接和适用就成了值得我们思考的问题。此外,《民法典》第 70 条所规定的清算义务人主体范围、清算义务的具体内容都较为抽象概括,有待立法和司法的进一步明确。在我国全面深化改革和持续扩大对外开放的时代背景下,妥善处理《民法典》第 70 条和《公司法司法解释(二)》有关规定的适用关系、明确清算义务人的具体范围、阐明公司清算义务人侵权责任的具体构成要件及其有待完善之处,是完善公司破产清算制度、优化营商环境、更大程度激发市场活力、促进社会和谐稳定的有效途径。

一、清算义务人的范围

要研究公司清算义务人的侵权责任,首先需明确何为"清算义务人"及其具体范围。"清算义务人"这一概念虽如前所述,于 2017 年才第一次出现在法律条文中,但自 1993 年《中华人民共和国公司法》(以下简称《公司法》)施行以来,关于清算义务人这一主体概念和范围的讨论,就一直是学界和实务界的热点话题。现如今,我国学界和实务界对"清算义务人"这一主体的概念,已经形成了比较统一的观点,即在法定情形下依法启动清算程序的主体。①

而对于清算义务人主体范围的讨论和探索,我国法学理论和实务界则经历了从 1993 年《公司法》第 191 条明确规定清算组的成员,到 2000 年最高人民法院法经(2000)23 号函(函复甘肃省高级人民法院)第一次将有限公司股东列为共同被告并要求其承担清算责任,再到 2008 年发布的《公司法司法解释(二)》详细规定清算赔偿责任的同时划定了清算义务人的范围,而后最高人民法院发布的第 9 号指导性案例第一次引入了"清算义务人"概念,直至 2017 年《民法典》第 70 条第一次以人大立法的形式规定清算义务人的范围这样一个更为漫长而曲折的过程。② 即便如此,理论和实务界对此仍未形成一致的认识。因此,在讨论具体的侵权责任构成要件之前,首先应厘清清算义务人的主体范围,在此基础之上再去探究上述主体的侵权责任构成。

有学者注意到,《民法典》第 70 条将清算义务人的范围划定为"法人的董事、理事等执行机构或者决策机构的成员",这一表述与《公司法司法解释(二)》的相关规定不尽相同,那么二者之间的规定是否存在矛盾?③ 笔者认为,我国《公司法》虽将股东会定义为"权力机构",但并不能否认股东会在公司重大事项上的决策功能,因此将股东会归为"决策机构"并无不妥。《公司法司法解释(二)》虽然对有限责任公司和股份有限公司的清算义务人主体进行了区分,但并没有超出《民法典》第 70 条所规定的范围。因此,二者之间的规定并不矛盾。

但应当注意的是,《公司法司法解释(二)》中对有限责任公司清算义务人主体范围的规定,存在一些不尽合理之处。其一,该规定忽视了有限责任公司的董事在公司经营管理以及清算阶段的重要作用。依据我国《公司法》第 46 条的规定,董事会对股东会负责,其可行使的职权范围广泛且都非常重要,包括但不限于以下几个方面:召集股东会会议,并向其报告工作;执行股东会决议;决定公司经营计划和投资方案;决定公司内部管理机构的设置;制定公司的基本管理制度;公司章程规定的其他职权。根据上述对董事会职权的规定,可以看出,董事会作为股东会决议的实施者,负责公司具体的经营决策,其对公司经营状况的影响非其

---

① 张俊勇、翟如意:《有限责任公司清算义务人主体问题研究》,载《法律适用》2019 年第 19 期。

② 梁上上:《有限公司股东清算义务人地位质疑》,载《中国法学》2019 年第 2 期。

③ 王长华:《论有限责任公司清算义务人的界定——以我国〈民法总则〉第 70 条的适用为分析视角》,载《法学杂志》2018 年第 8 期。

他任何公司内部机构可比拟,对公司生产经营和财务信息的掌握程度最为全面,远胜于有限公司股东极为有限的知情权所能触及的范围。根据我国《公司法》第33条的规定,股东知情权所能获得的信息仅限于对公司经营状况和财务状况最基本的概括性了解,同时还有着被公司拒绝的可能性。而要想对公司是否应该启动清算程序做出正确的判断,恰恰依赖于前述被董事所全面掌握的公司经营状况和财产状况等信息。此外,值得注意的是,公司解散方案的制定也是董事会的主要职权之一,这意味着公司解散的最初启动者就是董事会,而股东仅仅是公司解散方案的接受者,其本身无权启动解散程序。实践中,公司主要财产、账册等重要文件的保管也往往是由董事会成员负责。因此,有限责任公司的董事无论是在公司日常经营管理阶段抑或是在清算阶段都发挥着非常重要的作用。忽视董事在清算阶段的作用,容易使企业陷入"僵尸"状态,不利于债权人利益的保障。

其二,该规定未能对作为清算义务人的股东的范围作合理的限缩。这也导致了在司法实践中,相当一部分法院都直接将有限公司的全体股东认定为清算义务人,如张明高诉魏由禹、丁祥惠等清算责任纠纷案【(2018)闽01民终703号】、徐陈兰诉王春海、韩林等股东损害公司债权人利益责任纠纷案【(2019)沪0107民初14755号】、范东斌诉王英翔、唐平清算责任纠纷案【(2020鄂08民终451号)】等。在上述案件中,法院均直接依据《公司法司法解释(二)》第18条认定有限责任公司全体股东为公司清算义务人,这显然是不合情理的。普通股东之所以不能成为清算义务人是由其不参与公司日常经营管理的方式决定的,这一点正与董事会成员相反。即使公司清算这一制度设计的目的在于保护债权人的合法权益,但也不应忽视实践中广大未参与公司经营管理且对公司无控制力的中小股东作为"受害者"的事实及其合法权益的保护。① 实践中,大量有限责任公司的中小股东并不参与公司的日常经营管理,根本不存在侵害债权人利益的可能性,甚至其自身利益也受到了损害。此外,有限公司独立人格和股东有限责任乃是《公司法》两大基本原则,股东在公司成立时以缴付出资的方式获得股东身份后即与公司独立开来,成为两个完全独立的法律主体。据此,股东除按时足额缴付出资外,对公司和债权人不应再承担其他任何责任。因此,在有限责任公司清算义务人主体中排除不参与公司经营管理且对公司无控制力的中小股东,将有利于更好地平衡债权人

---

① 参见赵吟:《公司清算义务人侵权责任的体系解构——兼论〈民法典〉第70条与〈公司法司法解释二〉相关规定的适用关系》,载《法治研究》2020年第6期。

利益和公司股东利益,避免清算责任的盲目归责。

《民法典》第70条对清算义务人主体范围的定义采取了比较概括的表达方式,将"法人的董事"纳入了清算义务人主体范畴,这一表述使得清算义务人主体涵盖范围相较于原《公司法司法解释(二)》的规定更加全面也更加合理,并赋予了法官极大的自由裁量权和解释空间,同时也就使法官在司法实践中对该法律条文中清算义务人的主体范围进行限缩性目的解释、以使该条文在适用上更加合理成为可能。

二、清算义务人的侵权责任构成

(一)公司清算义务人的侵权行为

公司清算义务人的侵权责任本身属于不作为侵权责任,其作为义务来源于法律对其清算义务的规定。我国《公司法司法解释(二)》第18条至第20条设定了如下几种不同类型的侵权责任:未在法定期限内履行清算职责导致公司财产贬损的赔偿责任、怠于履行清算义务导致公司清算不能的连带清偿责任、恶意处置公司财产损害债权人利益的赔偿责任、以虚假的清算报告骗取注销登记的赔偿责任、不清算即办理注销登记导致公司清算不能的清偿责任。

在这些不同类型的侵权责任中,《公司法司法解释(二)》第18条和第20条为清算义务人设定了及时启动清算程序、妥善保管公司财产账册等重要清算文件、协助配合清算等义务。怠于履行前述义务,造成损害后果,就要承担有关不作为的侵权责任。此两条规定即是公司清算义务人侵权责任的行为规范,在判断某一主体是否要承担侵权责任前,要先判断行为主体是否负有清算义务,这是不作为侵权责任的归类门槛。司法实践中,也存在许多将《公司法司法解释(二)》第19条所规定的内容作为清算义务人侵权责任情形的案例,如在唐平、王秀峰清算责任纠纷二审【(2020)鄂08民终453号】一案中,法院就将以虚假的清算报告骗取公司登记机关办理法人注销登记论证为清算义务人对股东清算义务的违反。而事实是,《公司法司法解释(二)》第19条所规定的赔偿责任有别于前述两条,其规定的是一种作为的侵权责任。该条所规定的恶意处置公司财产给债权人造成损失的赔偿侵权责任和以虚假的清算报告骗取注销登记的赔偿侵权责任并未给清算义务人设定任何义务,而是规定了积极的行为,若无该积极行为,则不会发生侵权后果,也就无须承担第19条所规定的赔偿侵权责任,若实施了该条所列举的行为并造成了侵权后果,则需要承担该作为的侵权责任,且承担该责任不以行为人负有特别作为义务为前提。如果不能认识到这一点,将会导致对该条所规定的侵权行为的性质产生误判,从而可能使得法院在审理恶意处置公司财产、以虚假的清算报告骗取注销登记损害公司债权人的案件时,将负有清算义务作为认定承担该侵权责任的前提,遗漏不负有清算义务而实施了该类行为的主体。

因此,公司清算义务人的侵权行为应仅包括《公司法司法解释(二)》第18条和第20条所规定的未在法定期限内履行清算职责导致公司财产贬损的赔偿责任、怠于履行清算义务导致公司清算不能的连带清偿责任、不清算即办理注销登记导致公司清算不能的清偿责任,而不包括第19条所规定的内容。

(二)公司清算义务人侵权责任的损害结果

清算义务人怠于履行清算职责所造成的直接损害后果是造成本公司财产的损毁灭失,进而间接损害了公司债权人的合法利益。此外,对于本公司在缴付完毕各种费用及清偿债务之后,股东基于出资比例或持有股份所享有的剩余财产分配请求权,同样也可能会因为清算义务人的不作为受到损害。而我国《公司法司法解释(二)》第18条、第20条仅对清算义务人应对公司债权人的损失承担侵权责任作出明确规定,对于被清算公司和清算义务人之外的股东是否能够在因清算义务人怠于履职而利益受损的情况下向清算义务人主张侵权责任则没有规定。但现实生活中确实出现了许多被清算公司和非清算义务人股东向法院诉请要求清算义务人承担侵权责任的情况,这就造成了现有法律规定与司法实践的脱节。如翟道远、伍冬睿诉仲晓东损害股东利益责任纠纷案【(2020)鄂01民终6073号】即是公司股东提起的损害股东利益责任纠纷之诉,在本案中,三位当事人所组建的公司在三人一致决议解散后,股东并未成立清算组对公司进行清算,而径直由负责公司日常经营事务的被上诉人在工商部门办理了注销手续。后,上诉人以被上诉人擅自从公司账户取款且用途不明为由要求被上诉人退还其投资款,双方未协商一致,上诉人认为自己作为股东的剩余财产分配权被剥夺、股东利益被直接损害,遂提起本案诉讼。因此,被清算公司和非清算义务人股东利益能否成为清算义务人侵权责任的客体仍是一个有待明确的问题。

根据《公司法》第183条的规定,可知清算义务人承担侵权责任的时间阶段具有一定的特殊性,即一定是在被清算公司出现法定的解散事由之后。这就意味着欲向清算义务人主张侵权责任的被清算公司只可能处于两种状态:第一种是该公司已经解散但还未注销,此时该公司虽仍保有主体资格,但已失去了经营能力,其本身不再具有维持资本的需求,即使该公司向法院诉请追究清算义务人的侵权责任,要求清算义务人赔偿因其不作为所导致的财产损失,其也不再是最终的受益者,最终还是要完成清算并将剩余财产分配给债权人和股东;第二种是该公司未经清算即被注销,在这种情况下,公司的主体已经不复存在,也就不存在公司利益一说。因此,通过上述分析,可知赋予被清算公司损害赔偿请求权并无实际意义。

非清算义务人股东与上述被清算公司的情形则有所不同,其可以基于出资比例或持有股份在公司的正常清算程序中获得财产利益分配,若清算义务人怠于履职,极有可能损害其合法权益。虽然我国目前包括《公司法》《公司法司法解释(二)》等在内的相关法律规定并未明确非清算义务人股东对清算义务人不作为侵权享有赔偿请求权,但也未明确禁止非清算义务人股东行使该权利。而且值得注意的是,《公司法司法解释(二)》第7条已将申请法院对公司进行强制清算的请求权的主体范围扩大到了公司股东。从民法的公平原则出发考虑,也应当允许能够证明其自身合法财产权益因清算义务人的不作为而受损的非清算义务人股东在债权人通过侵权之诉获得合法利益保护之后,向清算义务人追责。应当看到,《民法典》的颁布施行为我们解决此问题提供了一个契机、打开了一个全新的视角,该法第70条第3款规定,清算义务人未及时履行清算义务,造成损害的,应当承担民事责任。本规定对清算义务人侵权行为的损害结果采取了概括的表述方式,存在非常大的解释空间,在司法实践中可作为对公司非清算义务人股东权利保护的法律依据。

不过,也应注意,不是全部公司股东都能够要求清算义务人承担侵权责任。[①]在认定哪些股东有权向清算义务人追责时,应注意区分清算义务人和股东身份重叠的场合。在这种情况下,股东自身就是清算义务人,其自身的不作为导致了损害结果的发生,应对其怠于履行清算义务造成的后果与其他清算义务人一起承担责任。在其履行完毕其清算义务且对外完成清偿之前,不得要求其他清算义务人对其进行赔偿。

(三)公司清算义务人侵权责任的因果关系

判断清算义务人应否承担侵权责任,首先需明确清算义务人怠于履行清算职

---

① 江苏省高级人民法院民二庭课题组:《公司设立、治理及终止相关疑难法律问题研究》《法律适用》2016年第12期。

责的事实与损害结果之间是否存在因果关系。在对因果关系进行分析的过程中，首先需要明确的一点是，在清算义务人侵权责任案件中，并非只要债权人、非清算义务人股东的合法权益受到损害就一定是清算义务人的责任，侵权行为与损害结果之间是否存在因果关系需要进行具体的判断，以免造成权力滥用、打击股东投资积极性的负面影响。①

目前我国对侵权责任因果关系的判断，通说采相当因果关系论，即行为并不要求对损害结果的发生达到必然、精确引起的程度，只要能够使得损害结果发生的危险性变得更高，就可以认为二者之间存在法律上的因果关系。② 在我国司法实践中，对清算义务人侵权责任因果关系的判断通常采取比较清算义务的产生时点和公司财产毁损灭失以致不能清偿债务的情形出现时点之先后顺序的方法，如中国东方资产管理公司上海办事处诉上海滨海实业发展总公司、上海市自来水公司股东损害公司债权人利益责任纠纷一案。本案中，法院认为两被告股东的清算义务产生时，债务人的动产及不动产早已被冲抵债务或强制拍卖，其剩余债务亦被相关法院以无可供执行的财产为由而裁定中止执行。债权人不能提供相反证据证明债务人不能清偿的情形发生在公司清算义务产生之后，法院可以推定两被告股东怠于履行清算义务的行为与原告的债权未得到清偿之间没有因果关系。

根据这种判断方法，当公司出现法定的解散原因时，清算义务人的清算义务开始产生，若公司财产的毁损灭失发生于清算义务人的清算义务产生之后，则可以认定债权人和非清算义务人股东的损失与清算义务人的不作为存在因果关系，但如果公司财产的毁损灭失发生于清算义务产生之前，则无法认定公司不能清偿债务与清算义务人怠于履职之间存在因果关系。这种以时间节点的先后顺序来判断清算义务人侵权责任因果关系存在与否的方法具有易识别、可操作性强的优点，有利于法院在后续双方当事人的举证中形成对侵权因果关系成立与否的心证。

在因果关系存在与否的举证责任分配方面，依然应当采取"谁主张，谁举证"的责任分配方式。因此，债权人、非清算义务人股东等原告应对其所主张的清算义务人怠于履行清算职责与其合法权益受损之间存在因果关系的相关事实承担举证责任。对于债权人的举证，许多法院在其请求怠于履行义务的清算义务人承

---

① 叶林、徐佩菱:《关于我国公司清算制度的评述》，载《法律适用》2015 年第 1 期。
② 程啸:《侵权责任法》，法律出版社 2015 年版，第 227 - 228 页。

担连带清偿责任时,往往要求其对仍未清算的公司申请强制清算以证明公司确实无法清算,如最高人民法院在(2015)民抗字第 55 号判决书中,即要求申请人天津江城工贸有限公司先向青岛市中级人民法院申请对被申请人青岛新永安科技公司进行强制清算,以证明被申请人清算不能,并以此作为审理清算义务人侵权责任案件的前置性程序。然而在(2018)最高法民申 5325 号判决中,最高人民法院则认为,债权人所主张的"公司无法清算"属于消极事实,不需要以公司必须完成清算程序为前提,债权人只要能提供证据使得法官产生公司不能清算的内心确信,即已完成其举证。法院在前述两个案件中裁判观点的不同,表面上反映了法院对强制清算程序是否为审理清算义务人侵权责任案件的前置性程序的态度转变,实际上反映了法院对此类案件中有关因果关系证明责任分配规则的态度转变。

对于不作为侵权来说,原告往往需要承担大量消极事实的证明责任。所谓消极事实,是指当事人在举证过程中提出的某种事实不存在,或某法律上的评价结果不存在的待证事实,这类事实对于提出一方来说通常举证难度较大。① 原告若要举证清算义务人没有履行清算义务,往往需要搜集大量的证明材料,且很难达到直接证明的效果;相比之下,被告只需提出证明自己已为履行义务做出努力的证据即可。清算义务人怠于履行其法定清算职责而导致公司无法进行清算即属于此类消极事实。公司能否进行清算这一问题的查明,有赖于"公司主要财产、账册、重要文件"等是否存在且内容真实,而这些重要资产和文件,恰恰通常都是由清算义务人掌握,债权人和非清算义务人股东则鲜有能够掌握这些资料的。因此,要求作为原告方的债权人和非清算义务人股东提供前述材料并不现实。鉴于此,将该消极事实转化为清算义务人可举证的积极事实更加合乎情理。通过由清算义务人提供翔实材料,证明与清算有关的公司财产、账册、重要文件等依然存在、内容真实且公司可以正常进行清算,以完成其举证责任。当然,举证责任的倒置并不意味着债权人或者非清算义务人股东对其主张的消极事实不用提供任何证据,原告仍需在起诉时对债务人不能清算的事实提供必要的初步证据,只是这种举证责任已不再要求原告对债务人清算不能的消极事实的证明达到高度盖然性的证明标准。

---

① 陈贤贵:《论消极事实的举证证明责任——以〈民诉法解释〉第 91 条为中心》,载《当代法学》2017 年第 5 期。

（四）公司清算义务人侵权责任的主观过错

侵权责任主观构成要件的实质就是过错,过错即意味着主观方面的可归责性。在作为侵权责任的认定中,行为人实施了一定的积极行为,并因此招致侵权责任,探求其行为背后的真实意思即可知晓其过错。而在不作为侵权责任认定中,义务人的作为义务是由法律规定、合同约定、特殊职业要求或其他先行行为设置的,其不需要做出任何积极行为可能就会构成不作为的侵权责任,而无须考虑义务人是否认识到自己行为的违法性。在不作为侵权责任认定中,判定其是否存在过错的标准简化为义务人是否履行了作为义务,若履行,则自然不存在过错,若未履行,则当然推定其存在故意或过失。因此在清算义务人的不作为侵权责任认定中,过错应仅限于义务人对清算义务的不履行或者不充分履行。因此,厘清清算义务的内容和清算义务履行的方式和程度,成为判断清算义务主体不履行清算职责是否具有主观可归责性的关键问题。

《公司法司法解释(二)》第 18 条第 1 款规定的是清算义务人实施侵权行为所应承担的一般赔偿责任,根据该条的规定,清算义务人未履行在法定期限内成立清算组并启动清算的义务时,就构成了对清算义务的违反,也就具有了承担赔偿责任的主观可归责性。而《公司法司法解释(二)》第 18 条第 2 款和第 20 条所规定的连带清偿责任和清偿责任,则属于清算义务人侵权的加重赔偿责任。在此两种最终将导致公司无法清算的情形下,清算义务人所违反的不仅仅是按时启动清算程序之义务,还违反了对与清算有关的公司主要财产、账册等重要文件的保管义务和协助配合清算的义务。

对与清算有关的公司主要财产、账册等重要文件的保管义务,是指清算义务人在《公司法》第 183 条所规定的清算组组建期限结束后,负有对与清算有关的重要文件的掌握和保管义务。实践中,因为公司财产、账册等重要文件的保管者往往与清算义务人存在一定的重合,即都是公司的控股股东或者高级管理人员,因此容易误将直接责任人的不作为侵权责任与全体清算义务人的清算责任混淆。在张明高诉魏由禹、丁祥惠等清算责任纠纷一案【(2018)闽 01 民终 703 号】中,法院就将公司经营期间妥善制作、保管公司账册等文件的义务认定为清算义务人的义务。之所以强调此义务产生于《公司法》第 183 条所规定的清算组组建期限结束后,是因为在清算组组建完毕之前,公司的财产、账册等重要文件一般仍掌握在直接责任人手中,而非一定掌握在清算义务人手中。在清算组组建期限届满后,清算义务人理应组建完成清算组并已成功启动清算程序,公司的财产、账册等重要文件也应当已转移至清算组手中,若清算义务人此时仍未积极掌握并移交相关财产、账册等重要文件,即违反了法定的保管义务,也就具备了承担连带清偿责任的主观可归责性。协助配合清算义务,是指清算义务人应在清算程序开始之时,将前述其所掌握的与公司清算有关的重要资料和文件及时移交清算组,不得无故拖延交付,不得无故扣留、隐瞒任何与公司清算有关的重要资料和文件,以保证清算程序的正常进行。清算义务人的协助配合清算义务其实是与前述对与清算有关的公司主要财产、账册等重要文件的保管义务相衔接、相配套的。

结　语

清算义务人侵权责任的承担应以行为人负有特别作为义务为前提,清楚认识到这一点,有利于识别清算义务人侵权行为的范围,剔除非清算义务人的侵权行为;因清算义务人怠于履行清算职责而可能遭受损失的主体不仅仅只有公司的债权人,广大中小股东即非清算义务人股东的合法权益也可能会因清算义务人的侵权行为而受损,因此从公平角度出发,应当允许能够证明自身合法财产权益因清算义务人的不作为而受损的非清算义务人股东在债权人通过侵权之诉获得合法利益保护之后,向清算义务人追责;通过比较清算义务的产生时点和公司财产毁损灭失以致不能清偿债务的情形出现时点之先后顺序来判断侵权行为与损害结果之间存在因果关系与否的方法具有易识别、可操作性强的优点,在因果关系的举证责任分配方面,采取举证责任的倒置,即由清算义务人提供翔实材料,以证明公司可以正常进行清算的做法更加合情合理;在清算义务人侵权责任主观过错判定中,对清算义务的不履行或者不完全履行即应推定为过错。在公司清算义务人怠于履职损害相关主体合法权益事件日渐多发的今天,对清算义务人主体范围、侵权责任的构成要件进行系统性分析,有利于解决司法实践中清算义务人主体范围不清、侵权责任构成要件分析不明的困境,进而推进裁判标准统一、促进社会公平公正。

我国现有的清算义务人制度的形成有其特殊的历史背景,是基于我国的现实国情而产生的,该制度在很多方面尤其是债权人利益保护上发挥了重要的作用,具有深刻的社会意义。但是,对债权人利益的保护不应以牺牲广大中小股东的合法权益为代价,清算义务人制度的设计应力图在债权人利益和广大中小股东的合法权益之间寻求平衡。《民法典》的施行虽然在很大程度上改善了这一情况,但如何协调好《民法典》和《公司法司法解释(二)》中相关规定的适用,以更好的平衡债权人和广大中小股东之间的利益,仍需法律界同仁的共同努力和深入探索。

论股东优先购买权的性质与运行

蒋新宇*

摘　要:股东优先购买权可分为两部分,一部分是具有形成权性质的"股东撤销权",另一部分是"同等条件"的购买股权要约。优先购买权的核心在于前一部分"股东撤销权"而非后一部分的同等条件下的股权购买,购买是对其他股东行使"股东撤销权"的限制而非其他股东的权利。转让股东与外部主体通谋规避股东优先购买权所订立的股权转让合同应认定为无效的合同。其他情形下应当依据外部主体与转让股东的具体情况确定转让股权合同的效力。转让股东的"反悔权"不应认定为转让股东特有的一项权利,而是在其他股东发出要约以后拒绝要约的民事行为,是民事主体在交易中的普遍权利。

关键词:股东优先购买权　优先购买权　反悔权　股份转让

一、问题的提出

我国《中华人民共和国公司法》(以下简称《公司法》)规定了有限责任公司股权对外转让时股东的优先购买权制度,然而,《公司法》以及后续出台的《最高人民法院关于适用〈中华人民共和国公司法〉若干问题的规定(四)》(以下简称《公司法司法解释(四)》)都没有明确规定股东优先购买权的性质。股东优先购买权的性质在股权对外转让中的诸多事项中有重要影响,因此学界与实务界关于股东优先购买权性质的定性进行了深入研究,然而至今意见不一,争论颇多。股东优先购买权的效力尚未基本确定,权利运行过程中的行使问题与权利效力问题自然

---

*　蒋新宇,男,江苏徐州人,济南大学政法学院 2019 级法律硕士,主要研究方向为知识产权法。

难以分析,抛去权利性质不谈,只谈权利效力的话难免出现证明力不足的问题。本文在现有研究的基础上从股东优先购买权的价值基础出发,以平衡股权出卖人、股权买入人以及想买股权的股东三方利益为目的,研究股东优先购买权的性质。在确定股东优先购买权性质之后,分析权利运行中可能出现的各方主体之间的法律问题,以期为股东优先购买权制度提供完善的理论支撑。

二、股东优先购买权的效力

(一)现有学说

在分析现有理论之前,有必要首先界定股东优先购买权的适用范围。《公司法》第七十一条与《公司法司法解释(四)》第 21 条分别确定了在"经股东同意转让股权"与"未就股权转让事项征求其他股东意见"两种情形下"其他股东"①可以享有股东优先购买权。除了上述两种情形,在股权对外转让中还有第三种情形:"已经就股权转让事项征求其他股东意见,但是没有经过过半数股东同意转让股权"。法律与司法解释没有就第三种情形中其他股东是否享有股东优先购买权做出明确规定。本文认为在第三种情形中,其他股东享有优先购买权。正如有的学者所主张:在一股东接到转让股东转让股权的通知时,这一股东无法了解其他股东的意见,也无法得知公司股东对于这一股权转让行为的支持率是否超过50%。② 因此本文所称"股东优先购买权"适用于股权对外转让的各个情形,即股东优先购买权"得以行使的条件或者权利主张的触点,只应是股权对外转让的事实,而非其他。"③

在理论界关于股东优先购买权的性质主要有三种学说:形成权说、请求权说与期待权说。鉴于期待权与形成权、请求权不是以同一标准划分,同时没有学者主张股东优先购买权为既得权,因此本文不再讨论期待权说。

1.形成权说

形成权说主张股东优先购买权为形成权,只要其他股东主张行使这一形成权,转让股东与主张优先购买权的股东之间就会成立股权转让合同,这一合同一

---

① 本文中"其他股东"是指在股权对外转让中,转让股权股东以外的其他股东。
② 胡晓静:《再析有限公司股权对外转让中的优先购买权》,载《求是学刊》2019 年第 5 期。
③ 胡晓静:《再析有限公司股权对外转让中的优先购买权》,载《求是学刊》2019 年第 5 期。

经行使股东优先购买权的股东完成对转让股东的通知就会生效。① 将股东优先购买权认定为形成权,可以在其他股东行使优先购买权之后直接产生将股权保留在原股东之间的结果,充分有效地维护了公司的人合性。然而形成权存在一些缺陷。

首先,形成权说与现有司法解释存在冲突。《公司法司法解释(四)》规定了其他股东的"反悔权",其他股东享有反悔权意味着股东行使优先购买权无法依据单方意思表示形成股权转让的法律关系,尽管司法解释没有直接否认形成权说,但是反悔权的确定在实际上否认了形成权说。

其次,形成权说违背了填平原则,对转让股东②明显不公平。股东优先购买权的基础在于维护公司的人合性,那么股东未向其他股东通知,私自对外转让股份的行为侵害了公司人合性利益,应当认定为侵权行为。试想一种情况,一股东在不了解股东优先购买权的法律规定的情况下,私自以远低于市场价的低价将股权转让给自己的亲属。其他股东行使优先购买权。按照形成权说的主张,其他股东可以以远低于市场价的价格买到股权。在上述情形中,其他股东仅有公司的人合性利益受损,但是依据形成权说的理论,其他股东行使优先购买权不仅能够恢复公司的人合性,甚至可以低价获取公司股权,其所获收益远大于所受损失。这显然违背了损失填平原则,不合常理。举重以明轻,在转让股东未通知其他股东私自转让股权的情况下,形成权说就已经对转让股东造成里明显不公平,那么在转让股东通知了其他股东的情况下,形成权说对于转让股东就显得更不公平。

再次,形成权说侵害了转让股东的订立合同的自由,违反民法的意思自治原则。在股权对外转让中,其他股东一旦行使优先购买权,就意味着强制在其他股东与转让股权的股东之间订立了一份股权转让合同,这无疑侵犯了转让股权股东的缔约自由,有违民法的意思自治原则。

最后,形成权说可能缩减股东优先购买权的效力。"根据形成权说,只有等到权利人做出单方意思表示时,股东优先购买权方可显现其效力,而该权利对公司协助执行具有何种约束,尚无明确解释。因此所解释的效力范围似乎很窄。"③

① 赵旭东:《股东优先购买权的性质和效力》,载《当代法学》2013 年第 5 期。
② 本文中的"转让股东"是指对外转让股权的股东。
③ 李激汉:《有限公司股东优先购买权司法争议问题探析》,载《河北法学》2014 年第 10 期。

2. 请求权说

请求权说认为"优先权人行使优先购买权其实质上是对转让股东发出订立买卖合同的要约,即当转让股东向第三方转让股权时,法律规定或章程约定优先权人有向转让股东请求交易的请求权。"①尽管请求权说在转让股东的后悔权方面持相同观点,但是仍有不足之处。

首先,请求权说缺乏强制力。请求权说中的股东优先购买权其本质是与转让股东订立股权转让合同的要约,既然是要约就不能强制要求转让股东放弃与外部主体转让股权的行为,并与主张优先权的股东订立股权转让合同。公司的人合性无法得以维持,优先购买权中的优先性也无法得以体现。

其次,在股权转让行为已完成的情况下,优先购买权无法行使。在股权已经转让的情况下,原转让股东已经失去所转让股权,即使对其行使优先购买权,也是无权可买了。对于受让股权的新股东,由于在其受让股权后,并无对外转让股权的行为,其他股东的优先购买权自然也无法行使。

(二)阻止之权而非购买之权

通过上述分析不难发现,无论是形成权说还是请求权说都将股东优先购买权认为是购买股权的权利,而他们的分歧也只是在于购买之权是形成权还是请求权。本文认为形成权说与请求权说均无法有效地为优先购买权制度提供理论支持的原因就在于这两种学说都将目光限定在了"购买"二字而忽视了购买背后的内容。优先购买权的核心应当在于"阻止"股权对外转让,而非"购买"转让股东的股权。"购买"是对阻止行为的限制,是股东阻止其他股东对外转让股权是所应承担的义务,而非权利。

1. 优先购买权的核心在于"阻止"

股东优先购买权的核心在于阻止外部主体成为公司股东,股东优先购买权若失去这一功能就无法完成该权利所应达到的目的,失去了存在的基础。由于有限公司对股东人数的限制,股东之间相互信任,相互帮助,具有较强的人合性,因此股东内部的团结稳定对公司的发展具有重要作用。当股东对外转让股权时,虽然公司的整体资本没有变化,但是很难保证新加入的股东是否能够与老股东相互信任、相互帮助。股东之间的信赖利益实际上遭到了破坏。因此,为了保证有限责

---

① 何涛:《有限责任公司股东优先购买权的性质研究》,载《东南大学学报(哲学社会科学版)》2019 年第 21 卷增刊。

任公司内部股东之间的稳定,许多国家对股权对外转让行为做出了严格限制。①
我国《公司法》规定的股东优先购买权正是基于上述原因。换言之,股东优先购
买权的目的在于维持股东之间的股权结构,避免原股东以外的主体成为公司的新
股东。因此法律应当赋予股东相应的权利以阻止外部主体成为公司股东。这样
一种"阻止之权"应当包含以下两部分内容:一是在转让股东私自对外转让股权
且已完成股权转让手续时,其他股东有权撤销这一股权转让的民事法律行为;二
是在转让股东准备对外转让股权但尚未完成股权转让手续时,其他股东有权阻止
这一转让,使得尚未完成的股权转让行为丧失有效的可能性,这一部分可以看作
是对撤销权的扩大解释:"将未完成的民事法律行为撤销,使其失去生效可能
性"。本文将这一权利称为"股东撤销权"。至于在其他股东行使股东撤销权的
同时,转让股东与其他股东之间、转让股东与外部购买主体之间的利益如何平衡,
已不是股东优先购买权的核心内容。股东优先购买权的设立源于对公司人合性
的追求,对阻止外部主体成为公司股东的追求,若股东优先购买权不包含股东撤
销权,无法阻止外部主体成为公司股东,那么这一权利便成了无源之水,失去了存
在的基础。请求权说所主张的优先购买权是不包含股东撤销权的优先购买权。
这也正是请求权说不能说明优先购买权之本质的根源所在。

2. 股东撤销权应受购买的限制

股东优先购买权的核心为股东撤销权,但是若对股东撤销权不加限制,会严
重损害转让股东的经济利益。股权转让本应当受市场调节,股东撤销权将外部主
体从股权交易市场中剔除,减少了市场中对股权出价的主体,很可能导致股权转
让价格降低,甚至无法卖出。因此应当对其他股东行使阻止权的行为加以限制,
以保护转让股东的经济利益。股东优先购买权中的同等条件购买行为便是对阻
止权的限制。其他股东的同等条件购买行为,将内部股东与外部主体放入同一市
场,对转让股东的股权进行竞价,转让股东便能在充分的市场竞争中维护其经济
利益。其他股东若希望维护公司的人合性,只需满足与外部主体相同的条件就可
以优先于外部主体购得股权。这样一来既维护了转让股东的经济利益,维持了公
司的人合性,也没有损害购买股权股东的利益(转让股东与外部主体订立虚假转
让合同,哄抬股价的行为涉及无效的民事法律行为,与权利性质关联并不明显,此

---

① 范健、王建文:《商法学》(第四版),法律出版社 2015 年版,第 173 页。

处不做讨论）。

（三）购买应为要约而非强制

形成权说主张购买行为具有强制性，本文对此持否定意见，股东优先购买权中的购买应当认定为其他股东向转让股东发出的要约。以下从维持公司人合性与保护转让股东的正当权益两个方面分析股东优先购买权中"购买"行为的性质。

首先从维持公司人合性的角度分析。将购买行为认定为具有强制性意味着其他股东在行使优先购买权时强制与转让股东订立了一份股权转让协议，从结果上看，转让股东的股权从转让股东手中转移到了主张优先购买权的其他股东手中，维持了公司的人合性；将购买行为认定为其他股东向转让股东发出的要约，转让股东在收到要约以后有权选择做出承诺或者拒绝要约。转让股东做出承诺以后的结果与上一种情形相同，维持了公司的人合性。转让股东若拒绝要约，由于其他股东已行使阻止权，转让股东已无法将股权转让给外部主体，只能继续将股份保留在自己手中。最终公司的股权结构没有任何变化，公司的人合性同样得到了维持。从维持公司人合性的角度来看，将购买行为定性为具有强制性或者定性为要约并不会损害公司的人合性。

其次从保护转让股东正当权益的角度分析。赋予购买行为强制性损害了转让股东的交易自由，交易对象的选择本就是交易自由的体现，强制性的股权转让使得转让股东失去了对交易对象的选择权，难以根据交易的对象选择价格、支付方式等条件，有损转让股东的正当权益；而若将购买行为认定为要约，这一要约与一般交易中的要约并无区别，转让股东可以综合判断将股权转让给主张优先权的股东的利弊，并做出有利于自身的选择，维护自身的正当权益。

综上所述，将购买行为认定为要约并不会损害公司的人合性，但是将购买行为认定具有强制性会明显侵害转让股东的合法权益。因此股东优先购买权中的购买应当认定为要约而非强制。

三、股东优先购买权的运行

股东优先购买权的性质是形成权，但与上述形成权说不同，本文所认为的股东优先购买权是阻止股权对外转让的形成权。这导致了原股权对外转让行为的实效，自然会影响第三人的利益，甚至会影响工商行政行为的效力。在转让股东、其他股东与外部主体这三方主体之间,由于股东优先购买权的行使很容易产生利益纠纷,相关主体均需借助一定的请求权维护自身的合法权益。在股权对外转让中存在多种情形,转让股东、其他股东与外部主体之间的利益冲突也不尽相同,应当根据不同的情形确定不同的救济方式。

(一)股东优先购买权的行使

股东优先购买权属于受到股东对外转让股权与其他股东发出同等条件要约双重限制的形成权。只有在转让股东对外转让股权并且其他股东对其提出同等条件要约的情况下,股东优先购买权才得以行使。形成权的生效通常有两种方式,一种是通知即生效,另一种是需要向法院起诉,由法院根据具体案情确定形成权是否生效。股东优先购买权应当属于通知即生效的形成权。从对转让股东利益影响的角度衡量,股东优先购买权的行使不会对转让股东的经济利益造成严重影响。与债权人的撤销权不同,债权人的撤销权撤销了债权人与第三人的交易,但是并没有提出同等条件的交易请求。债权人的交易被彻底破坏,如果这一交易明显侵犯了债权人的债权,那么撤销该交易具有重要的意义,但是交易是否侵犯债权难以衡量,应当交由法院判断这一交易对债权人利益的影响。但是股东优先购买权不会严重影响转让股东的权益,即使转让股东无法将股权转让给外部主体,转让股东依然能够以同等条件将股权转让给主张优先权的股东,从交易的收益上看,转让股东没有差别,唯一可能产生影响的是交易主体的区别,这样的影响与维护公司人合性利益相比较明显弱势。

在实际案件中,绝大多数转让股东在与外部主体就股权转让的相关问题达成一致意见之前不会向其他股东通知对外转让股权的事实,只有就交易中的重要条件达成一致并签订转让合同之后才会通知公司的其他股东。此时,其他股东行使股东优先购买权应当以转让合同中规定的条件作为"同等条件"。[1] 如果转让股东与外部主体没有签订书面的转让合同,那么法院应当综合判断股权对外转让的"同等条件"。[2]

---

① 赵磊:《股东优先购买权的性质与效力——兼评〈公司法司法解释四〉第 20 条》,载《法学家》2021 年第 1 期。

② 赵磊:《股东优先购买权的性质与效力——兼评〈公司法司法解释四〉第 20 条》,载《法学家》2021 年第 1 期。

(二)转让股东与外部主体之间转让合同的效力

1.恶意串通订立的合同效力

若转让股东与外部主体共谋,哄抬股价,其他股东以此为"同等条件"行使股东优先购买权明显对行使权利的股东不公平。其他股东认为股权对外转让的价格明显过高,应当有权请求法院对股权转让的价格进行评估。若转让价格明显高于法院的评估价格,应当认定转让合同为恶意串通的合同,依据《民法典》的相关规定认定该合同为无效合同。如果股东因为价格过高而放弃股东优先购买权,但是这时候发现证据可以证明转让股东与外部主体存在恶意串通,该股东同样可以依据《民法典》的相关规定请求法院认定合同无效。

还有一种恶意串通的手段更加隐蔽。首先高价转让一小部分股权,然后在外部主体获得股东资格后,再以较合理的价格转让剩余股权。这种行为订立的合同同样应当认定为无效合同。

2.违反通知义务订立的合同效力

法律和司法解释规定股权对外转让应当通知其他股东。如果转让股东没有通知其他股东私自转让股权,转让股权的合同效力应该如何确定?在实际案件中,有的法院主张转让股东违反通知义务与外部主体订立的合同为效力待定的合同。本文认为违反通知义务订立的股权对外转让合同不因违反通知义务而产生效力瑕疵。订立股权转让合同与股权转让是两个民事法律行为,应当将这两个行为区分处理。若要维护公司的人合性,否定股权转让的行为即可达到目标,没有必要否定为转让股权而缔结的合同。如果否定了上述转让合同,一方面违背了意思自治原则,另一方面也为外部主体寻求司法救济造成了阻碍。有学者表示,《公司法》并没有直接规定股东优先购买权的股权转让合同的效力,不能仅仅因为其他股东行使优先购买权就认为股权转让合同存在瑕疵,应当依据法律的规定严谨的进行认定。[①] 违反通知义务的合同存在两种情形,一是外部主体明知转让股东没有通知其他股东。在这一情形下,外部主体明知没有通知其他股东就应当预料到其他股东行使优先购买权会导致自己的转让股权合同目的无法实现,这是一种自陷风险的行为,转让股东无需为外部主体可能遭受的损失负责。另一种情形是外部主体有理由相信转让股东已经通知了其他股东并且没有股东行使优先购买

---

① 赵磊:《股东优先购买权的性质与效力——兼评〈公司法司法解释四〉第 20 条》,载《法学家》2021 年第 1 期。

权。在这一种情形中,外部主体已经尽到足够的谨慎义务,转让股东与外部主体订立的合同,转让股东有履行合同义务的目的,若无法履行义务,转让股东应当承担违约责任。

3."一物二卖"的合同效力

"一物二卖"的合同是指转让股东先与公司其他股东订立股权转让合同,之后又与外部主体订立股权转让合同。此种情形下,实际是针对同一标的股权订立了两份合同。由于股东优先购买权的特殊性,其他股东行使优先购买权,与转让股东订立转让合同之后,外部主体与转让股东在相同条件下的股权转让已再无生效的可能,"一物二卖"的合同中后面转让股东与外部主体订立的合同属于实际上无法履行的合同,但这不影响合同的生效。在合同生效以后,根据外部主体是否知道其他股东行使优先购买权可分成三类情形讨论。一是外部主体明知其他股东行使优先购买权。外部主体既已明知其他股东行使了优先购买权,就应当清楚股权转让合同中转让股东无法履行转让股权的义务。在其明知合同目的无法达成的情况下仍然订立了合同,法律不应对其利益做出过多的保护。若外部主体主张转让股东违约,法院不应当支持其主张;二是外部主体不了解其他股东是否行使了优先购买权。在此种情形下,外部主体应当了解公司内部其他对于股权对外转让的态度,如果因为其他股东行使优先购买权导致合同目的无法实现,外部主体也不能主张转让股东承担违约责任,因为外部主体存在明显过错。第三种情形是外部主体因转让股东的欺诈误认为其他股东同意股权对外转让且没有行使优先购买权。在此情形中,外部主体尽到了足够的谨慎义务,转让股东存在明显过错。外部主体有权主张转让股东承担违约责任。

(三)反悔权的性质与正当性

《公司法司法解释(四)》第 20 条规定,在其他股东行使优先购买权以后,转让股东不同意转让股权的,行使优先购买权的股东无权请求法院认定双方之间存在股权转让合同,更不能请求法院认定标的股权已经转让给行使优先购买权的股东。有的学者将这一条规定的内容称为转让股东的"反悔权",即赋予转让股东在其他股东通知优先购买以后反悔的权利。反悔权是转让股东对抗股东优先购买权的一项权利,是转让股东保护其自身交易自由和意思自治的重要手段。

1.反悔权的对象

司法解释中"又不同意转让股权"这一段话可以有两种理解。一是转让股东不同意向外部主体转让股权;二是转让股东不同意向行使股东优先购买权的股东转让股权。在其他股东行使优先购买权以后,转让股东已无权将股权转让给外部主体,此时在讨论转让股东是否同意转让股权已经没有意义,无论转让股东同意与否,股权都已无法转让。反悔权的对象不是外部主体,而是行使优先权的股东。

2. 反悔权的性质

股东优先购买权中同等条件购买的性质属于要约,转让股东不同意向行使股东优先购买权的股东转让股权属于买卖行为中拒绝要约,不予承诺的民事行为。这一行为并不会因行使主体的特殊而具有特殊的性质。

3. 反悔权的正当性

有的学者主张反悔权损害了公司的人合性,本文认为这种观点有待商榷。反悔权无论是从法学理论的角度看还是从民事主体利益权衡的角度看都是具有正当性的。从法学理论上看,反悔权是股东优先购买权的应有之义,是股东优先购买权制度运行的必然结果之一。从利益权衡的角度看,反悔权在不损害公司人合性的前提下维护了转让股东的交易自由,保护了转让股东的经济利益。

第一,在法学理论的角度看,反悔权是股东优先购买权的应有之义。股东优先购买权中的购买是行使优先权的股东向转让股东发出同等条件的要约。既然是要约,收到要约的民事主体就有权利拒绝该要约。反对反悔权的学者在股东优先购买权的性质问题上基本都是持形成权说的观点。本文之前已经分析了股东优先购买权的性质问题,股东优先购买权中的股东撤销权属于形成权但是购买行为属于要约,不具有强制性。既然优先购买权中的购买行为没有强制性,那么转让股东自然有权拒绝这一要约。因此反悔权是股东优先购买权的应有之义。

第二,在现实生活中,反悔权不会增加转让股东的不诚信行为,也不会导致该权利被滥用。在具体个案中,转让股东的内心真实意思难以分析,其拒绝转让的原因可能是出于交易对象由外部主体变更为行使股东优先购买权的股东。尽管转让股东的内心意思难以确定,但有一点可以确定,民法中意思自治原则在股权转让交易中可以体现为选择交易对象的自由,无论转让股东的意思如何,只要转让股东做出的选择不会损害公司的人合性,就不应当妨碍转让股东选择交易对象的自由。最高人民法院在具体案件的处理上认为,如果允许转让股东在其他股东行使优先购买权之后,能够随意反悔,拒绝订立股权转让合同,损害了其他股东的正当权益,对行使股东优先购买权的股东是明显不公平的,同时这也是不诚信的行为,如果法律支持这一行为有可能起到鼓励社会不诚信的可能。① 有的学者认为这是对反悔权的否定,主张反悔权实际上是在鼓励转让股东的不诚信行为。② 本文认为之一看法失之偏颇。后悔权可能会侵犯交易相对人合理利益,但无需通过否定反悔权这样一种极端的方式维护交易相对人的利益。在其他股东行使优先购买权之后,行使优先权的股东为完成股权转让交易会做出准备,例如准备现金等。此时行使优先权的股东对这一交易享有的是信赖利益,而非合同的履行利益。在转让股东反悔以后,对行使优先权的股东要承担的责任是缔约过失责任而不是违约责任。既然通过缔约过失责任就已经能够弥补其他股东的权益,就没必要否定后悔权这一保护转让股东交易自由的权利。

　　第三,从立法目的的角度看,"反悔权"与股东优先购买权的立法目的不存在冲突。即使转让股东在其他股东行使优先购买权之后不同意将股权转让给其他股东,股权关系没有发生变动,没有破坏公司的人合性。有的学者主张反悔权违反了诚实信用原则。一方面,如果转让股东行使反悔权,因为股权受让人转变为公司股东拒绝交易,这往往说明股东内部已经存在较深的矛盾。从这一点来看,支持反悔权更加不利于股东之间的信任,否定反悔权反倒是能够维护公司的人合性。另一方面,如果转让股东将股权全部转让给行使股东优先购买权的其他股东,股权进一步集中在少数股东手中,股东的人数与之前相比更少了,同时与其他股东可能存在矛盾的转让股东失去股东资格,可能对维护股东之间的人合性更加有益。③ 对于上述观点的第一方面,前面已经认为"不存在维持人合的价值和必要",后面又主张否定反悔权有利于公司人合性的维护,那么公司的人合性究竟有没有维护的必要? 观点的第一方面明显存在逻辑矛盾。上述观点的第二方面主张公司股东人数越少人合性越强。这一观点值得商榷。首先公司的人合性与股东人数并不一定是负相关。公司人合性的内涵是股东之间的相互信任与相互帮助,尽管人数会对相互信任产生影响,但是不能否认存在股东人数少但相互钩心斗角、股东人数多但相互信任共同努力的公司的存在。其次,维护公司的人合性不是《公司法》的全部目的,在维护人合性的同时必须兼顾其他利益,反悔权正是

---

　　① 参见四川省成都市中级人民法院(2018)川01民终10508号民事判决书。
　　② 赵磊:《股东优先购买权的性质与效力——兼评〈公司法司法解释四〉第20条》,载《法学家》2021年第1期。
　　③ 赵磊:《股东优先购买权的性质与效力——兼评〈公司法司法解释四〉第20条》,载《法学家》2021年第1期。

兼顾了转让股东交易自由的一种情形。

结　论

股东优先购买权是形成权与请求权的结合体,既有形成权的刚性,也有请求权尊重意思自治的柔性。在权利的行使过程中,转让股东对外部主体可能承担违约责任或者缔约过失责任;转让股东对行使股东优先购买权的股东可能承担缔约过失责任。反悔权是股东优先购买权中的应有之义,理论上具有正当性,现实中保护了转让股东的合法权益。公司的人合性是否值得如此维护,维护公司人合性对有限公司的发展究竟有多大的益处值得深入研究。

中小股东权益的保护研究

甘佳其*

摘　要:《公司法》及其相应的司法解释在法律上保护了公司股东的合法权益,对公司的稳定发展起着重要作用。公司的良好经营不仅关系到股东利益,而且关系到国民经济的稳定发展。但我国目前的公司治理制度尚存在些许不足,中小股东权益受侵害便是其最明显的表现。大股东依靠着资本多数决的原则,凭借着对董事会的绝对控制,将公司资产及人事组织按照自身的意志进行布置,这种做法很容易导致大股东在其商业活动中的个人利益化趋势,并且可能损害中小股东权益。中小股东权益主要包含了财产权与管理参与权,保护中小股东的权益,就是保护中小股东的财产权和管理参与权。在本文中,将简要说明中小股东权益受损的表现形式,并探讨原因。根据目前我国对小股东权益保护的法治现状和其他问题,结合《公司法》有针对性地提出了保护中小股东权益的相关建议。

关键词:公司法　中小股东　权益保护

改革开放以来,我国经济发展迅速,公司是经济发展活力的重要体现。股东权益的平等保护有利于公司内部关系的有序组织和调整。股东平等原则还要求控股股东与中小股东之间存在实质性的平等关系,不能因为控股股东掌握更多的资源而居于优势地位,控股股东也不能仰仗其掌握的控股权优势而侵害其他股东的权益。我国现行《中华人民共和国公司法》(以下简称《公司法》)在界定大股东

＊ 甘佳其,女,四川达州人,济南大学政法学院2020级法律硕士,主要研究方宪法与行政法。

时将其分为两类:一是在公司出资或持股比例超过百分之五十的股东,二是虽然出资或持股比例不足百分之五十,但是在公司的管理经营或者决策上起到实际影响的股东。与之相对,那些出资比例或持股比例不足百分之五十的股东就被称为中小股东。实际上,大股东滥用其权利,侵犯中小股东的合法权益的现象时常发生。大股东使用这种方式来满足自己的私利,因此中小股东的地位往往被忽视,权益也因此受到侵害。平等、公正的原则要求不论从公司内部还是从法律规定都要注重保护中小股东的权益,我们迫切需要完善有关法律制度保护其权益。

一、中小股东权益受损的主要表现

总体来说,中小股东权益受损是由于大股东个人利益化的倾向。大股东凭借拥有的股权优势,阻碍中小股东参与公司事务管理、限制其至剥夺中小股东的知情权、利润分配请求权等权利。大股东凭借着其拥有的股权控制着股东会及董事会,以至于中小股东很难进入董事会或者对董事会产生影响,对公司经营管理岗位任命上没有话语权,从而中小股东不能对公司的日常管理起到任何作用。在绝大部分公司中,董事处理公司事务都会偏向自身及大股东的利益。大股东利用股权优势损害中小股东权益的行为主要有以下几种表现方式:

(一)内幕交易

每个公司或企业都会有一些重要信息是不予以公布的,因为可能涉及公司商业机密。公司企业的高管或者其他一些有影响力的人通常知道这些重要信息。这些人有时会利用这些内幕信息为自己或者与自己关系较为亲密的人谋取不正当利益,这就是内幕交易。由于大股东更接近公司核心资源,所以进行内幕交易的主体往往是公司的大股东。其通过所掌握的内幕消息来规避自身可能发生的风险或者获取巨大的利益,而将最终的损失转移给中小股东,由中小股东承担。

尽管法律明文禁止股东利用其优势地位进行内幕交易,但是在巨额利润的诱导下,许多股东仍然会为了私益而进行内幕交易,损害公司和中小股东的权益。内幕交易的不平等性势必会造成股东之间利益分配的不平等性以及责任承担的偏颇,最终受损失的仍是中小股东,更严重的情况下将会造成公司财产损失乃至整个市场经济秩序的混乱。

(二)侵占公司财产

侵占公司资产是指公司股东利用其对公司的控制权和信息优势,通过转移公司资源和损益等不正当手段,以获取私利为目的,对公司和中小投资者利益造成损害的一系列行为。侵占公司资产是最常见的行为,因为大股东很容易通过虚构公司债权债务关系或进行其他关联交易侵占公司资产。大股东通常能够成为公司决议的决定者以及经营管理者,因此在公司经营过程中,其拥有更加便利的条件,为追求个人利益而牺牲中小股东以及债权人的合法权益。侵占公司资产最直接的后果就是导致公司资金短缺,正常经营受到严重影响;严重情况下会导致公司缺乏周转资金,资金链条断裂,公司无法进行运行管理,最终走向破产解散的道路。尤其是在内部监督机制不健全的公司当中,监事会或监事怠于履行职责,放任大股东占用公司资金,侵占公司资产的现象更为突出。

大股东所持股份在一定程度上决定了其拥有绝对的话语权与决定权,侵占公司资产更加便利。大股东主要通过直接占用公司资金、通过关联交易转移公司资金、违反法律规定进行担保、设立子公司转移资产、非法进行利润分配等行为侵占公司资产。由于这些行为往往具有保密性,加之中小股东难以进入公司经营管理,所以他们保护自身合法权益的行为往往具有不及时性。

(三)中小股东利润分配权受限

利润分配权是指公司股东按照其出资比例或股份比例请求公司分配利润的权利。实践中,在利润分配问题上很多都是反映大股东的意志。一方面,因为中小股东持股比例较低而在股东会议上的话语权微乎其微,在是否进行利润分配以及如何进行利润分配的问题上,中小股东都没有决定性的权利。所以即使大股东隐瞒利润或不进行利润分配,中小股东也很难反抗;另一方面,司法救济等待期较长,成本过高导致中小股东的利润分配权请求权在实际上形同虚设。

在剩余利润分配方面,大股东利用其所持股份带来的优势地位,控制董事会制定符合其自身利益的分配方案,通过股东会议表决决定,瓜分那些本属于中小股东的经济利益。中小股东利润分配的提议得不到重视,也没有利润分配的决定权,即使有利润分配也是按照大股东的意志进行。一方面,中小股东得不到剩余利润的分配,而另一方面,董事或高级管理人员却享受着高额的报酬或福利待遇。大股东不仅能够通过控制股东会议和董事会议进而控制利润分配,还有可能操控股东会议向中小股东隐瞒利润。

(四)操纵信息披露

信息披露制度是通过相关报告的方式,对公司的各方面信息进行披露公示的一种制度,信息披露对公司治理的完善以及公司正常运行发展有着重要的影响。信息披露是投资人了解上市公司的经营现状、财务状况、未来战略发展目标及长期趋势的窗口①,对于中小投资者来说,公开的信息披露几乎是其唯一的获取信息的途径。公司通过操纵信息披露吸引中小投资者投资,而且成为公司股东后便会发现公司实际经营情况并不像自己所看到的一样。

操纵信息披露也就是指公司控股股东操纵公司的信息披露,隐瞒真实信息,提供虚假信息。虚假的信息披露不仅违反了股东的忠诚、勤勉义务,也违反了法律的禁止性规定。在本来信息获取途径就不对称的状况下,控股股东操纵信息披露使得中小股东更难以接触到公司正常经营状况等信息,这也给大股东侵害中小股东权益的行为提供了便利条件。

二、中小股东权益受损的原因分析

中小股东权益得不到保障已经是普遍存在的问题,要想解决此问题首先是要找到造成原因,找到公司治理及法律规定中的不足与缺陷,才能够有针对性地提出解决方案。随着社会主义市场经济的不断发展,中小股东权益的侵害不再是由单一问题引起的,而是多因素共同作用的结果。结合我国公司治理结构以及法律研究现状,造成中小股东权益遭受损害的主要原因有以下几点:

(一)公司组织结构不完善

一方面,监事会机制不健全。监事会主要由工会主席、职工代表以及内部审计人员构成,目前《公司法》规定了一股一票的原则来选举监事,这种选举方式就已经决定了监事与董事会、经理层具有紧密联系,也就间接地与大股东存在密切的联系。选举结果会受到大股东的影响,因此被大股东选中的监事在后期行事过程中基本上都会倾向于照顾大股东的利益,用大股东自己选举的监事会成员来监督大股东自身势必存在利益传输等情形。尽管《公司法》明确规定,董事和高级管理人员不应同时担任监事,但由于监事会的主要成员与公司的董事会、经理间有着千丝万缕的联系,所以无法将其监督的作用发挥出来。自我监督导致的结果是无效监督,此时受侵害的便是中小股东。监事会的主要职能是监管公司财务、对公司管理层违反法律法规或公司章程规定的行为提出纠正意见,进行监督。但

---

① 李恒烨:《中小投资者保护与上市公司信息披露有效性》,载《现代商业》2021 年第 5 期。

实际上,独大的控股股东几乎掌握着所有决策权、经营权和监督权,结果公司的所有者、经营者和监督者结合成了一个利益共同体,监督也就成了无稽之谈。① 此外,检查公司财务也需要监事会成员拥有专业技能,但从我国目前监事会人员组成来看,监事会成员大多由公司内部人员组成,其拥有的专业知识较少,比较难找到公司财务中存在的问题,就无法发挥出其监管财务的职能。

另一方面,在我国目前公司中董事及高级管理人员产生机制本就不足够规范的情况下,个人股东、外部董事的数量又比较少,导致董事会成员任职存在交叉,这在一定程度上不利于董事会正确、规范地履行义务。在资本多数决原则下,大股东对董事会成员组成享有决定权。在这种方式下产生的董事便会对大股东负责,在公司大小事务的决策上优先服从大股东意志,维护其利益,在所难免会忽视中小股东意志的表达。我们可以说,董事会代表的不一定是全体股东利益,而一定是控股股东的利益。但在实务中,控股股东依靠着资本优势,选任或自行担任公司董事,董事与控股股东联合利用暗箱操作等不正当行为谋取私利,侵害了其他股东与公司的利益。

（二）股东权利规定不明

由于《公司法》对中小股东权益规定不明确,所以中小股东的知情权、参与权、利润分配权等权利没有得到合理的保护。

对股东行使查阅权的条件规定不够具体,严重影响中小股东获取公司信息,导致其信息闭塞,不了解公司真实的经营与财务状况,不能准确知道自己拥有的权利,也无法在权利受到损害时及时进行救济。目前我国《公司法》规定了股东知情权,但对于知情权的范围规定却不明确。我国目前并没有将原始会计凭证纳入查阅权范围之中,但是原始会计凭证却是一个公司经营管理财务问题的主要反映。《公司法》第33条赋予公司在一定情况下可以拒绝股东查阅请求的权利,即在公司有合理根据认为股东查阅会计账簿有不正当目的情况下,公司可以限制股东行使知情权。司法解释也列举了"不正当目的"的几种情形,但采用列举的方式并不全面,并且用"其他情形"这样的兜底条款加以阐述很容易造成司法实践中认定困难。

虽然公司事务是由股东会或董事会决定,但中小股东的占股比例决定了其几

---

① 阳佳晨:《中国上市公司监事会制度与独立董事制度的融合与完善》,华东政法大学硕士论文,2016。

乎没有话语权,其看法和建议难以得到采纳。为了隐蔽某些于大股东不利的信息,大股东通过限制中小股东查阅公司的合同、账本等,导致中小股东获取信息不准确不完善,难以了解到公司的真实经营状况,也无法得知自己的权益是否受到损失,更别说维护自身合法权益。

我国《公司法》规定了在利润分配方面,股东会与董事会的职权范围,由董事会制订公司的利润分配方案和弥补亏损方案,由股东会审议批准公司的利润分配方案和弥补亏损方案。这样的规定存在一定弊端,即分配方案的制定权和审议批准权两者处于分离状态,股东会行使审议批准权的前提条件是董事会制定出分配方案并将方案提交股东会。也就是说,如果董事会不愿意进行利润分配,不提交利润分配方案,股东会议也就没有利润分配方案的表决权。这是股东治理结构当中权力相互制约的表现,也表明在利润分配这一方面,股东会没有实权,而是被董事会操控着。大股东和控股股东又掌握着董事会的话语权,也就相当于他们决定了公司如何分配利润。① 在此种规定下,《公司法司法解释(四)》又规定了人民法院在股东未提交载明具体分配方案的股东会或者股东大会决议,请求公司分配利润时,应当驳回其诉讼请求。这样规定让中小股东在董事会没有制定分配方案时难以通过司法救济的方式维护自身权益。虽然但书规定中有例外情形,但是“滥用股东权利导致公司不分配利润,给其他股东造成损失”行为的标准是什么,法律也没有规定。

此外,在经营理念上,大股东掌握着公司的经营管理,便更加关注如何使公司能够更长远地发展,如何才能积累公司资本以扩大生产,但中小股东进行投资则更加关注如何才能得到短期高额的投资回报,这种差异就会产生一定的冲突与矛盾,在利润分配上表现得尤为明显。

(三)资本多数决原则的滥用

根据资本多数决原则,资本的多少决定了表决权力的大小,因此,股东具有的表决权由其所持股份决定。持股越多,其话语权和表决权越大。虽然这个原则可以保证公司的运作效率,也体现了股东平等性的基本原则,但是该原则作为股东会议的基本原则在现实中被滥用,股东会议被大股东所架空。因为公司表决权由股东所持股份决定,所以公司事务的决策必将受到大股东的影响。

---

① 李暄:《中小股东利润分配请求权司法救济问题研究》,中国地质大学(北京)硕士论文,2019。

根据资本多数决原则,公司决议实际上由股权比例所决定,也就等同于由拥有多数资本的大股东所决定。公司意志大多体现大股东的意见与表达,部分相反的意见只能屈服于多数。比如,利润分配决议只需要表决权过半数就能通过,所以决议最终体现的只是"多数意见"。只有当该份决议取得全体股东意见一致时,该决议才能体现全体股东的意志;如果无法取得全体一致的表决,那么该决议体现的仅是多数股东的意志,少数股东的意见便不会被采纳。所以在并非全体一致的情况下,最终的利润分配决议是无法反映每位股东的意志的。此时,各股东之间的仅存在流程与形式上的平等,在实质上,小股东甚至不真正享有基于其出资或持股所应得的权利。

(四)自身力量的不足

中小股东先天的弱势来源于拥有的资本较少,也就决定了其自身力量较弱。尤其是在资合性明显的股份有限公司当中,股东数量众多,而且零散分布在各个地区。他们进行投资只是作为理财的一种方式,因此不关心公司具体经营状况,参与度不高,在相互不认识的情况下,仅依靠共同的投资的行为很难将他们团结在一起对抗大股东。而且在许多公司当中,大股东的控股地位很难撼动,即使众多中小股东联合起来也不一定能与大股东抗衡。由于中小股东持股比例较低,无法通过股东会议表达自己的意见,针对大股东损害其权益的行为也没有能力进行阻挡抵抗。虽然中小股东有权通过股东大会来阻止大股东的侵害行为,但是由于其拥有的股权限制,所以单独或几个股东无法行使召集股东大会的权利,他们只能够联合更多的股东一起行使股东会议召集权。一旦大股东和小股东之间发生利益冲突,小股东很难通过自身的力量召集股东会议来维护自身合法权益。

大多数中小股东法律维权的意识较弱且实力不强。一方面,他们参与公司经营管理的积极性不高。作为投资者的中小股东更多关注的是股票价格的波动,而没有意识到自己作为投资者,也有权利参与到公司的经营管理当中。另一方面,他们的维权意识较弱。在自身权益受到侵害时,由于其经济、税务和法律等方面知识匮乏,加之高昂的诉讼支出使得许多中小股东为之放弃,避免与大股东发生正面冲突。

三、对中小股东权益保护的相关建议

对中小股东们来讲,他们的权利主要包括:取得剩余利润分配的权利、对公司经营管理进行监督的权利、参与公司重大事项决策的权利、公司人事任免表决权、在权利受到侵害后可以提起诉讼并退出公司机制等。当他们权利受到侵害时，可以通过私力救济的方式维护自身合法利益，也可以通过公力救济的途径请求公权力机关保护其权益。因此，必须围绕中小股东所拥有的权利，从公司内部治理、法律相关规定等多方面出发，针对其权益受损的原因，提出具体的建议。

（一）完善公司内部相关制度

一方面，要强化董事、监事以及其他控股股东的责任和义务。董事作为公司的实际经营者，应当遵循诚信原则，尽职尽责履行董事义务，不得利用职务谋取私利，损害公司或其他股东的利益。如果董事在公司经营管理过程中违反忠实勤勉的义务，可以规定相应法律后果，对其不良行为加以严惩，由此警示其他董事和股东谨慎处理公司事务。作为公司股东，应当合理使用决策权，不得利用其股东地位损害公司、其他股东和债权人的利益，否则将严格追究其责任。公司控股股东应承担更高程度的忠实、诚信和注意义务，严格规范自己的行为。作为公司专门的监督者，监事应做到公平公正、不偏不倚。对其他股东违法违规的行为及时提出纠正意见，在其仍不更改的情况下及时提起相关诉讼。对公司各项决议的产生进行监督，以防止部分股东独断专行。

另一方面，要加强对部分大股东或董事的不当行为的监督。大股东或董事的不当行为，如侵占公司资产行为、关联交易、违规担保等，最直接地是导致公司财产损失，影响公司的正常经营，也间接地侵害中小股东利益。对于这些行为，我们可以从以下两个方面进行监督与管理：一是从公司内部监督来看，应当最大限度地发挥监事会的功能，为此要保证监事会的独立性，改变监事会成员与高级管理人员之间联系密切的状态。监事会在发现控股股东或董事有违反法律或公司章程的迹象或实际行为时，应当履行其职责，要求其予以纠正，符合法律规定情形的，可以提起相关诉讼。二是利用外部审计进行监督。公司内部成员在发现公司股东有侵占公司资产的现象时，要及时通知相关单位，充分发挥审计的作用，以减少大股东侵占企业资产的机会。外部审计的主要作用是对公司资产进行监督，其次也可以使中小股东能够更充分了解有关公司经营管理状况的信息，从而可以间接制约大股东滥用权利侵占公司资产、损害中小股东利益的行为。

（二）加强中小股东权利保护

规范股东知情权。大股东凭借着自己董事或高级管理人员的身份，或者依靠自己与其他高级管理人员之间的联系,可以很容易获取有关公司经营管理的各种信息或资源,而中小股东只能通过公司公开的财务会计报告获取有限的信息。只有在有法律依据作为支撑的前提下,中小股东才更有底气行使他们拥有的知情权;也只有在法律保障的情况下,中小股东知情权得不到满足时,才能更好地通过法律途径进行救济。充分保障中小股东知情权的行使,有利于他们更好地对公司经营状况、管理者的行为进行监督,避免出现大股东操纵公司的情况。针对股东知情权范围不明确的问题,国家可以通过司法解释,对股东知情权做进一步明确,提高相关法律的实践可操作性。会计账簿的公开可以更加直观与真实地反映公司的财力与实力,但是也需要对公开加以合理的限制。法律应当为中小股东提供更多的援助渠道,如果他们查阅公司账簿文件被拒以后,可以申请由法院介入,并邀请第三方机构来对公司账簿进行查阅,大大减少股东行使自身知情权的成本。

加强中小股东参与权行使。股东虽然通过选举的方式选任公司经理及董事,赋予他们权力经营管理公司日常运营,但是其他投资者作为公司的股东,依旧有权了解公司基本经营状况。参与权是公司全体股东的固有权利,法律应当进行保护,而且中小股东参与公司决策有助于提高决策科学性、民主性和合理性。如果剥夺了中小股东的参与权,长此以往,中小股东的参与感减弱,大股东也便不会在意中小股东的建议,大股东意志就成为公司的意志,这会导致管理层的独断专行,严重破坏资本民主。这种状况会造成中小股东对公司缺乏信心,投资热情和参与度降低,陷入一个恶性循环,最终还是会影响到公司自身的发展。我们可以借鉴美国公司法中的典型制度:股东表决权信托制度。通过表决权信托,可以将表决权进行重新配置,表决权的积累有助于产生一个与大股东抗衡的力量,增大代表中小股东利益的话语权,使公司决策能够更有效地反映中小股东的意志,有效保护中小股东利益。从我国当前中小股东比例分布来看,尤其是在上市公司,进行投资的目的是希望股票价格上涨继而转手,不占控股地位的中小股东如果不方便到场参加股东大会,通常会选择弃权。表决权信托制度有利于降低股东参与股东会的成本,提高股东参与股东会的热情,加强中小股东间的团结合作,促进中小股东积极参与公司的运营,保障公司的正常稳健发展。我国《公司法》中规定了累积投票制度,与表决权信托制度有异曲同工之处。但是《公司法》并没有强制要求公司必须采用,而是由公司章程或股东大会决定。因此,笔者认为可以采用强制性规范规定使用累积投票制,以防止大股东或者控股股东利用这一立法漏洞来损害中小股东利益。

　　保障中小股东利润分配请求权。根据美国"商事判断规则",司法不能主动介入到利润分配当中,必须是在股东分配请求权受损并以利润分配纠纷为由提起诉讼,法院才能介入到公司利润分配当中,对受侵害的股东权益予以救济,但这并不意味着司法对此完全不管不顾。我国法律规定在公司未作出股东利润分配决议的方案或者公司作出不分配利润决议时,只有在原告股东提交证据证明公司股东滥用权利导致公司不分配利润的情况下,法院才有可能支持原告股东的诉讼请求。在中小股东利润分配请求权受到侵害时,由于其掌握的信息受到限制,并且很难知晓公司内部财务状况,因此,基于当事人双方的地位平等的原则下,中小股东处于弱势地位,根据保护弱者的利益,应当确定由被告证明自己不具有滥用权利导致不分配利润的行为,即实行举证责任倒置,符合司法正义。①

　　（三）改善股东会召集程序

　　召开股东会议是每个公司正常经营中的重要环节,也是中小股东们行使股东权利的主要平台。董事会是法定的股东会议召集主体,法律规定由董事会召集股东会议;例外情况下,由监事会负责召集;当董事会和监事会都不履行召集股东会议的职责时,拥有十分之一以上表决权且持续持股九十日的股东可以自行召集和主持股东会议。虽然《公司法》赋予了部分股东自行召集股东会议的权利,但对于自行召集股东会议的条件设置过高,导致实践中很难有中小股东行使召集权的情形。

　　尤其是对于一些资本总额较大的股份有限公司,中小股东拥有的实际股权份额较小,要想达到中小股东合计持股百分之十以上,则需要众多的中小股东联合在一起才行,但是面对人数众多且遍布各地的情况,权利行使起来操作性不强。所以,合计达到百分之十以上的股权对现阶段我国的中小股东来说确实存在困难,可以选择适当降低比例。各国家和地区对持股比例的规定并不一致,如英国、美国、法国、瑞士等为10%;意大利、比利时为20%;德国为5%;日本和中国台湾地区为3%。② 结合我国国情的具体情况,将其比例降至5%的股权比例较为合理。这样不仅可以有效保证小股东有股东会议召集权能力,保障中小股东权益,

---

① 崔一凡:《论股东利润分配请求权的司法救济》,河北大学硕士论文,2019。
② 张学东:《资本多数表决原则的滥用及其法律对策》,载《河北青年管理干部学院学报》2002 年第 1 期。

还可以健全和完善股东大会制度,使中小股东与大股东间能够形成互为制约与平衡的作用,提升公司决策的科学性与合理性。

(四)加强对中小股东的司法救济

在股东与公司之间存在纠纷时,司法救济是最后一道防线。如果股东通过自力救济问题得不到解决的话,法律救济机制能够确保股东合法权益得到保护。

对于股东侵占公司财产的行为,可以将"占用即冻结"机制适用范围扩大并将其法律化。目前这项机制的适用主体通常是公司控股股东、实际控制人,因此可以扩大到全体股东,从而最大限度的保护公司的利益不受股东侵害。即在公司章程中规定:当发现公司股东侵占公司资产时,董事会可以以公司的名义申请司法冻结,对其侵占的公司资产及其所持公司股份申请进行冻结。以此方式来督促股东返还占用的公司资产,对于不能以现金清偿的,可以通过变现其股权的方式偿还侵占资产。公司章程还可以规定该机制的主要负责机构、责任人,保证该机制能够有效运行。目前来说,法律并没有明确规定"占用即冻结"机制,而是通过公司章程进行规定。那么在公司章程未规定此制度时,董事就不能以此种方式申请司法冻结,因此建议将"占用即冻结"机制法律化、制度化。

股东派生诉讼起源于英美法系,随后在各国得以应用与发展。我国《公司法》也明确规定了股东派生之诉,派生诉讼是指在公司利益受到侵害时本应由公司来起诉,但由于各种利益关系或其他原因,比如公司的董事、高级管理人员如果损害公司的利益,便不会代表公司对自己提起诉讼,在这种情况下,公司股东,尤其是中小股东的利益就会受到损害,股东就可以自己提起诉讼,这时原告是股东。为了防止股东滥诉,《公司法》第151条对于"情况紧急、不立即提起诉讼将会使公司利益受到难以弥补的损害"的规定存在界限模糊的问题。因此,巨额的诉讼费用和不确定的诉讼结果使得本身经济、地位处于弱势的中小股东望而却步。对此,笔者认为可以放宽股东提起派生诉讼的条件。对于"情况紧急"应当做出明确的解释,可以参考美国规定前置程序的例外情形,主要包括以下几点:(1)董事否认发生了起诉的过错行为;(2)董事曾批准了所诉过错行为;(3)董事是原告股东所诉的过错行为人;(4)董事在原告股东所诉的过错行为人的控制之下。①

---

① 刘善连:《论完善我国股东派生诉讼制度》,载《安徽理工大学学报(社会科学版)》2013年第2期。

（五）完善中小股东退出制度

作为公司投资者,中小股东最主要的目的在于获取公司利润。当其合法权益遭受损害而且没有其他可以补救的方法时,退出公司就是最好的方式。既非公司主要决策者,也不是公司经营管理者的身份使得中小股东退出公司成为可能。在股份有限公司当中,最大的特点就是资合性,因此在股份转让条件较为宽松,资本可以实现自由流通,方便股东退出。而在有限责任公司当中,最大的特点就是人合性,股东间存在强烈的信任感和合作感,股东关系破裂会在很大程度上影响公司的正常运转,甚至会让公司陷入经营僵局。此时中小股东退出公司不仅能够最大限度地维护自身权益,而且也能够在一定程度上缓解公司经营存在的问题。

我国《公司法》确立了异议股东股份回购请求制度,赋予了异议股东对公司享有回购请求权。在满足特定条件的情况下,股东可以请求公司回购自己手中的股份。但由于回购条件规定过于苛刻,也就没有发挥出这项制度对中小股东的最大限度的保护,对中小股东的保护效果打了折扣。根据《公司法》规定,凡股东对企业连续5年盈利且不分红、合并分立或转让主要财产和修改章程延长公司经营期限此三种情形任一种持反对意见,就可以请求公司回购其股权。对于后两种情况,股东举证较为容易,实际操作起来并没有多大的困难。但对于第一种情况存在以下两个问题:一是5年期限过长,这就使得股东退出公司的等待时间太长。而且公司完全可以为了阻止股东申请退股而在期限届满前一段时间进行分红,继而无法让股东以此为由退出公司。二是目前法律规定的是拒绝向小股东分配利润。如果公司为了规避此规定,按照大股东的意志仅分配微薄的利润给中小股东,便能成功阻止中小股东利用此项法律规定主张利润分配。因此,笔者认为是否可以适当缩减年限,毕竟作为投资者的股东还是以收益为目的,条件太过严苛不利于中小股东维护自身权益。中小股东可以首先选择转让自己手中的股份权以保全资本与收益,如若无法以合理价格转让股权且公司依旧拒绝分配利润,则再请求公司回购股份。除此之外,可以利用公司章程详细规定股东退出方案,做到事前约定,避免事后纠纷。公司章程规定可以包括以下内容:股东退出条件、回购方式、股权价值认定、款项支付等,以避免产生不必要的纠纷。

完善股东解散请求权。特定情况下,股东可以请求法院解散公司。即需要证明公司的经营管理存在严重困难,继续存续会使股东利益受到重大损失。如前所述,中小股东掌握的公司经营信息不全面,很难证明公司的经营管理存在的问题。

因此,可以通过举证责任倒置的方式降低中小股东起诉的难度,这样才能更好地保护中小股东利益。同时可以增设股东提起解散之诉的前置程序,因为解散之诉的后果可能是公司不再存在,这样规定既可以约束中小股东滥用权利,同时也有利于节约司法资源。

结　语

综上所述,我国已经为保护中小股东合法权益作出了许多努力,但是仍旧存有些许不足。我们应当意识到,在市场经济的发展中,保护中小股东权益是一个非常重要的内容。只有充分保障中小股东的权益,才能让投资者对公司充满信心,为整个市场经济注入新的资本与活力。应当坚持问题导向功能,结合实际情况,不断强化中小股东的法律意识、优化公司治理结构、完善相关法律制度。与此同时我们必须认识到,法律的作用在于平衡各方利益和维护经济、社会的稳定,而不是单纯地保护处于弱势地位的人,因此要在平等以及公正原则的基础上,平衡各股东之间的合法权益,保证我国经济整体的稳定、健康发展。本文通过分析中小股东权益被侵害的主要表现形式,探究其原因,以《公司法》及其解释为基础,提出具体的保护措施,形成有效的中小股东权益保护体系。从股东层面看,需要股东强化维权意识,积极参与公司经营管理;从公司层面看,需要完善管理和监督机制;从立法层面看,需要学习借鉴国外成熟的经验,再结合我国实际,完善中小股东权益保护的法律内容,以此促进我国经济持续健康发展。

股份回购制度的困境与优化

高加怡[*]

摘　要:股份回购作为现代公司分配形式的一种,有别于提取公积金、股息分红等利润分配形式。股份回购使得公司将原本已经发行的股票购回,其实质是公司财产无对价的逆向流入本公司股东的手中。尽管理论界和实务中对于股份回购已经有了初步的发展,但是现代公司制度的研究在我国起步较晚,对于股份回购制度的规定存在模糊性和笼统性。为了避免股份回购成为公司发展进程中的临时性工具,基于市场经济的需要和我国当前股份回购中的现实困境,遵循现代公司发展的内在规律,针对我国股份回购制度中的资本规制问题和股份回购与证券市场的关联问题等提出相关的优化建议。通过平衡投资人与债权人之间的关系,彰显股份回购制度的独有价值。

关键词:股份回购　公司分配　库存股

一、股份回购制度概述

我国《中华人民共和国公司法》(以下简称《公司法》)遵循大陆法系国家对于股份回购"原则禁止,例外允许"的规则。全国人大常委会于 2018 年 10 月 26 日,审议通过了《全国人民代表大会常务委员会关于修改〈中华人民共和国公司法〉

---

* 高加怡,女,山东潍坊人,济南大学政法学院 2020 级法律硕士,研究方向宪法和行政法学。

的决定》,对我国《公司法》第142条①中股份回购的条款进行了修改。此次修改在原有的第142条的基础上新增了允许公司回购本公司股份的合法事由,减少了实务中对于股份回购的过度约束,符合经济改革以及完善现代公司制度的需要。

（一）股份回购的概念与制度价值

股份回购是指公司将发行在外的股票购回公司手中。当前我国股份回购有广义和狭义之分,广义的股份回购包括股份有限公司的股份回购和有限责任公司的股份回购,狭义的股份回购仅指股份有限公司的股份回购,而进行股份回购的股份有限公司则以上市公司为主。由于2018年《公司法》第142条修改内容所涉及的是股份有限公司,即狭义的股份回购,因此,本文将对股份有限公司将已发行的股票购回本公司的法律行为展开讨论。随着国际贸易形势日益严峻和我国改革开放的不断深入,我国的现代公司制度为了适应复杂多变的经济环境进行了许多有价值的探索。因此,此次《公司法》第142条的修改在立足于我国当前国情的基础上,遵循市场的基本经济规律,主要针对股份回购的情形、股份回购的程序、公司持有股份的数额和期限以及补充规定等四个方面进行了修改和优化:

第一,《公司法》第142条对于现代公司符合公司股份回购的法定情形的范围进行扩大。原有的《公司法》规定股份回购中的"将股份奖励给本公司职工"的法定情形被修改为"将股份用于员工持股计划或者股权激励",不难发现,2013年版的《公司法》中的"将股份奖励给本公司职工"与新修改的"股权激励"在经济实质上并无不同。因此,此处修改"将股份用于员工持股计划或者股权激励"旨在增加了"员工持股计划"这一法定情形。此外,基于服务型政府的打造以及市场经济的不断成熟,"将市场的事情交给市场"等理念也逐渐贯彻到实践中,2018年《公司法》第142条增加了"将股份用于转换上市公司发行的可转换为股票的公司债券"和"上市公司为维护公司价值及股东权益所必需"这两种情形,这两种情形对于股票市场和证券市场的融通具有重要意义。

---

① 《公司法》第142条:"公司不得收购本公司的股份。但是,有下列情形之一的除外:(一)减少公司注册资本;(二)与持有本公司股份的其他公司合并;(三)将股份用于员工持股计划或者股权激励;(四)股东因对股东大会作出的公司合并、分立决议持异议,要求公司收购其股份;(五)将股份用于转换上市公司发行的可转换为股票的公司债券;(六)上市公司为维护公司价值及股东权益所必需。"

第二,《公司法》第 142 条对于现代公司股份回购的决策程序进行简化。原有的《公司法》对于股份回购的决策程序具有笼统性和模糊性,在实践中往往容易引起争议。因此,为维护股东权益和公司财产,本次《公司法》修改中将"将股份用于员工持股计划或者股权激励""用于转换上市公司发行的可转换为股票的公司债券"以及"上市公司为维护公司价值及股东权益所必需",即第 142 条中的第(三)项、第(五)项以及第(六)项所规定的三种情形中公司进行股份回购的,可以依照公司章程或者股东大会的授权,经三分之二以上董事通过的董事会会议决议即可进行本公司股份的回购,从而提高公司股份的回购效率,减轻公司决策机构的工作负担。

第三,《公司法》第 142 条对于现代公司允许公司持有的本公司股份的数额进行提升,并对公司持有股份的期限进行了适当的延长。有别于 2013 年版《公司法》对于股份回购中公司合计持有的本公司股份数额不得超过本公司已发行股份总数的百分之五的规定,2018 年版《公司法》规定因前述三种情形而回购本公司股份的,公司合计持有的本公司股份数不得超过本公司已发行股份总数的百分之十;并且因此而持有的本公司股份的期限,较 2013 年版《公司法》所规定的股份回购六个月的持有期限延长至 2018 年版《公司法》规定因股份回购所获得的股份在三年内转让或者注销即可,此款在一定程度上赋予了公司更大的自主权和能动性,不难发现,2018 年版《公司法》的修改实质上是对"企业松绑"政策的支持,并在一定程度上发挥了稳定国内经济形势的作用。

第四,《公司法》第 142 条对公司回购股份的回购方式和交易方式进行补充。为防止上市公司对于股份回购制度的滥用,2018 年版《公司法》修改中,规定上市公司收购本公司股份的,有义务按照《中华人民共和国证券法》(以下简称《证券法》)中的相关规定进行股份回购信息披露。并且对于上市公司因"将股份用于员工持股计划或者股权激励""用于转换上市公司发行的可转换为股票的公司债券"以及"上市公司为维护公司价值及股东权益所必需"这三种情形,即实践中公司按照《公司法》第 142 条第(三)项、第(五)项以及第(六)项的规定进行股份回购的,该股份回购应当以集中交易的方式公开进行,该规定有助于在一定程度上预防证券大宗交易、泄漏和炒作内幕消息,从而避免由此导致公司股东输送利益以及公司股价被操控的局面。

尽管我国现代公司制度起步较晚,对于股份回购的基本理论和实践发展尚不成熟,但是根据域外上市公司的治理结构以及股份回购的观念和实施成效,不难发现,股份回购作为资本质量和资本数量的量化器,对于公司长足发展以及社会经济正向回馈具有重要的制度价值。基于我国市场发展状况、公众投资需求以及公司和股东的利益,对股份回购制度作出如下价值分析:

第一,调节资本总量,优化资产结构。一方面,股份回购可以实现公司调整资本总量的功能,有助于公司基于自身需要进行规模调整。实践中,公司的资本总量根据公司战略阶段和宏观状况的不同进行增减。例如,回购股份并注销作为一种减资途径对于公司的战略发展具有重要意义。另一方面,回购自身股票有助于优化公司的融资方式,在一定程度上享受公司负债红利,实现多元化融资,提高资金使用效率。例如,公司通过回购股份可以提高资产负债率,优化公司资产结构。

第二,传递投资信号,稳定公司股价。由于股票价格受其本身价值和资本市场影响,尽管股票价值是遵循一般市场规律上下波动,但是这种波动可能会给公司的收益和发展带来不必要的损失。因此,公司往往会选择在市场低迷时期对本公司股票进行回购,以此减少市场上本公司股份的流通量,刺激市场需求,为公司股价上涨提供动力。此外,公司以高价回购股票的消息有助于增强投资者信心,给投资者传递该公司的普通股被市场低估的信号。

第三,共享经营成果,强化内部激励。当前实践中存在公司职员和管理人员的行为可能违反忠实义务的问题,仅仅通过公司治理结构的内部约束及资本市场、产品市场和劳动力市场等外部约束无法达到理想效果。因此,应当保证投资者、经营者以及劳动者共享经营成果,加强职员和管理人员的劳动与公司财富的关联性,员工持股计划作为制度创新实质上满足了股权激励的需要。然而股份激励中的股份来源如何确定? 发行新股具有手续烦琐、程序复杂以及增加市场上股份总数从而降低单股收益等问题,实施成本较高。股份回购作为股权激励计划的来源可以有效避免这些问题。

(二)域外股份回购的发展

股份回购制度可以追溯到二十世纪五十年代的美国。由于自由竞争的市场环境和相对宽松的国家政策,此时的公司对于股份回购的需求十分有限。直到二十世纪七十年代,政府出于挽救经济危机、维持相对公平以及稳定社会关系的需要,对于上市公司等经济实体的现金红利的利润分配行为进行限制,基于摆脱行政权力对经济实体进行控制的目的,股份回购越来越频繁地出现在大众的视野中。① 二十世纪八十年代,尽管经济滞涨所导致的社会矛盾逐渐得到缓和,但基于七十年代股份回购所彰显的制度价值使得政府已经开始通过向公司提供资金或者资金融通等方式,鼓励公司对本公司的股票进行回购以振兴市场、复苏经济。此后,股份回购又在二十一世纪初的国际金融危机中发挥了价格稳定器的作用,大量上市公司为规避金融泡沫的风险,纷纷以债权融资的形式对本公司的股份进行回购,从而减少了本次国际金融危机所导致的公司财产损失。②

　　股份回购制度经过大半个世纪的发展,形成了以英美法系为代表的股份回购"原则允许,例外禁止"以及大陆法系为代表的股份回购"原则禁止,例外允许"两种常见的立法模式。英美法系国家认为,在当前的公司分配规范下,股份回购在实质上与现代公司的利润分配具有相似性。以法治发达国家的美国为例,美国《标准商事公司法》规定由公司向股东或为了股东利益的、基于股东所持股份的、直接或间接的现金或其他财产(公司自己的股份除外)的转让或负债。分配形式可以是支付红利,回购、回赎或其他形式的股份购买,负债分配,清算分配或者其他形式。③ 因此,基于公司发展、股东利益以及利润分配的需要,2002 年,美国《标准商事公司法》规定,董事会原则上具有决定本公司是否进行股份回购的权利,而董事会对于回购股份的决策必须出于善意,即禁止为维持公司控制权、私分公司财产等损害公司或股东利益作为股份回购的目的。有别于英美法系国家的宽缓,大陆法系对于现代公司的股份回购制度采取相对严苛的规定,即进行股份回购的上市公司有义务符合特定实施条件。如,日本对于现代公司股份回购的实施条件可参见日本《公司法》第四百六十一条④中关于公司盈余财产分配的限制等。⑤ 德国《股份公司法》《商法典》所规定的公司股份回购"原则禁止,例外允许"的六种情形:第一,规避公司巨大或极为紧急的损失;第二,向公司员工或关联企业员工

---

① 赵洲:《股份回购制度的发展与完善》,载《北京工业大学学报》2020 年第 1 期。
② 高榴:《我国上市公司股份回购新政:经验借鉴、实施现状与完善思考》,载《西南金融》2021 年第 3 期。
③ 潘林:《股份回购中资本规制的展开———基于董事会中心主义的考察》,载《法商研究》2020 年第 4 期。
④ 日本《公司法》第461 条:"公司法中不仅对所谓分红及中期分红这种盈余金分红进行规定,而且对公司取得自我股份,以及取回股东持有公司财产也进行了规定……向股东交付金钱等的账面价值总额,不能超过该行为生效日的可分配额。"
⑤ [日]近藤光男:《最新日本公司法》,梁爽译,法律出版社 2016 年版,第 361 页。

提供股票,旨在员工股权激励的;第三,为保护少数中小股东利益,避免大股东对其进行股权侵害的;第四,符合法定情形免费获得公司股份的;第五,基于公司章程和减资协议需要注销股本的;第六,通过公司合并等其他方式取得股份的。此外,为限制公司进行股份回购,德国《股份公司法》还对股份回购"例外允许"的前三种情形中的回购资金来源和回购数额进行了限制,即回购股份所需要的资金应当来源于本公司盈余利润,所回购的股份在原来持有的基础上总额不得超过注册资本的百分之十,股份回购超出总额的,超出部分应当在两年内处置。[①] 由此可见,股份回购已经成为当前域外上市公司实施并购重组、代替现金进行投资人利润分配以及完善公司等经济实体的产业结构和治理结构的重要途径。随着贸易全球化的加速和国内市场经济的发展,域外法治发达国家关于现代公司的股份回购制度对于解决我国当前股份回购困境、优化股份回购制度具有一定的借鉴意义。

二、股份回购现实困境

尽管根据《公司法》第 142 条所规定的回购新政实施以来,国内股份回购以及资本市场有了新的进展,如,美的集团、中国平安等公司,这些公司对自身股份进行合法、连续地回购,一方面,强化投资者信心,有助于激励投资者对公司再次投资;另一方面,符合《公司法》第 142 条的实施预期,给予市场以正向回馈。但仍然存在部分公司恶意利用法律规定的边缘化地域,滥用股份回购权利,导致股份回购的制度目的落空,严重侵蚀投资者对股份回购的信心,损害债权人利益,甚至影响资本市场长期稳健地发展,如,"护盘式"回购导致投资者风险。此外,除基于公司减资及合并而收购股份外,在引起股份回购的其他情形下,均难免产生库存股问题。因此,基于《公司法》第 142 条的规定以及我国市场发展现状,如何解决库存股问题已经成为实践中亟待解决的难题。

(一)库存股处理难题

根据《公司法》第 142 条第 3 款的规定,股份回购时公司因减资而对本公司股份进行回购的,有义务在回购股份之日起 10 日内对该股份进行注销。同时,公司法还规定,公司取得本公司股票是基于公司间合并的,有义务在公司实现合并的

---

① 高榴:《我国上市公司股份回购新政:经验借鉴、实施现状与完善思考》,载《西南金融》2021 年第 3 期。

同时对获取的股票进行注销,以此避免公司合并造成公司账面的混乱。然而实践中却不尽然,在由于其他原因而产生股份回购的情况下,存在公司持有本公司股份且在较长的一段时期内未对股份进行注销或未对股份进行转让的情形,从而对公司的正常运营、债权人权益以及市场信号产生影响。这种已经发行的股票经过股份回购程序后持有周期长且持有后未进行注销或未进行转让的本公司股份,即为股份回购制度中的库存股。库存股既不能分配股利,也不具备对于公司决策进行投票表决的权利。此外,库存股不能作为公司资产出现在公司资产负债表上,而是以一种负数形式被列为一项公司股东的权利。即使公司最终解散,库存股也只能用来作为公司所回购的但是尚未进行注销或者转让的公司金额的核算器,不具备股份变现的功能。

2018 年,证监会联合财政部、国资委以及银保监会等相关部门共同研究并起草了《公司法修正案》草案,对于《公司法》第一百四十二条的修改提出了完善股份回购制度的建议,一方面,该《公司法修正案》草案提出在股份回购制度中增加"用于员工持股计划、上市公司为维护公司信用及股东权益所必需的"等四种合法事由的建议;另一方面,要求公司在股份回购的过程中建立库存股制度,对股份回购中的库存股进行合理规制,避免市场暗箱操作以及公司内幕交易。此外,该草案还要求取消股份回购中回购资金来源于税后利润的原有规定等。但是证监会在经过多部门联合研究后却并未将"库存股制度"以及库存股如何处理等相关问题向全国人大常委会做出立法说明,而最终通过的《公司法》修改决定中也未对"建立库存股制度"等问题进行阐述。

尽管对于回购后未进行注销或未进行转让的公司股份不以"库存股"的称谓来处置,但是这些股份在实质上已经形成了库存股,在实践中也会潜移默化地影响库存股运行的规则。基于我国当前市场经济的发展以及现代公司制度具体应用,实践中股份回购所产生的库存股主要存在两方面的问题。第一,基于公司回购所产生的库存股是否为本公司的财产?针对该问题,共分为两种回答:如果将库存股作为本公司的财产,那么,当债权人在公司不具备清偿债务的能力时,有权将公司回购所产生的库存股作为偿还的对价,以此充抵债务。与此相反,如果否定库存股作为公司股份的财产性,那么,债权人就不得在公司不具备清偿债务的能力时针对该库存股而主张以此进行清偿的权利,该理论也是比较符合当前实践中库存股处置规则的情形,即在公司解散时,库存股无法作为公司股份进行变现,只能作为公司收购的但是尚未进行注销或者转让的公司金额的核算器,无法对债务进行偿还。基于库存股的实际价值以及《公司法》第一百四十二条允许这类股份进行转让的规定,因此,可以将股份回购所产生的库存股作为本公司的财产部分予以认定,并且可以将该股份作为公司债权人主张清偿债务的物质保障。第二,库存股是否附着表决权?基于《公司法》第一百零三条①的"但书"条款可知,公司所持有的本公司股份不具有公司决策的表决权。但是实践中,通过公司回购本公司股份所形成的库存股经过法定程序后即归债权人享有,而此时债权人在取得公司股份后,其债权人身份往往也会转为股东身份,那么,此时应当如何解释该债权人由于库存股而获取的公司决策表决权,即如何回应实践中库存股附着表决权这种与理论相悖的情形已成为现实中亟待解决的难题。

(二)"护盘式"回购导致投资者风险

护盘式回购是公司进行股份回购的理由之一,那么,何为护盘式回购?② 护盘回购是指公司通过对本公司的股份进行回购,一方面,护盘式回购缩减了公司的股本总额,遵循价值规律增加公司股票中每股股票的价值盈余,以此维护公司价值及股东权益;另一方面,这种护盘式回购可以向股票市场传递实施股份回购的公司认为其股票交易价值低于其真正价值的信号,维持公司股价稳定,缓解投资者的紧张情绪,避免因投资者大量抛售本公司股票而导致公司严重亏损。例如,1987 年美国股灾中,花旗银行对本公司 25 亿美元股票进行回购,成功阻止其股价的大幅下跌;1997 年,我国台湾地区通过对上市公司的股份回购及其相关制度进行一定程度的"松绑",大大减小了东南亚金融危机对股票市场的影响。甚至是 2001 年,美国为降低"9·11"事件的损害程度,挽救国内经济以及股票市场损失,从制度上以及政策上采取了一系列支持公司进行股份回购措施,以此增强了投资者对于国内经济的信心,从而刺激股价反弹,避免"9·11"事件后形成新一轮的经济危机。

证监会、财政部、国资委于 2018 年 11 月 9 日联合发布《关于支持上市公司回

---

① 《公司法》第 103 条:"股东出席股东大会会议,所持每一股份有一表决权。但是,公司持有的本公司股份没有表决权。股东大会作出决议,必须经出席会议的股东所持表决权过半数通过。但是,股东大会作出修改公司章程、增加或者减少注册资本的决议,以及公司合并、分立、解散或者变更公司形式的决议,必须经出席会议的股东所持表决权的三分之二以上通过。"

② 李晓春:《在自由和管制之间寻求利益平衡——公司取得自己股份制度研究》,法律出版社2010 年版,第 178 页。

购股份的意见》(下称《意见》),根据该《意见》规定,简化上市公司实施回购的程序,即上市公司股价低于其每股净资产的,或 20 个交易日内股价跌幅累计达到百分之三十的,可以为维护公司价值及股东权益进行股份回购;上市公司因该情形实施股份回购并减少注册资本的,不适用股票上市已满一年和现行回购窗口期(定期报告或业绩快报公告前 10 日内、重大事项论证期间)的限制。股东大会授权董事会实施股份回购的,可以一并授权实施再融资。不难发现,该《意见》不利于现代公司制度中的退市规定的完善以及上市公司质量的提高。首先,该《意见》使得低质股票减少退市的风险。根据当前我国的公司股票的退市政策,上市公司连续在 20 个交易日内,每日股票的收盘价均低于该股票的面值,交易所即有权对该股票的交易进行终止。[1] 实践中,中小投资者往往具有"炒新、炒小以及炒差"的偏好,由于这类投资者的投机心理,如果某公司处于退市政策所规定的边缘地带时,便可以根据该《意见》以及中小投资者的投机心理,对本公司的股份进行回购,从而带动公司股价迅速回安全区,最终化险为夷,避免股票退市的风险。其次,该《意见》有助于上市公司规避社会舆论的负面评价。实践中,在大众传媒对上市公司的商品问题、债务违约以及账目造假等负面新闻进行爆料后,该公司股价往往会在一段时期内大幅下跌,甚至该公司的治理结构和市场份额也会受到较大影响。然而,如果在这段时期内该公司以公司股票市值管理的名义对本公司的股份实施回购,那么,极有可能因此而引起市场交易以及股票买入的跟风炒作,对投资者造成误导,这种护盘式回购实质上是对低质股票的"二次回血",不利于股票市场长期的稳健发展。

此外,我国当前实践中,上市公司的信息公开问题也是护盘式回购中致使投资者风险以及影响公司对本公司股份进行回购合法与否的重要因素。首先,上市公司未对回购本公司股份后可能造成的股东、公司以及市场的影响展开全面的说明。尽管沪深交易所规定公司有义务对回购本公司股份的方案进行详细说明,其中包括此次股份回购计划将对公司盈利状况、债务履行能力以及未来发展规划等即将产生的影响进行深层次的分析。然而如再升科技等上市公司却在发布股份回购计划的过程中对公司实施该回购计划后对产品研发、对于债权人债券如何处置等问题以及股份回购计划实施后会对公司产生的影响闭口不谈,或者以回购资

---

[1]　李振涛:《护盘式股份回购制度的演进及其设计——基于证券市场异常波动应对的视角》,载《政法论坛》2016 年第 4 期。

金上限在公司资产中占比低为由,将所实施的股份回购计划评价为"本次回购对公司的未来发展不会产生重大影响",同时简要提出有利于投资者的几个方面,而未对股份回购计划展开全面说明。其次,上市公司实际管理者对于回购方案中某些重点问题的解释"含糊其辞"。当前实践中存在上市公司在发布公司回购计划的过程中同时发布多种目的的"一系列"股份回购的实施计划用语,如:改善财务指标、公司并购需要、推行股权激励计划以及买回异议股东股份等。然而这类回购计划对于使用公司资产拟购回的本公司股份数量以及回购本公司股份所需要的具体资金总额的表达具有模糊性和笼统性,对于其中的某些解释更是因"与本次股份回购计划未产生关联"而不予解释。因此,这种回购目的多样、解释不明的回购方案容易对投资者产生误导,造成投资者的利益损失。

三、股份回购制度的优化路径

基于经济全球化的发展以及国内股票市场的不断完善,截至2020年上半年,A股上市公司的期末现金及A股上市公司的现金等价物共二十七点三四万亿元,该数额在A股当期的总资产中仅占百分之九点零四,由此可见,股份回购在优化公司资产结构以及维护公司、股东和债权人的利益方面具有极大的制度潜力。随着我国经济政策的调整以及市场对于公司管理风险能力的要求不断提高,公司往往以对本公司股份进行回购的方式逐渐将盈余资产返还给投资者,促进资本市场长期稳健地发展。为更好地发挥现代公司制度中的股份回购制度的制度价值,强化投资者对于股票市场的信心,亟需从以下两方面对现代股份回购制度进行规制与监管。

(一)预防潜在风险

首先,加强上市公司在股份回购过程中的信息披露义务。基于域外法治发达国家对于现代公司制度下的股份回购的立法原理和司法实践中实施股份回购的运行规则,信息披露以及市场监管对于规避股份回购中违规操作以及稳定股价的异常波动具有重要意义。为了避免股份回购在当前实践中的非法利益输送、内幕交易以及扰乱市场秩序等损害投资者合法权益的行为,保证公司回购本公司已发行股份的相关信息能够向投资者进行准确、有效以及完整地披露,立足于我国当前实践中上市公司股份回购的常见问题,对股份回购制度的优化路径提出相关建议:第一,实施股份回购的公司有义务对可能引起回购失败的事项进行科学、客观地分析,并且就该事项信息向公众进行披露,避免因信息不对称导致公司资产和债权人利益的损失。第二,为避免上市公司操纵股价以及促进股价向其本身价值回归,公司在实施股份回购计划前应当对回购本公司股份后所造成的对于债务履行能力、公司账目以及产品研发等方面的影响进行全面分析,该分析有助于投资者对进行股份回购后的公司进行科学的评判,为其投资决定提供合理依据。第三,当前实践中上市公司对本公司股份进行回购的目的往往是多元化的,因此,上市公司有义务在股份回购的计划方案中明确拟回购股份数量或者资金总额以及所回购股份的具体用途,并就公司股份回购后的平仓风险和控制权稳定性等情况向投资者进行披露,保证投资者能够对本次回购行为具有合理预期。此外,为规制公司管理人员出于迅速提高公司业绩的目的而对本公司股票进行回购,应当重视管理人员薪酬与公司业绩相关联的问题。

其次,证监会等机构应当对股份回购与股份减持并行的操作空间进行严格控制和规范。出于避免公司对已发行股份进行回购与股东减持本公司股份行为在实施的时间上存在交叉的目的,即规避实践中所存在的上市公司对于本公司股份边回购、边减持的现象,公司应当在本公司股东减持股份程序结束后,再对本公司的股份进行回购,从而对公司向大股东以及其他公司内部人员实施利益输送的行为进行规制,这种规制实质上是对公司中小投资者以及债权人的权益进行合法保护。

最后,基于库存股的特性对库存股的转让条件进行明确。基于维护公司价值及其股东利益而对本公司股份进行回购的目的,应当对公司为抑制其股价快速且异常的上涨而出售库存股的前提条件进行明确,以及公司在将因股份回购而产生的库存股进行转让期间,应当禁止相关内幕信息知情人买卖公司股票,避免造成市场混乱和内幕交易。除实践中的具体规定外,还应当在《公司法》中明确界定"库存股"的含义,并根据该含义形成"库存股"的相关理论,最终通过这些基本的理论构建一套科学、高效的"库存股"处置规则,从而使得公司充分享受库存股红利以及避免库存股运行和处置规则不明而造成的股票市场以及投资机制混乱。

(二)严格政策把控

首先,证监会以及相关机构应当取消上市公司对于已发行股份回购价格以及数量额度的上限。实践中股票价格往往会受到股票的内在价值以及资本市场等因素的影响,基于我国现代公司制度的规定以及当前市场经济的发展,上市公司进行股份回购的价格以及数量额度上限偏低,这在一定程度上降低了公司在回购本公司股份的过程中控股股东以及公司的实际控制人的义务标准,致使债权人处于一个相对弱势的地位。在涉及公司根据股份回购方案设计对已发行股份进行回购的具体实施计划时,实践中股份回购计划中所设置的股份回购价格上限通常会与前期收盘价较为接近。一方面,基于遵循价值规律和市场变动的考量,公司无需对股份回购计划中所设置的股份回购价格上限进行特别说明;另一方面,股票价格通常会在上市公司公布股份回购方案后的一段时期内持续上涨。立足于我国当前创业板以及科创板的股份回购受到百分之二十上下限涨跌幅的背景,股票价格存在极大的超出公司对已发行的股票进行回购的价格上限,进行股份回购的公司的回购义务从而得到相应的免除。因此,基于我国当前公司注册制改革以及资本市场更新迅速的背景,笔者认为,应当取消上市公司在实施股份回购过程中所回购股份价格上限,使得公司能够自主决定股份回购中所回购股份价格上限以及股份回购额度内买入已发行股份的时机和数量,以此保证股份回购方案决策和实施的自主性和高效性。

其次,针对上市公司实施股份回购的具体缘由,严格区分"护盘式"回购的适用情形。在上市公司对本公司已发行的股份进行回购前,将其中符合以公司进行市值管理为目的而回购本公司股份的上市公司进行分类:第一,上市公司股票的非理性下跌归咎于股票市场资本的波动,此时,上市公司因本公司股票价格严重偏离其实际价值而基于市值管理的目的对本公司的股份进行回购;第二,上市公司由于重大利空信息,即对股票价格上涨造成负面影响,从而造成本公司股票价格在一段时间内持续下跌,以长生生物中的问题疫苗事件为例,该事件属于公司多数债权人基于保护自身利益而自愿产生的行为,那么,如果允许公司此时以市值管理为目的对本公司已发行的股票进行回购,则是严重违背了上市公司"护盘式"回购的宗旨。基于《公司法》第一百四十二条的规定,当前上市公司的股份回购已经具备转换为公司债券的功能,上市公司合法、高效地对本公司股份进行回购对于调整证券市场关系具有重要意义。因此,为有效贯彻《证券法》提高退市效率、避免市场资源浪费的理念,应当取消上市公司退市程序中的暂停上市阶段,避免低质公司以回购本公司股份的方式进行无效自救,误导投资者,造成债权人损失,最终实现上市公司退市的常态化,推动我国资本市场形成上市和退市有序、健康的良性循环。

　　最后,学习域外法治发达国家资本市场运行经验,对于我国上市公司进行股份回购后的再次融资问题进行考量。基于域外法治发达国家上市公司进行股份回购的经验,不难发现,将回购后的股份进行注销已经成为当前解决回购股份的最为适当的处置方式。以美国上市公司的股份回购为例,美股上市公司以公司资产对本公司的股票进行回购并对回购后对股份予以注销,一方面,这种股份的注销行为遵循资本市场的运行规律,增加了股票市场中资金的投入;另一方面削减了市场中本公司股票的供给总量,对于维护公司股东利益、提高公司股票价值具有重要意义。根据我国当前对于公司注册资本的规定,显然已经将该资产作为公司对外承担财产责任的重要依据,那么,如果允许上市公司对其资本进行削减,实质上则表明公司对于债务的清偿能力遭到削弱,势必会引起公司债权人对于利益能否得到有效保障的困扰。因此,相关机构在往后对于上市公司股份回购进行的再融资业务的审核工作中,有义务对以股份注销为目的而实施股份回购的上市公司在程序上和效率上予以优先支持。相反,对于上市公司以稳定公司股价、提高资金使用效率或者维护公司形象等其他目的而实施股份回购的,相关机构有义务对该上市公司是否具有进行再融资的合理性和必要性进行审查,从而规避当前实践中存在的上市公司在回购本公司股份的过程中"假回购、真圈钱"的现象。① 此外,应当对准入资本市场的上市公司进行股份回购的资金来源实施严格规制。基于规避上市公司对资本市场注入大量银行信用贷款致使股票市场虚假波动的目的,应当在《公司法》中增加关于回购本公司已发行股份时资金来源的规定,即上市公司回购本公司股份所使用的资金应以公司自有资产为主,而非银行的信用贷款。此外,针对自有资金不足以维持对本公司已发行股份进行回购的上市公司,可以在该公司符合银行信用贷款的条件下,根据公司的闲置资金、经营状况以及管理结构,对公司的还款能力进行合理评估,基于评估结果对该公司可以从银行所获取的用于股份回购的信用贷款数额予以确定,即将上市公司用于回购本公司股份的信用贷款的比例规定一个合理上限,一方面,满足上市公司进行股份回购的现实需要,有助于上市公司规模的扩大以及资产结构的调整;另一方面,将资本市场的潜在风险降至最低,避免对投资者形成误导,造成债权人损失。

---

　　①　叶林:《股份有限公司回购股份的规则评析》,载《法律适用》2019 年第 1 期。

结　论

基于《公司法》第 142 条的规定,我国当前的现代公司制度尚处于制度的构建层面,立足于实践中所需要的分配框架还未形成。不难发现,股份有限公司对本公司的股份进行回购已经从原有的减资手段,转而兼具改善财务指标以及公司并购需要等多种功能,成为调整股票市场和证券市场关系的重要工具。因此,在适用《公司法》第 142 条时,要同时从《公司法》和《证券法》两种角度予以考量,并准确把握该条款的规范目的。立足国情,建立有中国特色的股份回购制度,从制度上实现投资者利益与债权人利益的平衡。

浅议有限责任公司中的股权让与担保

安雯霞[*]

摘　要:公司发展过程中不可避免的融资问题一直备受关注,尤其是通常情况下股东人数较少的有限责任公司。而在此次疫情对市场经济的影响下,中小企业的融资问题更加显著。而股权的让与担保是公司或股东融资的重要途径。本文通过探究有限责任公司中股权让与担保的特点和法律构造,在此基础上分析该制度中存在的主要争议问题,提出关于有限责任公司股权让与担保制度构想,从而为促进我国有限责任公司股权让与担保制度的完善提出相应的建议。

关键词:有限责任公司　股权让与担保　公示效力　商事外观主义原则

让与担保制度的初始状态为古罗马时期的信托制度,而现代让与担保制度源于德国。[①] 经济发展的过程中,随着市场上融资需求的增加,出现了让与担保制度。目前虽然没有十分完善的法律规定,但让与担保一直以来就是一项担保债权实现的传统制度。然而对于在债务履行期限届满后仍未履行清偿义务的情况下如何处置担保财产,双方约定的具体处理方式的效力以及担保权人的法律地位等问题在我国法学界一直存在较大的争议。在《中华人民共和国民法典》(以下简称《民法典》)出台以前对于让与担保主要存在着违反物权法定原则的判断,但新颁布的《民法典》第 488 条对于让与担保制度有着全新的意义。除此之外,2019

---

* 安雯霞,女,甘肃陇南人,济南大学政法学院 2020 级法律硕士,主要研究方向为民商法。
① 邹海林:《金融担保法的理论与实务》,社会科学出版社 2004 年版,第 101 页。

年最高人民法院发布的《全国法院民商事审判工作会议纪要》第71条肯定了让与担保的合同效力。① 股权的让与担保是自然人以及中小企业进行融资,克服发展困难,增加市场经济的活力的一种重要途径。② 此外,从不同公司的性质上来看,股份有限公司属于资合模式,而有限责任公司更加注重人合性,股权让与担保制度在有限责任公司中会产生更多的现实问题。因此,下文均根据有限责任公司的股权让与担保制度为前提展开讨论。

一、股权让与担保的概述

(一)含义

王泽鉴教授将让与担保制度定义为当事人按照其约定将担保财产的所有权彻底移转给债权人,当债务人未按期履行债务时,担保权人有权就担保物优先受偿,而当债权如期得以清偿时须将担保财产返还给担保的设定人。③ 通说认为让与担保指的是债务人或者第三人为担保债务人的债务,将担保标的物的财产权移转于担保权人,而使担保权人在不超过担保目的的范围内取得担保标的物的财产权,在债务受清偿后,标的物返还于债务人或者第三人,在债务人到期不履行时,担保权人就该标的物受偿的制度。④ 有限责任公司的股权让与担保是指有限责任公司股东将自己所持有的股权作为自己或者第三人债务履行的担保财产经过公司的内部登记和股权登记机构的外部登记双重登记后移转给债权人,在债务履行期间届满后,债权得以清偿的,再将股权经变更登记后返还给债务人或担保人;债权未得以清偿的,担保权人可以将股权变卖、折价后以处分所得财产优先受偿的担保方式。

股权的让与担保因其客体为股权,所以不完全等同于民法理论中建立在普通

---

① 《全国法院民商事审判工作会议纪要》第71条:合同如果约定债务人到期没有清偿债务,财产归债权人所有的,人民法院应当认定该部分约定无效,但不影响合同其他部分的效力。当事人根据上述合同约定,已经完成财产权利变动的公示方式转让至债权人名下,债务人到期没有清偿债务,债权人请求确认财产归其所有的,人民法院不予支持,但债权人请求参照法律关于担保物权的规定对财产拍卖、变卖、折价优先偿还其债权的,人民法院依法予以支持。债务人因到期没有清偿债务,请求对该财产拍卖、变卖、折价偿还所欠债权人合同项下债务的,人民法院亦应依法予以支持。

② 蔡立东:《股权让与担保纠纷裁判逻辑的实证研究》,载《中国法学》2018年第6期。

③ 王泽鉴:《民法学说与判例研究》(第八册),北京大学出版社2009年版,第213页。

④ 谢在全:《民法物权论》(下册),中国政法大学出版社2011年版,第1100页。

动产或不动产上的让与担保。① 究其原因,还是由于股权本身的特殊性。股权作为交易客体本身兼具着财产权利与人身权利两种不同属性,其公示的方式也有自身的特征。因此,股权让与担保对于有限责任公司的日常运营管理以及发展都有重要影响。除此之外,将股权让与担保和股权转让行为进行区分对于正确界定股权让与担保以及解决其中的争议也是十分必要的,因为二者在形式上具有极大相似性。有限责任公司的股权转让行为是指有限责任公司股东将其所持有的公司所有的股权转移给第三人,由第三人通过继受取得方式而成为新股东参与到该有限责任公司中的法律行为。②

(二)股权让与担保的特征

股权让与担保中,债务人或者第三人为担保的设立人,债权人为担保物权人,这两者的关系在形式上又符合转让人与受让人的特征。而这种担保模式的核心特征为该民事法律行为所造成的法律后果超过了保障债权得以实现的经济目的,这就导致了股权让与担保的特殊性。③ 对于股权让与担保的特征,主要包括以下三个方面:

1.属于非典型担保方式

我国现行法中,对于抵押、质押方式的担保制度都有明确的规定,而股权让与担保是在社会生活的发展过程中随着人们的实际需要而产生的,通过转移作为标的物的股权的所有权来担保债权的实现,具有较强的意思自治性,当事人可约定的范围较大,没有其他典型担保方式的法律约束力强,因此是一种非典型的担保方式。

2.具有从属性

担保合同的从属性原则在有限责任公司的股权让与担保中也不例外,股权让与担保是基于原债权债务关系而产生的,应当受到担保合同相关规定的制约。股权让与担保是保证债权按期得以实现的一种手段,具有保障债权如期得以实现的唯一目的。虽然与“股权转让行为”的外在形式具有极大的相似性,即通过内部登记和外部登记后将权利人名义进行了变更公示,但股权让与担保的目的本身使得股权让与担保合同本质上无法摆脱作为主债权合同的从合同性质。因此,股权

---

① 刘凯丽:《〈民法典〉下的股权让与担保》,载《合肥师范学院学报》2020 年第 4 期。

② 施天涛:《公司法论》(第四版),法律出版社 2018 年版,第 275 页。

③ 王贺:《股权让与担保法律构成的检视与完善》,载《甘肃政法学院学报》2020 年第 3 期。

让与担保也会随着主债权的实现而消灭。到期债权得以实现的,债权人有协助担保设立人再次进行股权变更登记的义务。

3.具有隐蔽性

"担保性所有权让与提供的是一个秘密的质权,它在外部是难以被辨别的"。① 通过这句话就能反映出股权让与担保和股权转让行为在外在表现形式上两者并无差异。在属于股权转让行为的情况下,双方基于转让股权的真实的意思表示变更股权持有人,第三人受让了作为该股东的所有权利,是一种真正意义上彻底的"股权转让"行为。而股权让与担保的主要目的是担保债权得以顺利实现,但两者在司法实践中均以股权买卖合同为表现形式,往往产生让人难以区分的情况。有限责任公司股权让与担保的目的没有公示,因此仅双方当事人知道变更登记的真实目的,不利于其他相关交易主体作出准确判断、评估交易行为。因此有限责任公司股权让与担保制度具有非常隐蔽性的特征。

(三)股权让与担保的法律构造

准确区分有限责任公司中的股权转让行为与股权让与担保的行为对解决实务中的纠纷有重要意义。关于股权让与担保的法律构造,目前主要有"所有权构成说"与"担保权构成说"两种不同的观点。所有权构成说,是指通过让与股权的所有权来保障债权实现,强调的是"让与的手段",手段大于目的;担保权构成说,是指债权人所取得的股权有范围限制,即必须在所担保的债权范围内,在清偿期届满前主要目的还是担保债权的实现,担保权构成说侧重于强调担保的目的和社会作用。在有限责任公司的股权让与担保制度中,所有权构成说实际上在让与担保设立过程中重视让与的手段、方式,而在实现权利时仍没有脱离担保的实际目的,处分权能仍然受到一定限制,这是一种相对的所有权构成。担保权构成说的目的是确定的,但忽视了股权让与担保的表现形式可能带来的法律后果,因为这种学说完全分离了手段与目的之间的联系,是不合理的。所有权构成说既考虑到债权人的所有权具有限度范围,也包括变更登记后公示效力的考量,同时也没有脱离担保的目的,因此,笔者更加认同股权让与担保所有权构成说的法律构造。

---

① 〔德〕鲍尔、施蒂尔纳:《德国物权法》(下册),申卫星、王洪亮译,法律出版社2006年版,第603页。

二、股权让与担保的效力

股权让与担保因为其对债权的保护以及担保方式的低成本性,在实践中得以广泛适用,越来越多的自然人、中小型企业选择通过这种方式来获得融资,从而解决经济困境,获得进一步的发展。在股权让与担保适用的过程中,一方面提高了社会市场经济的活力,另一方面由于相关法律的不完善,也带来一些关于股权让与担保效力的不同争议。主要有以下几个争议点:

（一）是否属于双方虚假行为

理论上看,判断一个法律行为是否属于双方虚假行为需要考虑两个方面的内容:即外部的表象行为以及内部实际的隐藏行为。这两个方面的内容实际上包含着两个民事法律关系,其效力应该分别按照民法中民事法律行为效力的规定分别判断。对于表象行为,因为并不是双方当事人真实的意思表示,该民事法律行为已经丧失了本质内涵,因此该表象行为是无效的。而对于隐藏行为来说,虽然被隐藏所以除了当事人之外而不为人所知,但却是当事人最真实的意思表示,该行为的效力应依一般规则确定。[①] 隐藏行为属于当事人的合意,也符合私法自治的范畴,若没有法律规定的无效事由,根据《民法典》第146条的规定,应该被认定为有效。[②]

在这种情况下,考虑前提是能否将有限责任公司股东与债权人之间的债权合同以及作为债权实现担保的股权让与担保合同看成互相独立的民事法律关系。一旦认为所涉合同均有独立性的特征,则在股权让与担保合同的成立中,当事人之间并非基于转让股权的真实意思表示想变更股权的所有权,属于通谋虚伪意思表示,即构成民法中的"双方虚假行为",因此无效。在股权让与担保中,符合转让形式的登记仅仅是股权让与担保的必经手段,主要目的仍是为了获得债权保障,实际上没有彻底转让的意思。此外,因为股权让与担保具有特定目的,笔者认为不应该将前述所涉的法律关系完全割裂开来判断,应该进行综合考量,因此不属于双方虚假行为。

---

① 朱庆育:《民法总论》,北京大学出版社2016年版,第261页。
② 《民法典》第146条规定:行为人与相对人以虚假的意思表示实施的民事法律行为无效。以虚假的意思表示隐藏的民事法律行为的效力,依照有关法律规定处理。

（二）是否属于所禁止的流质条款

股权让与担保与流质行为具有很大相似性，但又不同于流质行为。我国所禁止的流质条款指的是在债务履行期间届满之前，质权人与提供质物的债务人或第三人约定，在债务履行期间届满而债务人不履行债务时作为担保财产的质物就归质权人所有。之所以要禁止流质条款，是为了避免质押权人在债务履行期间届满前提前约定到期不清偿则直接决定质物的归属，这属于利用担保人急于融资的现实情况而滥用自己的权利，从而损害担保设立人的合法权益。根据《民法典》第428条规定可知，目前我国对于让与担保物权的实现划分为归属清算型和处分清算型两种。[①] 归属清算型是指担保物的所有权归担保权人取得，但须经过公正的估价流程，超过部分应该折价还给担保人；处分清算型是指担保权人在债务履行期间届满后债权仍未得以清偿时，有权依照约定的方式将担保物进行拍卖、变卖，以所得价款行使优先受偿权，但剩余价款应返还给担保人。这两种清算方式均未肯定担保权人对担保物的享有直接归属的所有权。在这种情况下，可以对债权人与提供债权的担保者之间利益的平衡进行较公平的维护，与此同时也体现出法律的平等保护性，有利于维护司法公正。

有限责任公司的股权让与担保制度，是指在债务履行期间届满后债权未得以清偿时，可以依照约定的方式将股权折价或变卖后以所得价款优先受偿，将剩余部分仍归担保设立人享有，并非是直接不经清算程序就由担保权人直接取得作为担保财产的股权所有权，因而股权让与担保不属于我国法律所禁止的流质条款。

（三）是否违反物权法定原则

物权法定原则中要求物权的种类以及内容都由法律来进行规定，当事人不得任意创设，该原则排除了当事人对于物权种类和内容的自治效力。而新颁布的《民法典》第388条中的规定确认了担保方式的可约定性。[②] 在法律上承认了让与担保作为非典型的担保行为具有同等的债权担保效力，这也是现阶段我国担保制度重要的变革成果。即让与担保合同只要符合法律关于民事法律行为生效的要件，就能产生债的效果，并且在司法实践中也能找到相应的佐证，例如在滕波与

---

① 《民法典》第428条规定：质权人在债务履行期限届满前，与出质人约定债务人不履行到期债务时质押财产归债权人所有的，只能依法就质押财产优先受偿。

② 《民法典》第388条中"担保合同包括抵押合同、质押合同和其他具有担保功能的合同"，确认了担保方式的可约定化。

滕德荣股权转让纠纷再审案中,最高人民法院就认为股权让与担保的行为是本着基于合意受合同约定制约的行为用以保障债权,该法律行为只要不符合《民法典》关于合同无效的事由,就应当被认定为有效,因此不违反物权法定原则。① 股权转让的目的在于对债权的实现提供担保,这种目的只要没有违反我国法律的强制性规定,因此是有效的。这也符合尊重当事人的契约自由原则,鼓励交易方式的多样化,促进经济发展。

三、股权让与担保模式存在的主要问题

(一)担保期间担保权人的法律地位

在有限责任公司的股权让与行为中,担保权人作为债权人的身份是毋庸置疑的。担保财产是有限责任公司股东所持有的股权,而股权不同于普通的财产,它兼ж着财产权与身份权的双重特殊属性,这种特性就导致对于担保权人的法律地位界定出现了较大的争议。从理论上来看,该股权让与担保的行为只是保障债权如期得以实现的一种手段,但形式上与"股权转让行为"一致的登记变更手续具体在担保期间能否包含股东资格和相关权益的让渡呢? 笔者认为,应该区分不同的情形再进行讨论:

有限责任公司具有较强的人合性特征,若股东将所持股权进行让与担保的行为履行了公司章程约定的相关程序,即使变更了股东名册,但只是意味着对其债权担保的目的做了一定范围对内的公示,因此笔者认为在整个担保期间担保权人并未获得股东资格,只是限定于对外效力上的"名义股东",而对于公司内部不享有股东权利,涉及无权参与表决、进行分红等实质性的股东权益,实质权益仍然由股权让与担保人享有。但是,在有限责任公司股东未经相关程序擅自实施股权让与担保的行为对公司内部亦无效。

综上所述,笔者认为在担保期间,担保权人法律地位的认定仍不能完全与股权让与担保的目的脱离开来分析,股权让与担保行为的目的仅限于担保债权如期得以实现,这只是一种债权债务关系,不能以此为由侵占担保设立人股东的实质性权利。经规定的程序后进行的股权让与担保所履行的对内股东名册的变更以及对外的股权登记变更让渡的仅仅是对约定范围内股权所有权的暂时移转,而不

---

① 最高人民法院(2017)最高法民再 100 号民事裁定书。

包括股东实际资格的变更。在整个担保期间,债权人仅仅是普通的担保权人。但值得注意的一点是,无论是否经过有效决议,为了维护交易安全、体现商事交易的效率原则,对外登记的变更仍然要受到商事外观主义原则的制约,即不得对抗善意第三人。

(二)优先购买权的适用

在股权让与担保中,债权人基于当事人进行担保的真实意思表示且已经履行了股权变更的手续主张对股权享有优先受偿权的,是符合法律规定的。[1] 目前由于《民法典》与《公司法》在让与担保制度上并没有完成有效衔接,因此也产生了有限责任公司股东优先购买权在股权让与担保制度中的适用争议。这个争议焦点主要体现在进行股权让与担保之后,债务履行期间届满后债权未得以有效清偿,当债权人作为担保权人行使对作为担保财产的股权上的担保权利时,必然就涉及有限责任公司的股权转让问题,在这种情形下,其他股东能否主张优先购买权目前并没有完整的法律规定。股权让与担保行为本身就有担保人丧失股权所有权的风险,因此必然有"股权转让行为"发生优先购买权适用的概率,除非担保设立人是唯一股东才不会涉及。[2]

笔者认为,有限责任公司股东擅自实施股权让与担保的行为绝对不影响股东的优先购买权,但善意第三人基于对外公示效力的信任并且已经又一次变更登记的除外。同时,签订转让合同还未进行变更登记的应当维护有限责任公司的人合性,其他股东仍享有优先购买权。但经规定程序的股权让与担保行为对于公司内部仍有效力,在决议通过时作为股东就应明知或应知有较大股权转让发生的可能性。如前所述,担保期间没有实质股东资格并不与其他股东合理的期待相冲突,因此,在经过决议通过某一股东的股权让与担保行为而其他股东没有异议时,应当推定为是对其所享有的优先购买权的默示放弃。

(三)担保期间公司破产后的受偿身份

在有限责任公司股东已经进行了股权让与担保的变更登记后,在债务履行期间届满前,即整个担保期间中如果发生了担保设定人所在的有限责任公司破产的情形,担保权人究竟应该以何种身份进行求偿也存在着较大的争议。因为两种不

---

① 刘贵祥:《关于人民法院民事审判若干问题的思考》,载《中国应用法学》2019 年第 5 期。

② 蒋华胜:《有限责任公司股权转让法律制度研究——基于我国〈公司法〉第 71 条规范之解释》,载《政治与法律》2017 年第 10 期。

同身份会带来不同的法律后果:第一,债权人。当担保权人以债权人名义请求清偿债务时,只能与该有限责任公司的其他债权人一起按法律规定的顺序进行清偿,如有其他担保权人,只能按照比例清偿。第二,股东。当担保权人以股东身份参与破产分配时,只能在公司债务清偿完之后有剩余时再参与分配。这两种不同的身份参与破产分配,担保权人的受偿顺序不同,对于债权是否能得以实现有着关键的意义。

这两种不同身份所可能带来的不同影响直接关乎债权的实现,因此在学界对于清偿身份也产生了激烈的争议。有学者直接以债权的相对性否定了担保权人以债权人参与破产分配,[①]还有学者认为为了公平起见,担保权人只是不负缴纳出资义务的名义股东。[②] 这种名义上为股权转让而实质上为债权担保方式的行为类似于代持股行为,但又要与代持股行为区别开来:代持股行为中只是名义股东与隐名股东的约定,通常情况下采取较为隐蔽的方式,有限责任公司处于不知情的状态;而股权的让与担保行为须经过规定的程序,经过这种程序,意味着股权让与担保用以担保债权实现的目的在有限责任公司内部进行了公示,因此担保权人虽然为名义股东,但对其苛以补交出资义务等重责显失公平。

笔者认为,仅通过股权让与担保的行为不能将原属于担保设立人的担保地位移转到有限责任公司,因此担保权人不能基于股权让与担保后的变更登记行为使得自己成为有限责任公司的债权人,但股东以所持股权为公司自身的债权债务关系做让与担保的除外。与此同时,担保权人也不是代持股模式下的“名义股东”的股东身份,不能让其对公司完全承担股东的责任。正如有学者主张关于商事活动的立法上,应该以满足交易主体的需求和发展社会经济为主要目的,合理确定股权让与担保制度,保障担保权人的优先受偿权。[③] 但为了贯彻商事外观主义原则,善意第三人基于对公示效力的信任亦有权要求其承担相应责任,但担保权人对担保人享有追偿权。总之,该有限责任公司在担保期间破产时,担保权人享有的债权是一种综合债权与股权的特殊权利,也只能就清偿完公司债务后属于担保设立人的剩余股权进行优先受偿。笔者认为这并不算显失公平侵害担保权人的

---

① 葛伟军:《股权让与担保的内外关系与权利界分》,载《财经法学》2020 年第 6 期。

② 高圣平、曹明哲:《股权让与担保效力的解释论——基于裁判的分析与展开》,载《人民司法》2018 年第 28 期。

③ 蒋桥生:《让与担保之优先受偿权的裁判规则》,载《人民司法》2020 第 4 期。

权益,因为商事交易本就存在风险,在担保权人接受以股权作为担保财产时应当存在风险的合理预判,当担保期间该有限责任公司破产时,应当承担可能出现抵押财产价值减少甚至完全灭失的风险。对于破产后公司的债权人,担保权人也要承担商事外观主义原则所带来的后果。

（四）所涉股权对于担保权人的性质

有限责任公司股权让与担保在担保设立人履行股东名册的内部变更登记以及股权登记机构的外部登记后,已经产生了公示的效力,在外在表现形式上看原债权人已经成为该有限责任公司股东且享有作为担保财产的股权所有权,这就会引发司法实践中另外一个重要争议:当股权让与担保期间发生原债权人的破产状况,即担保权人在担保期间进入破产清偿阶段时,所涉股权能否作为原债权人的财产被其不知情的债权人申请强制执行呢?

从理论上看,有限责任公司股权让与担保制度存在着唯一的目的性,在债务履行期间届满前担保权人没有任何处分权限,不仅如此,在债务履行期间届满后债权未得以清偿时,担保权人的处分权限也受到双方事前约定和债权范围的限制。因此,所涉股权理论上不属于担保权人的财产范围内。但与此同时,我们也要考虑到对商事交易安全的维护,使得各方当事人的利益达到较平衡的状态。鉴于此,笔者认为应该分两种情况来决定是否适用商事外观主义原则:第一,在有限责任公司股权让与担保变更登记以前的债务,其债权人不得申请强制执行;第二,对于有限责任公司股权让与担保变更登记之后产生的债务,其债权人可以申请强制执行。笔者的结论是基于股权变更登记后所产生的公示效力值得保护,通常情况下,该公示效力对该笔债权债务的产生提供了支撑因素。其次,即使可以对所涉股权申请强制执行,担保设立人还有包括执行异议、执行异议之诉等其他多种法律救济的途径来维护自己的合法权益,这种方式也能平衡各方当事人的利益。

四、对于完善股权让与担保制度的构思

（一）加快相关立法,统一裁判尺度

我国立法层面目前并没有关于股权让与担保制度的具体规定,而股权让与担保作为市场中广泛适用的融资手段,范围有进一步扩大的趋势,而在这种法律规定本身的"供给不足"以及不同法律之间的衔接度不够的情况下,显而易见的是股权让与担保制度使得《民法典》与《公司法》在关于股权让与担保的法律规定上

的冲突更加显著。这使得无形中将案件裁判的压力施加于司法过程,如何平衡各方当事人的利益由法官来自由裁量,这就对各地各级法官的职业素养和专业程度提出了较高的要求,因此在司法实务中的可操作性较低,导致对类似情况的现实裁判结果可能差距较大。

单纯依靠司法过程中的自由裁量权难以统一裁判尺度,也不利于当事人在事前对自身行为的法律风险进行预判,具有较大的模糊性。此外,不同法律之间的低衔接度也易造成法律适用上的偏差。完善关于股权让与担保制度的相关立法工作可以对当事人的行为产生较为确定的引导,并且可以使得司法机关有法可依,充分发挥法律规范定纷止争的作用,还可以提高司法效率。不仅如此,还能有利于推动我国构建更加完整的法律体系。

(二)尊重当事人的意思自治

当担保权人在债权到期未得以清偿时,对作为担保财产的股权处置的具体方式的约定效力,理论上有两种不同的观点:第一,有学者认为为了保护担保设立人不受债权人对于融资地位的利用,必须等债务履行期间届满而债权未得以实现时,由担保权人与提供股权让与担保的债务人或者第三人对实现担保权的具体方式协商一致才能进行约定的处分,而在债务履行期间届满前提前约定的处分方式无效。[①] 第二,也有学者认为一旦当事人基于真实意思表示进行了股权让与担保的民事法律行为,则作为担保财产的股权上的一切权力已经让渡,在约定的处分条件成就时,担保权人有权任意处分担保财产。[②] 笔者认为,应当在当事人不违反我国所禁止的流质条款并符合规定的程序,又不存在我国《民法典》所规定的合同的无效事由,就应当充分尊重当事人的意思自治,对于约定的实现担保权的方式应当约束合同当事人。这也是贯彻民法基本原则的重要体现。

(三)将对外目的公示法定化

实践中之所以产生较多关于股权让与担保的法律纠纷,除了法律制度的不完善以外,更重要的一个原因就是源于股权让与担保制度自身的隐蔽性特征。根据上文的叙述可知,股权让与担保和股权转让行为在外在表现形式上具有相似性,在经过规定程序后的股权让与担保行为对内的公示效力已经足够,然而对于其对外公示效力的制度保障目前并没有具体规定,而对外公示效力对其他善意第三人

---

① 谢在全:《民法物权论》(中册),中国政法大学出版社 2011 年版,第 781 页。
② 龙俊:《民法典物权编中让与担保制度的进路》,载《法学》2019 年第 1 期。

的交易预判至关重要。

笔者认为应当在对外登记变更的同时,将变更登记的目的,即担保债权实现的目的同时注明,确定为股权让与担保登记时当事人的法定义务,且登记机构也有询问并注明的责任。在这种双重义务的保障之下,才能使得第三人清楚区分该变更登记是股权转让行为还是股权让与担保的行为。一旦隐蔽性的目的得以对外公示,既能保护担保权人免于基于商事外观主义对有限责任公司的债权人承担责任,又能防止担保权人擅自转让股权,从而保护担保设定人的合法权益。因此,将股权让与担保的目的对外强制公示作为担保设立人变更登记时的法定义务,这样才能最大限度地保护交易安全。

(四)商事外观主义的适用

商事外观主义是指在某些行为人外观行为与真实意思不符的情况下,为了维护社会交易安全,应当依据其外观行为的效果进行判断法律效力的原则。这种原则实际上违反了当事人的真实意思表示,在法律效果上具有强大的强制力,因此适用的范围应当做一个合理限制,即仅应适用于特定标的的交易中。有学者认为,商事外观主义原则用于当事人的意思、权利等状态表里不一致的状态下的商事交易中。[1] 由此可知,商事外观主义原则实际上包含两层含义:第一,存在着与行为人真实意思不符的外观行为;第二,第三人对该外观行为有合理信赖的理由。

在有限责任公司的股权让与担保中,债权人经变更登记产生对外的公示效力。目前我国没有将股权让与担保中的担保目的公示化作为登记变更的法定内容,导致交易第三人形成合理的信赖。债权人基于无处分权状态与善意第三人进行的交易符合商事外观主义的适用条件,若无其他无效法律事由,应当认定为有效。至于股权让与担保设立人的损失,有权向担保权人追偿。

结 语

股权让与担保的便捷性和低成本性能给予债权人较强的保障力度,同时缩短债务人融资周期,因此市场交易过程中迅猛发展。与此同时,法律规定的不完善以及股权让与担保自身的隐蔽性特征又使得关于股权让与担保在司法实践中缺乏统一的裁量标准、裁判结果出入较大,引发了许多深层次的思考。尤其是有限

---

① 崔建远:《论外观主义的运用边界》,载《清华法学》2019 年第 5 期。

责任公司的股权让与担保制度存在颇多争议点，究其原因，在于股权让与担保行为目的的隐蔽性，该特性使得股权转让行为与股权让与担保行为在外部公示效力上难以被准确区分，因此笔者认为在外部登记中将担保目的的注明作为当事人的法定义务、区分股权让与担保的内部效力和外部效力、合理适用商事外观主义原则对于解决有限责任公司股权让与担保的纠纷、维护市场交易安全、促进社会经济的发展具有重要意义。

浅析设立中公司的法律问题

周　赟[*]

摘　要：党的十九大召开以来，我国经济保持中高速发展，公司作为独立的法人在经济发展中发挥着重要的作用，设立中公司作为一个特殊的主体，同样也是市场经济不可或缺的一部分，它既不同于法律上已经具有独立的法律地位的公司法人，也不同于仅仅是设立人之间的合伙。那么，对于介于两者之间的设立中公司的法律地位如何，其法律行为是否有效，法律责任的承担者与设立中公司设立人是否同一，本文将进行逐一探讨。

关键词：设立中公司　法律地位　独立合伙责任

公司作为经济发展中必不可少的一个微观单位，对公司的法律行为的调整，法律责任的归属以及对设立人有限责任滥用的规范都是社会主义市场经济健康发展的重要保证。公司的成立也并不是一蹴而就，需要一系列复杂的程序以及烦琐的手续，在公司成立之前其民事法律行为的主体被称之为"设立中公司"，它并不是一个超脱于"公司"之外的一个独立的、毫无关联的状态，而是公司成立的一个必经的过渡性的阶段。

一、设立中公司的法律性质

（一）设立中公司和公司的区分

《中华人民共和国民法典》（以下简称《民法典》）第 57 条规定"法人是具有民

---

* 周赟，女，重庆人，济南大学政法学院 2020 级法律硕士，研究方向民商法学。

事权利能力和民事行为能力,依法独立享有民事权利和承担民事义务的组织。"从其定义中我们可以看出,公司是具有民事权利能力和民事行为能力、能够独立承担民事责任的社会组织,它不仅需要法律对其民事行为效力的认可,与此同时,具有与之所从事的民事活动相应的财产也是其必备的经济基础。

设立中公司是"由订立章程时起至登记完成前尚未取得法人资格之公司。"它是公司的一种未完成形态,出于发展中的状态,在公司成立之前的作为一种特殊的需要而存在,如果把公司比作是一个法律意义上的人的话,设立中公司就是胎儿,胎儿本身并不具有独立性,但他是"人"之所以为"人"的必要前提。在对设立中公司进行研究和讨论时,不应把设立中公司与公司相割裂开来,而应该把二者相结合起来看待。[①]

设立中公司和公司在许多方面存在着交叉与联系,从设立中公司设立期间业务往来上看,设立中公司与第三人订立的合同并不都在公司成立时结束,其中某些合同的效力会伴随着公司的成立,并可能对法人的民事权利产生约束和限制;从公司的成立步骤上看,公司的成立程序如下:1. 订立公司章程;2. 申请公司名称预先核准;3. 法律、行政法规规定需经有关部门审批的要进行报批,获得批准文件;4. 股东缴纳出资并经法定的验资机构验资后出具证明;5. 向公司登记机关申请设立登记;6. 登记发照。从中不难看出,公司的成立一系列程序经历周期并不短,但公司的经济交易活动并不都是从公司成立之日起开始,在设立公司过程中,也可能存在大量的经济往来,那么,设立中公司的法律地位为何呢?

(二)设立中公司地位的不同学说

设立中公司作为市场民事活动中的重要主体,其法律地位会对合同的法律效力、债权人权益的保护、法律诉讼关系等多个方面产生重要的影响,因此,把握设立中公司的法律地位对经济活动往来而言具有极其重要的意义。

1. 无权利能力说

在德国传统民法理论中采用"无权利能力说"。德国《民法典》第 22 条规定,以经营为目的的社团,在帝国法律无特别规定时,因邦的许可而取得权利能力。依照反对解释,以营利为目的社团,在获得邦的许可之前应不具有权利能力。社团的登记需要经历较长的周期,在这期间,社团不能取得权利能力。何谓权利能

---

① 龙卫球:《民法总论》,中国法制出版社 2001 年版,第 224 页。

力是民事主体从事民事活动,从而享受民事权利和承担民事义务的资格。也就是说,在取得登记前,社团不享有从事民事活动的资格。虽然德国《民法典》中并未明确规定在商事活动中适用此规则,但该规则的理念在商事活动中得到沿用。

然而,随着信息时代的到来,科技的迅速发展,民事活动日趋复杂,无权利能力说不能满足民事活动的发展需求,还给经济交往带来了阻碍,如《德国股份公司法》规定:设立中公司在传统理论中是没有权利能力和行为能力的,不能为民事行为。毫无疑问,这给商事活动带来了巨大的挑战,根据这一规则,对经济交往中的许多问题都难以从法律上来解释,不利于债权人利益的保护和公司法人的管理。法学界普遍放弃了"禁止前负担规则",该规则是指公司在设立阶段不可以从事民事活动,以免侵害公司财产。于是,对设立中公司这种特殊的社团由于社会现实的变化产生了新的认识,在司法实践和法律理论中,都逐渐承认了设立中公司这一存在主体。

普遍认为,设立中公司具有一定的行为能为,能够从事一定的民事活动,但是设立中公司在民事行为时也采取"资本不受侵害"原则来避免"禁止前负担"原则所造成的阻碍,尽量促成合同的成立,鼓励交易。也就是说,设立人在公司设立阶段尽可以为公司的利益而实行民事行为,不得超出此目的范围,防止滥用其有限责任损害公司利益;如果公司出现账面亏损时,就由设立人承担相应的责任。由此,不仅可以保护公司资本免受不合理的侵害,也是对设立人行为的一种约束方式,如果损害的责任由股东承担,那么其就理应会尽最大的注意、小心谨慎等义务来实现公司利益的最大化,因为公司利益的最大化就等于自身利益的最大化。此外,在德国,已有判例确定了"设立中公司"学说,确定了设立中公司地位。除了无权利能力以外,还有合伙人说。

2. 合伙人说

合伙人说认为设立中公司属于合伙,设立登记是赋予其法律人格的法定要件。设立登记手续完结后,公司成立原来的合伙人取得法律人格。即设立中公司可以被看作是作为组织的合伙。组织的合伙,指的是各个合伙人依资金、信用、劳动等多重因素而结成的合伙,它与传统民法上的契约上的合伙有所不同,比如《法国民法典》第1835条规定,合伙是数人约定以财产和技能共同经营,以分享由此产生的利益的合同。此外,《德国股份公司法》第41条也规定,在商业登记簿登记注册之前,存在上述所说的股份公司。在公司进行登记注册之前,以公司名义进行的商业活动,由个人承担责任;几个人进行商业活动的,他们作为连带债务人承担责任。

合伙更加强调合伙人的主体作用。设立中公司不能作为民事活动中的主体,而是由设立人(合伙人)作为经济交往中的主体,在设立中公司完成登记以后,设立中公司取得法人人格,在此之前由设立人对设立中公司承担无限连带责任。这种学说实则混淆了设立人和设立中公司之间的关系,合伙人在设立中公司设立阶段在某种程度上属于设立中公司的管理人,但是管理人的利益与设立中公司并不总是统一,比如若设立中公司"管理人"作为设立中公司债务人时,就有可能做出与设立中公司利益截然相反的民事行为,从而出现民事纠纷甚至影响法人的成立,并且,设立中公司不具有法人的性质,设立人成立的合同关系而想当然地认定为法人的法律行为,违背了合同的相对性。但是,其观点也有一定的优势,由于设立中公司的设立人可能会有多个,容易产生不利于公司成立的民事纠纷。

3. 同一体说

有的学者认为大陆法系中的同一体说和修正的同一体说也可以用来解释设立中公司的法律性质和法律地位。即认为设立中公司和公司仍属于同一主体,主要是发展阶段的不同,但是把二者区分开来并没有太大的实际意义,故在设立中公司过渡为公司以后由公司对其权利义务关系进行概括性的继承。

从关于设立中公司的不同学说可以看出,各个学说都有其合理性,比如,无权利能力说认为设立中公司是一个无权利能力的主体,设立中公司只是公司法人的一个过渡性阶段,不赋予其权利能力是为了与公司做一个明确的区分;比如合伙人说,虽然合伙人说有一定的缺点,但是在民事责任的承担方面,合伙人说有利于维护债权人的合法权益,保障民事法律关系的稳定性。那么在我国司法实践中,对设立中公司的法律地位又是采取的是何种观点呢?①

4. 我国的司法实践

最高人民法院审理的万通源公司诉神头公司合同纠纷一案②中,根据《最高人民法院关于适用〈中华人民共和国公司法〉若干问题的规定(三)》,设立人是设立中公司的代表机关和执行机关,有权代表设立中公司对外从事公司设立活动。设立中公司与此后正式成立的公司为同一人格。法院认为与神头公司签订涉案

---

① 杨代雄:《民法总论专题》,清华大学出版社 2012 年版,第 112 页。
② (2017)最高法民申 1531 号。

合作开发协议的是创立公司(万通源),创立公司后未依法成立,从瑞图公司的公司成立文件看不出其系创立公司名称核准未通过后更名而来,从法律上,不足以认定瑞图公司与创立公司(万通源)系同一公司。

从中可以看出,在我国司法实践中倾向于同一体说和合伙人说的结合。主要表现在两方面:一方面,如果法人最终成立的情形下,设立中公司所成立的一切合同权利义务概括地转移给公司法人,有益于法人的交易的便捷。设立中公司即法人,权利义务主体未发生变化,只是变化了存在形式,该形式具有一定的机械性要求,如上述案例中所提到的那样,尽管万通源公司和瑞图公司在实质上系属于同一公司,但是由于万通源公司已经变更公司名称,就不再认定为同一主体。另一方面,如果法人最终未成立,设立中公司就视为合伙。合伙是一种具有民事权利能力和民事行为能力且不能独立承担民事责任的非法人组织,它不具有法人的资格。在民事交往中,设立中公司所成立的一切合同权利义务概括地转移给合伙人—设立人(在实践中大多为债务人),由设立人对设立中公司的债务承担连带责任。在理论上从合伙到法人并不能达到一个完美的衔接,这主要是为了实际生活中的矛盾而构思出的解决办法。值得注意的是,我国对设立中公司和公司是否为同一主体,以形式上的标准为主,其次在结合具体的情形进行界定。如上述案例当中,原告公司对设立中公司对法人名称进行了变更,通过对提供的审核资料,资金的往来等实质性审查是可以确定原告公司与设立中公司系同一主体,但是仍认定其与设立中公司不具有同一性而丧失原告资格。这样做的目的不仅节约了司法资源,而且是对设立中公司保持主体一致的要求。既然设立人与设立中公司在一定程度上可能出现混淆人格的情形,那么设立人又处于一种怎样的法律地位呢?

二、设立人的法律地位

从某种意义上来说,设立人与设立中公司在涉及法人利益行为时具有一定的混同性,设立人是设立中公司存在的基础与前提,由于设立人在民事交往中的活动日趋频繁,为了简化复杂的交易关系,于是产生了"设立中公司"这一概念。既然如此,设立人的法律地位是否视为设立中公司的同体,笔者将一一进行探讨。

所谓设立人,台湾学者柯芳芝对之定义为:"股份有限公司之设立人,谓之设立人。""依公司法(此处指台湾《公司法》)第129条之规定,设立人应以全体之同意订立章程,签名盖章,故凡在章程上签章之人,即为设立人,至于事实上曾否参与公司之设立,则非所问。"

所谓设立人的法律地位是指设立人与设立中公司的关系和成立以后的公司的法律关系。设立人在从设立中公司到公司这个过程中扮演着何种角色,学界众说纷纭。主要存在以下几种学说。

（一）无因管理说

无因管理是指设立人与公司是一种无因管理的关系。依照法学原理,对成立后的公司同样也构成无因管理,设立人为公司成立的合同的债权债务关系一律概括性地归属于公司。然而,一般在无因管理当中,管理人可要求被管理人支付为进行管理而支出的必要费用,但是要求从被管理人处获取报酬或利益,无因管理说略微不妥。

（二）为第三人契约说

为第三人契约说把设立中公司或公司视为第三人,设立人实施的合同行为看作为公司订立的合同。为第三人订立的契约,从理论上来说只能为第三人设定权利,而并不包括设定义务,此外,第三人对于为其成立的契约享有拒绝接受的权利,也就是说,第三人可以拒绝承认该契约并获得法律上的支持与认可,但在此种情形当中,公司成立对该合同当然承担责任,并没有拒绝的余地。作为第三人,为何不能享有该天然的权利,此说不能对其做出合理的解释。

（三）设立中公司机关说

设立中公司之机关说认为设立人是对公司进行管理的机关,在公司成立之前,设立中公司被认为是无民事权利能力社团,设立人是社团的管理机关。众所周知,设立中公司的发展结果有两种,公司成立或者公司不成立。依照此说,如果公司成立,法人的机关做出的意思表示即法人的意思表示,公司理应对其承担法律责任;但如果公司未能成立,法人作为一个无权利能力社团,无法独立承担民事责任,则由设立人对其行为承担连带责任。

（四）当然继承说

当然继承说认为公司成立以后,设立人的权利义务当然由公司继承。公司在成立之前没有独立的法律人格,故无法进行代理授权或与设立人形成委托关系,也无法以自己的名义做出意思表示。在此前提下,成立后的公司对设立人权利义务进行承继,仍无法解释公司设立前的设立人行为和公司的关系。

对于以上四说,比较之下,笔者认为设立中之机关说更为合理:

无因管理的构成要件上看,无因管理需要以下几个条件:1. 为他人谋取利益或者至少从形式上看为他人谋取利益;2. 管理人既无法律上的义务也无约定的义务;3. 为他人管理事务。此说把设立人和设立中公司的联系割裂开来,忽视了他们之间利益的同一性。从无因管理的法律效果上看,根据《民法典》第 977 条规定,管理人没有法定或约定的义务,为避免他人利益受损失而管理他人事务的,可以请求受益人偿还因管理事务而支出的必要费用;管理人受到损失的,可以请求受益人给予适当的补偿。但是,在公司成立后,设立人从公司取得的利益是依据在设立公司时依自己所投入或所占有的份额来分享公司在运营过程中所得利益,而非单纯的补偿或对设立人的管理行为的报酬。

为第三人利益订立的契约,从其构成条件上看:1. 第三人不是订约当事人,他不必在合同上签字,也不需要通过其代理人参与缔约。但该第三人依据合同享有接受债务人的履行和请求其履行的权利;2. 该合同只能给第三者设定权利,而不得为其设定义务。任何人未经他人同意,不应为他人设定义务,擅自为他人设立义务的合同都是无效的。当然,第三人在取得一定利益时,也应当履行为取得利益所必需的一些义务;3. 此种合同的订立事先无须通知或征得第三人的同意。合同一经成立,该第三人如不拒绝,便可独立享受权利。为第三人利益订立的契约是为他人取得一定利益而成立的合同。在为第三人利益订立的合同生效时,需要第三人同意,并不是当然地转移给第三人,同样地,设立人也不能当然享有为设立中公司订立契约的权利。

利益,在某种程度上是一种特殊的"权利",是属于第三人特有的权利。作为一种权利,它给第三人带来任由其行使或者不行使某种权利的自由,是一种可以处分的权利,而非负担。然而,设立人在设立公司的过程中,除了会给公司带来利益以外,但仍有可能给公司带来债务负担,故为第三人契约说有所不妥。

对当然继承说,继承权实质上是一种亲权,依身份关系而享有取得他人遗产的权利,它要求继承人与被继承人之间具有亲属的身份关系,并同时享有且不丧失继承权。那设立中公司与设立人如何来定义其"亲权"关系?此外,对继承而言,继承人有拒绝接受继承的权利并且必须以明示方式表示,那么成立后的公司如何来做出意思表示?众所周知,在大多数情况下,公司成立以后,设立人会成为公司的法定代表人或者其他公司的管理者,公司的意志实际则由设立人做出,那么"当然继承"就演变成了设立人自己对自己的继承。

从继承权的性质方面剖析,一般认为:"财产所有权是继承权的基础和前提,继承权是财产所有权的延伸或继续,也可以说是财产所有权在另一种形态上的补充。"①也就是说,继承人享有继承权的前提是被继承对财产享有所有权,无所有权当然不存在继承权。在设立人设立公司的行为中,设立人为成立公司而缴纳的资金并不归属于设立人自己,而是属于设立中公司,既然属于设立中公司自身的财产,又何来继承一说呢?

总的来说,相对而言设立中公司机关说更加具有合理性。从法人的组织结构上来看,公司机关即公司机构,公司为法人,其行为必须借助于自然人及其由自然人组成的一定的机构才能实现。公司意志的表达与权利的行使离不开机构,机关的意志代表着法人的意志,机关的行为代表着法人的行为。在民事活动中,设立人为设立公司机关以设立中公司的名义实施民事行为以保证设立中公司的顺利运行以及法人的成立。机关行为的依据大多是公司章程,在章程无特别规定的情形下依据法律规定,设立人的权限范围受到法人章程或法律规定的限制,规制设立人滥用权利的行为,保护设立中公司的权益。

从主体的角度上看,在复杂的经济交往中,由设立人作为设立中公司机关来表达法人的意志,较于相对人而言不会因为设立人人数的多寡而引起争议,在设立人存在多个时,不会因设立人的变化而导致相对人与法人法律关系的变化,有利于维护交易的稳定,有利于简化、明晰法律关系。此外,机关做出的意思表示就是公司做出意思表示,表明了主体的同一性。公司是设立中公司的利益承受者,它与设立中公司具有利益的一致性。既然将设立人视为设立中公司的机关,那么设立人的法律行为后果自然由设立中公司承担。

三、设立中公司的法律责任

设立中公司的责任由谁承担是不可避免的一个问题,它不仅可能涉及公司内部的组织、结构形式、机关构成等,同时也可能影响到公司对外部的法律关系,比如债权人利益的保护、与第三人合同的有效性等。笔者将根据不同的学说论述责任负担的主体。

---

① 李由义:《民法学》,北京大学出版社 1988 年版,第 50 页。

（一）不同学说

1. 自然转移说

自然转移说是以"同体说"为基础，是德国理论界的通说。"同体说"指设立中公司与公司在财产、组织机构等方面具有延续性和一致性，故将二者视为同一主体，就好比一个人的婴儿时期和胎儿时期。自然转移说在此基础上进一步延伸，将设立中公司在设立过程中确定的权利义务概括地直接转移给公司，体现了主体的同一性和简化的民事法律关系，但其也有不合理之处，比如，对一个刚成立的公司而言，它承担了设立期间的所有合同关系，可能会导致公司，特别是一个"新生"公司在其成长初期承担了过重的负担，并且，在此过程中是否有足够的监督机制来监管设立人滥用其有限责任的地位？如果有，是否在除了设立人以外还需要另行设置监督机构或监管人，这样的设置难免又使得设立中公司在还未成为法人时就已经处于一种机构冗余的状态。

2. 分离说

分离说主要适用于英美法系国家，分离说主张设立中公司的权利义务并不当然地转移给公司，而是相对地、有选择性地进行转移。在公司成立以后，设立中公司所确立的合同关系经过公司的权力机关批准许可以后，方可认定为公司的权利义务。分离说更加注重维护法人的合法权益，约束股东滥用其有限责任进行越权行为，增强设立人的责任感。但需要注意的是，分离说是在英美法系特殊的国情下所孕育而出的产物，英美法系高度重视程序法，在设立中公司处在相对人管理之下的阶段具有相对完善的程序规范予以限制。但是对于相对人的权益，较之而言就相对风险性更高，相对人处于相对弱势的地位。比如，在公司成立以后，相对人与"公司"成立的合同可能会得不到公司的认可而影响相对人的期待利益。

3. 折衷说

折衷说是我国学者提出来的一种理论，它结合"分离说"和"自然转移说的利弊而提出的一种观点。它将设立中公司的设立行为设定一个范围，设立中公司行为是否可以认定法人行为则依据范围来判断，若设立行为属于范围以内，则不加以区分地全部由公司承继，若不属于该范围以内，则由设立人或机关承担相应的责任。虽然该理论仍有一定的缺点，比如说"范围"由谁来制定，是由法律规定还是公司章程规定？如果有法律规定，法律是难以穷尽现实生活中的可能性的，缺乏一定的灵活性；如果由公司章程规定，公司经营业务不同，设立人的水平不同都会导致"范围"不同,对于相对人而言可能会导致交易更加复杂。但是其也有许多优点,比如由此不仅可以增强设立人或设立机关的责任感,时刻警醒注意自己的行为是否属于该"范围"以内,同时明确了该行为是否为公司行为,打消了相对人的顾虑,有利于合同的确定性。

(二)对我国设立中公司法律责任制度完善的探究

对于设立中公司的法律责任,我国现行法律并未对设立中公司的法律责任做出系统的规定,《中华人民共和国公司法》对设立人的责任和法律关系的规定范围有限,不足以解释设立中公司行为的问题。结合此立法背景,笔者认为应当从以下方面来完善我国设立中公司制度:

首先,承认设立中公司独立的法律地位,这并不代表不再区分设立中公司与公司,而是赋予其形式上的独立性以解决实际民事交往中的问题。原因有三:第一,设立中公司在公司设立以前所成立的组织机构、人员以及财产在很大程度上来说是同一的,在此阶段认可设立中公司的独立人格相对于法人成立以后再将权利义务转移给法人,权利义务并无太大的不同,所以不会导致法人成立以后负过重的债务;第二,设立中公司在设立阶段会存在大量的交易活动,比如,就算是最普遍的实体经营也可能涉及了租赁、雇佣等多种法律关系,如果设立中公司有独立的法律人格,就能够明确合同的主体,而非在公司成立前为一个主体,成立后又是一个主体,容易引起相对人的不安,不利于法律关系的稳定;第三,设立中公司拥有独立的法律地位,在形式上已经初具法人的雏形,相对人对即将成立的法人的经营业务、经营目的是相对明确的。这有利于防止设立人与第三人相互串通,损害法人的合法权益。虽然目前我国在对设立中公司的法律地位上更倾向于合伙人说,如果能够据此加以完善,在一定程度上能推动我国制度的进步。

其次,赋予设立中公司独立的法律人格,并不意味着法人当然对设立中公司的所有法律行为都必须承担责任。如在前文中提到的,设立人可以视为设立中公司的机关,由此公司理应承担所有的权利义务关系,但是,这样又难以避免设立人可能会滥用有限责任的地位损害法人的权益,所以,可以将"折中说"与之相结合,将归属于法人利益范围内的法律行为由法人承担责任,超出该范围责任设立人承担责任,当然,利益范围需要由设立人协议或者未来的公司章程来设定。这样既使法人的权利得到保障又约束了设立人的行为。

最后,上述讨论都是基于法人能够最终成立的情形之下,社会生活瞬息万变,各种各样的原因都有可能导致公司未能成立,比如未通过相应的行政审批手续、资金不足、设立人之间就公司的经营计划长期无法达成一致以及导致设立行为终止的不可抗力等等,这些都是设立公司过程中的可变因素。那么,公司未能成立,责任承担者又该如何确定呢?笔者认为,既然在前文中承认了设立中公司形式上具有独立的法律地位,在进行债务清算时,应当尊重其独立性,首先如果设立中公司的章程中规定如何进行清算,在不违反法律、行政法规的强制性规定的情况下适用章程;若没有规定,可以参照非法人团体的清算模式进行清算,因为设立中公司仅仅具有形式上的独立性,不宜按照法人的破产程序进行清算。当财产不足时,设立中公司所负债务由设立人承担连带责任进行清偿。

结　语

综上所述,公司法是私法,促进交易的便利是私法的重大价值之一,我国现行公司法律制度仍有一定的不成熟之处,设立中公司制度的完善,对健全我国公司法律制度具有重要的意义,设立中公司作为民事活动的重要组成部分,不应成为法律的"留白"。

笔者认为,主要从两方面来完善设立中公司的制度:一方面,在法律规定上要明确"设立中公司"的存在,而不仅仅是在学术上进行讨论。肯定设立中公司可以以民事主体的资格进行民事活动是健全公司法的重要一步,也是设立中公司以自己的名义参与民事交往的重要前提;另一方面就是设立人行为规范以及责任承担问题,设立人被视为法人机关,设立人意思表示即法人的意思表示,设立人行为即法人的行为,所以必须对设立人的权利进行规范。设立人承担责任是规范设立人行为的有效手段,承认设立中公司独立地位并不意味着设立人责任的免除,在设立过程当中,仍需要秉持小心谨慎的义务,以公司的利益为中心进行民事活动,因为任何违背法人利益的行为都可能会得不到法人的认可,由设立人承担全部责任;与法人利益相符合的,由于设立中公司利益与法人利益具有一致性自然由法人承担,需要注意的是,是否符合公司利益应由公司章程规定,章程未规定的,参照相关法律法规;对于未能成立的法人未清偿的债务则由设立人承担责任,所谓利益之所在,责任之所在。

破产程序中要点问题探析

宋晓涵[*]

摘 要:破产案件具有周期长、法律关系多样、涉及领域广等多样性特点,虽然破产案件在程序方面受《企业破产法》的指导,案件之间具有一定的共通性,但在个案的处理过程中,其所呈现出的独特性及具体处理模式是完全不同的。但是,破产企业职工集资款的认定问题、售后回租型融资租赁的认定问题以及企业破产档案规范化管理问题是不同企业破产程序中所面临的并且关系到破产程序能否顺利推进的关键问题。本文将立足社会实际,对前述三个问题进行简要梳理和剖析并对破产程序的发展提出建议。

关键词:破产程序 破产档案 破产企业职工集资款 售后回租型融资租赁

一、概述

破产企业由于生产、经营等问题与破产企业外的其他民事主体存在大量的合同纠纷,这些纠纷的存在极大地影响着破产程序的进展,同时,破产企业档案的规范化管理也在另一方面影响着破产程序的顺利进行。

首先,破产企业多长期处于经营困难、资金链断裂状态,因此,往往涉及职工集资款问题。准确认定职工集资款的性质、合理处理职工问题不仅能够平稳、高效推进破产程序,并且可以缓解以及抑制社会紧张因素,对于实务操作具有重要意义。其次,融资租赁合同属于比较常见的合同类型之一。在破产债权审查、债

---

* 宋晓涵,女,山东济南人,山东师范大学法学院 2021 级法学硕士,主要研究方向民商法学。

权认定、决定是否继续履行合同等过程中,准确认定融资租赁合同的性质、正确分析其潜在风险对于破产程序的有效进行具有极大的推动作用。最后,对破产档案进行规范化管理,是对每一具体个案的集中梳理,是规范整个案件、提升整体办案能力的关键一环。

因此,破产企业职工集资款的清偿问题、售后回租型融资租赁的认定问题以及企业破产档案规范化管理问题是破产程序中的关键问题,对该类问题的研究需要从定义、范围等视角多方面分析,梳理脉络,提出建议,助力破产程序的高效推进。

二、破产视角下职工集资款的认定问题

职工集资是指企业在经营过程中遭遇经营困境,为维持经营、缓解困难等目的,通过向职工进行集资而获得资金,从而助力企业缓冲、恢复生产经营能力的行为,相应所产生的企业与职工之间的相关款项即为职工集资款。

如何认定职工集资款的性质,职工集资款在破产清偿中应当处于哪个清偿顺位,均是实践中所必须关注并极易产生争议的焦点问题。认定职工集资款的过程中,应当注意明确此债权债务关系双方的主体身份,即一方为当事企业,另一方为当事企业职工(具有实质劳动关系)。职工集资具有一定程度的企业单方强制性和工人身份附属性,只有在满足此两个限定的主体要件前提下,才可构成职工集资款的外观。因此,在处理职工集资款问题时,应当基于实际情况,综合考虑法律规定、社会维稳等因素,平稳处理此类问题。

经过梳理,目前破产实务中,对职工集资款的认定模式主要有三种,即全部认定为职工债权、部分认定为职工债权(本金属于职工债权+利息属于普通债权)、全部认定为普通债权。现对各种模式进行分析:

(一)全部认定为职工债权

此种观点主要法律依据为《最高人民法院关于审理企业破产案件若干问题的规定》(法释[2002]23号文)第58条第1款的规定,此司法解释虽然针对的主体法是《中华人民共和国企业破产法》(以下简称《企业破产法》)(试行),但目前并未明确对其废止,所以其参照的法条应转移为现行《企业破产法》第113条,该司法解释仍然应当继续有效。在司法实践适用中,上海第一中院(2018)沪01民终6022号案件、常州中院(2016)苏04民终2064号案件都认定该司法解释仍然有效。

　　主张将职工集资款全部划入职工债权范围,主要是从保护职工利益的角度出发。在职工与企业的位阶对比中,相对而言,职工大多数处于弱势地位,根据我国《企业破产法》的立法精神,应当给予弱势群体以充分的权益保障。在破产过程中,职工本身已因企业破产而丧失部分利益,且职工集资款一般属于大额款项,职工对其具有相对较高的清偿期待。如在此问题处理过程中因性质认定问题达不到其清偿预期,从对弱势群体的利益保护角度来说,显然不太恰当。为充分保障职工权益,对于职工集资期间约定的附随利息,只要属于法律规定的范围内,集资款与相应利息全部应当被纳入职工债权范围。

　　简言之,此种观点的论证逻辑为:《关于审理企业破产案件若干问题的规定》(法释[2002]23 号文)仍然有效 + 充分保障职工作为弱势群体的权益 + 扩大化解释职工债权的范围 = 全部认定为职工债权。

　　(二)部分划入职工债权范围(集资款本金)

　　此种观点支撑法律依据与第一种观点相同,即认为《最高人民法院关于审理企业破产案件若干问题的规定》(法释[2002]23 号文)仍然现行可用,其核心观点在于:职工集资款的本金纳入职工债权,但相应的附随利息应当纳入普通债权范围。根据第 58 条的规定,职工集资款的清偿参照第一顺序(破产企业所欠职工工资和劳动保险费用)清偿。首先应当明确,职工集资的本源性质为借贷法律关系,因此会有相应附随利息,但职工工资并不会产生附随利息。因此,参照工资的范围,纳入职工债权的标准应当限缩解释为集资款本金。在债权确认时,集资款本金与附随利息应当予以区分认定,即集资款本金部分纳入职工债权,符合法律规定的利息部分纳入普通债权,超出法律规定的利息部分不予清偿。

　　(三)全部认定为普通债权

　　此种观点的法律依据主要有二:第一,《最高人民法院关于审理民间借贷案件适用法律若干问题的规定》第 12 条的规定。第二,主张《最高人民法院关于审理企业破产案件若干问题的规定》(法释[2002]23 号文)已经随《企业破产法》(试行)的废止而相应废止。

　　职工集资的本质法律关系为借贷法律关系,司法解释也已经进行了明确的定性,在司法实践适用中,最高人民法院(2016)最高法民申 1208 号案件、海口中院(2016)琼 01 民申 25 号案件也均以借贷法律关系认定职工集资的性质。实务中,如果单纯依靠借贷合同为基础进行债权申报,如无特殊情况,在债权确认中将会被划入普通债权范畴,按照普通债权顺位进行清偿。之所以会存在划入职工债权的可能性,最主要法律依据即为《最高人民法院关于审理企业破产案件若干问题的规定》(法释[2002]23号文),但目前此司法解释的有效性尚且存在争议,如应用此争议法条将职工集资款认定为职工债权,按照第一顺位进行清偿,从全体债权人(除职工集资款债权人)的角度考虑,是对其利益的一种削减。

简言之,此种观点的论证逻辑为:《最高人民法院关于审理企业破产案件若干问题的规定》已废止+《最高人民法院关于审理民间借贷案件适用法律若干问题的规定》明确职工集资为借贷合同关系+充分保障全体债权人的利益+保证司法适用准确性=完全认定为普通债权。

(四)其他

实践中,有部分职工在集资过程中将其出资款项转化为股权,并主张将其认定为职工集资款,以此期望得到更高清偿。在此情况下,应当对此行为性质进行明确,集资转化为股权的模式应当认定为投资行为,而不应当认定借贷行为。投资行为属于风险性行为,因此在公司破产时,公司已经处于资不抵债状态,相应的股权也将损失,损失部分基于投资的特有属性,应当由投资者即职工本人承担。

三、售后回租型融资租赁的认定问题

融资租赁合同涉及多种类型,在破产中常见的类型为直接融资租赁与售后回租型融资租赁。直接融资租赁的定义体现在我国《中华人民共和国民法典》(以下简称《民法典》)第735条:"融资租赁合同是出租人根据承租人对出卖人、租赁物的选择,向出卖人购买租赁物,提供给承租人使用,承租人支付租金的合同。"售后回租型融资租赁则体现在《金融租赁管理公司办法》第5条:"本办法所称售后回租业务,是指承租人将自有物件出卖给出租人,同时与出租人签订融资租赁合同,再将该物件从出租人处租回的融资租赁形式。售后回租业务是承租人和供货人为同一人的融资租赁方式。"

直接融资租赁因其具有典型性相对比较容易认定,售后回租型融资租赁相对则具有一定复杂性。直接融资租赁涉及出租人、承租人、出卖人三方主体,而售后回租型融资租赁虽然仍处于出租人、承租人、出卖人的融资租赁理论模型框架内,但是出卖人与承租人是同一主体,因此实质来讲,售后回租型融资租赁仅涉及两方主体。且直接融资租赁涉及的领域多为有形动产和不动产等领域,而售后回租

型融资租赁多是以有形动产和不动产等为基础条件,涉及金融、贷款等领域。

四川省高级人民法院在"四川省广安腾飞华峰水泥有限公司与成都工投融资租赁有限公司、广安腾飞集团有限公司、华鉴石林煤业有限公司、唐瑞见、唐协华、兰静、唐协玲融资租赁合同纠纷案"[(2015)川民终字第758号]提到:"典型的融资租赁交易包括三方当事人和两个合同,即出租人与承租人之间的融资租赁合同和出租人与出卖人之间的买卖合同。而在售后回租融资租赁交易中,出卖人与承租人为一人。"

(一)认定要点

1. 核心标准

关于售后回租型融资租赁模式的正当法律地位,根据《最高人民法院关于审理融资租赁合同纠纷案件适用法律问题的解释》第2条规定:"承租人将其自有物出卖给出租人,再通过融资租赁合同将租赁物从出租人处租回的,人民法院不应仅以承租人和出卖人系同一人为由认定不构成融资租赁法律关系。"因此,在当前司法实践中,典型售后回租型融资租赁模式是符合"融资＋融物"的融资租赁实质要件的。

融资租赁的核心在于"融资＋融物",如没有"融物",只有"融资"就不符合融资租赁的本质,属于借贷法律关系。直接融资租赁的外观模式(三个主体＋两个法律关系)在实务中比较容易认定,但售后回租型融资租赁因出卖人与承租人为同一主体,涉及的租赁物可能并未在空间发生变动,因此在认定中就需要相关证据材料证明"融物"的过程,如相关证据材料无法证明其"融物"的事实,仅有"融资"的事实则属于借贷法律关系范畴。如最高人民法院在工银金融租赁有限公司、铜陵大江投资控股有限公司融资租赁合同纠纷案[(2018)最高法民再373号]中根据《最高人民法院关于审理融资租赁合同纠纷案件适用法律问题的解释》第1条以及《民法典》第735条的规定认定:"工银公司和华纳公司所签订的4号《融资租赁合同》虽然形式上有售后回租融资租赁合同相关条款的约定,但实际上并不存在融物的事实,双方实际上仅是'借钱还钱'的借贷融资关系。"因此,从此观点出发,如何证明实质存在"融物"的事实,是构成售后回租融资租赁关系的核心。

2. 审查逻辑

实务中,"融资"的审查一般并非难点,难点在于"融物"的审查。在审查是否符合"融物"的要求时,可以采用最高人民法院在(2017)最高法民申 111 号民事裁定书中提出的"三步审查法",即审查租赁物是否客观存在、转让价款是否合理、所有权是否发生转移。如涉及合同同时符合该三步的要求,即可基本满足"融物"的审查要求,可以划入融资租赁法律关系。笔者认为,在审查过程中,基于《金融租赁公司管理办法》第 34 条与 36 条的规定,除此三步以外还应当综合关注两个问题:第一,应当注意租赁物的所有权是否属于承租人(出卖人)。在售后回租过程中,承租人必须在签订合同当时拥有租赁物的现时所有权,现时所有权是承租人(出卖人)作为一个主体能够产生"出卖人、承租人"双重身份的前提。在签订合同时,如承租人(出卖人)用相关材料证明其未来可能获得所有权,并依此与出租人签订合同,则不符合"现时"的要求,相应即不符合构成售后回租型融资租赁的要求。第二,应当注意审查租金的设置(支付方式、逾期利息、违约金等)是否符合法律的限制规定。关于逾期利息、违约金的正当性《融资租赁司法解释》第 20 条已经进行了明确的规定,但是限制要求并未给出具体的标准。实务中可以参照《最高人民法院关于审理民间借贷案件适用法律若干问题的规定》第 26 条的规定,以逾期租金为基数,以年利率为合同成立时一年期贷款市场报价利率四倍计算,以此作为审查标准。如果超出此标准,则存在与借贷关系交叉甚至倾向借贷关系的风险。以此两个方面的审查佐以"三步审查法",综合五个步骤的考量,能更为准确的判定是否已达成"实质融物"的要求。

3. 注意要点

对相关证据材料的审查过程中,笔者经过总结认为应当注意以下几个要点:(1)《融资租赁合同》《租赁物清单》、法律意见书等材料中所涉及的租赁物信息应当明确、具体,并且能够与租赁物现实情况相符、对应。如相关证据材料都可以相互佐证,则能够证明真实存在"融物"的过程。(2)相关发票、合同应当以原件为准,复印件等不能作为直接证据证明存在售后回租融资租赁的法律事实。上述两点,最高人民法院在工银金融租赁有限公司、铜陵大江投资控股有限公司融资租赁合同纠纷再审案[(2018)最高法民再 373 号]的认定过程中均已经提及。(3)应充分考察租赁物是否涉及其他权属纠纷。根据《金融租赁公司管理办法》第 34 条规定:"售后回租业务的租赁物必须由承租人真实拥有并有权处分。金融租赁公司不得接受已设置任何抵押、权属存在争议或已被司法机关查封、扣押的财产或所有权存在瑕疵的财产作为售后回租业务的租赁物。"因此,应重点排查涉及租赁物是否存有抵押权、质权等权属纠纷。(4)在对租赁物的考察中,应当注意实际尽调的作用,应当实地考察租赁物的现实情况。通过实地考证可以获取第一手资料,对涉及的租赁物也能有较为直观、真实与准确的了解。最高人民法院在山东贺友集团有限公司、中国电建集团租赁有限公司融资租赁合同纠纷再审审查与审判监督民事裁定书[(2016)最高法民申 2862 号]中肯定了二审法院对案涉融资租赁设备进行现场勘验的行为。

四、破产档案规范化管理问题

(一)档案管理范围

1.时间范围

根据《企业破产法》指导下的破产路径来看,破产档案所涉及的时间范围应当从人民法院出具裁定受理破产案件文书始算,至管理人监督期满为终。此时间范围涵盖管理人接管企业、审计与评估、债权申报、债权人会议、重整案件中的尽职调查等多个环节。因为破产案件的个案独特性以及流程连贯性,任一档案材料的缺失都可能导致整个案件在复盘过程中受阻。因此,从破产案件初始至破产案件结束这一阶段,所有的涉案材料都应当纳入破产档案的范围。

2.类别范围

对于破产重整案件档案的管理类别划分,可以依据《企业破产法》第 82 条的规定,以担保债权、职工债权、税款债权、普通债权四个分类为基础进行添加或扩充。一般情况下,在重整案件中,档案类别除上述四种基础性分类外,还有财产财务档案(审计、评估材料等)、债权申报与审核档案、企业尽调档案、诉讼及清收档案、债权人会议档案等类别。具体实践操作中,这只是比较具有共通性的类别划分,具体到个案中可以从具体情况出发添加具有独特性的档案类别。

无论是学术层面还是实务层面,破产重整案件都是破产案件的模式中最为复杂的一种类型。因此,针对破产清算或和解案件中的档案分类标准,可以依据破产重整状态下的共通性分类标准基础,去除其本身特有的分类,即可应用于司法实践中。

(二)档案规范化管理的重要性

1.对管理人的意义

破产档案的规划化管理,对管理人的意义可以从三个方面出发。第一,破产档案的有效完整留存可以为管理人防范风险提供证据依托,有利于管理人在破产案件结束后面临不可控诉讼/非诉风险时充分保障自身利益。第二,破产档案的时间跨度涵盖整个管理人的工作周期,因此,破产档案的规范管理与处置,是管理人在整个破产案件流程中办案成果以及办案能力的集中显示。通俗来讲,破产档案的规范化管理,是管理人交给人民法院、债务人、债权人等涉及破产案件各方最具说服力的答卷。第三,在对破产档案进行集中总结后,管理人团队可以通过档案回顾与复盘整个案件,充分研究与分析办案过程中出现的问题,快速提升管理人团队办案能力与风险防控能力。

2. 对债权人的意义

"减少损失与获益最多"是债权人在破产案件中最为关注的问题,如果具有完善的破产档案管理体系,无论是基础性债权债务关系支撑材料还是程序性的债权申报与审核材料均能在破产档案中查找到第一手材料。在债务清偿阶段时,债权人可以借助档案中的依据充分保障自己取得债权。当清偿问题存在争议时,管理人也可以依托完备的档案体系查询问题的源头并且予以有效解决,使债权人的债权在法律规定内得到最大限度的清偿,充分保证债权人的利益。

3. 对债务人的意义

在破产案件中,欲最大化实现债务人与债权人的稳定双赢局面,完备的破产档案管理体系是重要保障。在破产重整案件中,规范化的档案管理体系可以为债务人在破产程序结束后的完全出清提供保障,只要破产程序是完全基于《企业破产法》的规定及指导思想,那么所涉及档案必定会是破产企业在重生之后防范潜在风险的重要基础。在破产清算案件中,破产档案的完整留存不仅仅是企业被市场出清的重要依据所在,更重要的意义在于破产档案中所涉及的材料,是该企业留给社会的重要印记,也是传承曾经存在的优秀企业精神的重要载体。破产企业虽然被清出市场,但曾与该企业有关的工作人员可以通过企业档案,规范自身市场行为,积极有序投身于市场建设中。

(三)档案规范化管理模式

档案规范化管理模式如同每一个具体的破产个案一样,在每一个案中都有其独特性。但因为破产案件的处理是基于统一的法律与指导思想,因此在档案规范化处理的过程中也有一定的共通性,笔者现选取几个具有共通性的模式进行分析。

1. 档案交接明细表

破产案件的复杂性特点决定了在办理破产案件时必须具备整体性思维,在处理具体事务时,必须确保办理思路处于整体破产案件的方向性脉络之中。因此,管理人在接管破产企业之前,应当对所涉及的破产企业进行初步了解,并且对整体破产推进有初步宏观思路。在此思路基础上,设计每一个环节交接材料时所需的交接明细表,交接明细表应当包括但不限于材料名称、所涉类别、情况概述、是否原件、交接人员等几个方面。只有交接明细表处于宏观破产流程思路之中,整个破产案件才有更大可能依据思路方向推进。管理人在进行实际操作过程中,依托交接材料,将梳理后的信息登记于交接明细表之上。整个流程结束之后,复杂的档案材料经过交接明细表的梳理而具有条理性,而由于交接明细表本身所具备的统一方向性,整体的档案体系也相应具备条理性与逻辑性。

2. 档案分类放置处理

破产案件的档案分类放置问题,在破产案件处理过程中,可以依托前文中所分析的破产档案管理范围中的分类标准进行分类处置。在破产程序结束后,对涉及的所有档案可重新根据原分类标准进行二次统一整理处置。

3. 纸质档案电子化

纸质档案是传统的原件保存材料,其具有观感性强、证明力强等特点。但是,纸质材料的不易贮存性与占用空间大的特点也决定了其在当下社会不适合作为档案保存的普遍材料。破产档案往往会涉及大量的材料,因此,将纸质档案电子化是一个可行也是必须的措施。在破产案件推进过程中,管理人可以在档案的不断增加过程中参照上文所提及的交接明细表、档案分类标准等,通过扫描、摄像等方式进行电子档案的留存与积累。在破产程序结束后,管理人应当整体对档案进行梳理,在基于程序中积累的电子档案基础上,对于未纳入在内的纸质档案可以进行二次入库,以充分实现全部档案的电子化。

4. 探索电子档案系统管理

当下,电子档案系统管理还并未实务中广泛适用。因为该系统与其他系统的不同之处在于,其需要大量的基础性数据。简言之:其必须通过上文所提及的所有档案留存环节达到理论标准,此系统才可灵活应用于实践中。但是,随着电子技术的不断提升,电子档案系统一定会在不断的探索过程中应用于实践,服务于整个破产案件的推进。

结　语

目前,职工集资款在我国的破产实务中仍然比较常见,笔者认为,在对其债权性质的认定过程中,应当基于两个方面,第一方面应当从其基础的核心法律关系出发进行论证,第二方面应当充分考虑各方利益,发挥《企业破产法》协调各方的法律作用。虽然个案具体情况均有不同,但均应当基于个案实际情况出发,综合考虑多方因素,在法律范围内协调各方利益,平稳促进破产程序的有序推进。

同时,随着我国经济化、市场化水平的不断提高,通过售后回租型融资租赁扩充流动资金已经日趋成为企业选择的重要方式之一,但由于我国并没有单独的《融资租赁法》,因此实务中只能依靠《民法典》《最高人民法院关于审理融资租赁合同纠纷案件适用法律问题的解释》《金融租赁公司管理办法》等规定进行操作。综合来讲,在认定过程中把握住“融资 + 融物”的核心标准,并在此标准下辅以审查逻辑,仔细审查各个方面,方可准确区分直接融资租赁与售后回租型融资租赁、售后回租型融资租赁与借贷关系之间的区别,准确把握涉及法律关系的认定。

最后,破产案件的档案管理一直是实践中比较容易被忽视的方面,实践中对该方面的关注点及投入的力度尚无统一标准。但是,将破产档案采用科学的方式规范化管理具有其显著且独特的重要作用。因此,在实务操作过程中,各法律参与主体应当不断提高对破产档案管理的重视程度,不断提升破产档案管理的规范化程度,将档案规范化管理的理念贯彻在整个破产程序中。

《泉城商法评论》约稿函

　　《泉城商法评论》是由济南大学政法学院和山东环周律师事务所联合主办的面向国内公开发行的法学类学术书刊。欢迎社会各界专家学者惠赐稿件。

　　一、征稿范围

　　1. 本书注重思想性、理论性、学术性、创新性,着重刊登选题前瞻、研究深入、观点明确、论证严谨、论据充分、方法科学、行文规范的学术论文。

　　2. 公司法、破产法等领域内的前沿成果,本书将优先刊发。

　　二、来稿要求及注意事项

　　1. 来稿一律文责自负,内容必须为原创,不存在版权问题。严禁剽窃、抄袭他人成果,凡在文章中参考或引用他人观点和成果,必须在文中加以注明。凡因作品本身侵犯其他公民或法人的合法权益的,作者应承担全部责任并赔偿因此给本书造成的损失。请勿一稿多投。

　　2. 来稿请使用 word 文件格式,A4 版面,正文用小四号宋体,单列排版。如有图表,因印刷原因,请使用黑白图表。图表引用的数据资料,需注明详细来源。

　　3. 来稿格式要求

　　(1)来稿应包含文章题目、作者姓名、作者单位、文章摘要(一般在 200 – 300 字之间)、关键词(3 – 5 个)、正文和参考文献。

　　(2)第一作者简介包括姓名、出生年月、性别、职称、学位、主要研究方向、具体联系方式。

　　(3)基金项目文章注明项目类别、项目名称、项目编号(批准号)。

　　具体要求请参照《法律方法》投稿论文格式。

　　4. 投稿截止日期为 2021 年 6 月 30 日。作者自稿件投出之日起一个月内未接到录用通知,可自行处理。

　　5. 本书对采用稿件有删改权,不同意删改者,请在来稿时事先声明。如无声明,视为作者同意删改。

6.投稿方式:本书目前尚未开通在线投稿系统,来稿请通过电子邮件方式投递至邮箱 sl_chenq@ ujn. edu. cn

《泉城商法评论》编委会

2021 年 3 月 1 日